国際公共政策叢書11

労働政策

五十嵐 仁

日本経済評論社

はしがき

金融危機で経済がどん底だった一九九七年。それから一〇年で雇用は大きく姿を変えた。二〇〇六年度の全産業の経常利益は五四兆円と倍増した。その一方で雇用者全体の報酬は六％減り、残業時間は一五％増えた。会社が伸びればすべての社員が満たされるという「正の方程式」が崩れ、社員は惑い、会社も悩む。

これは、『日本経済新聞』二〇〇七年一〇月一日付に掲載された記事「個と組織 新たな挑戦」の一部である。「会社が伸びればすべての社員が満たされるという『正の方程式』」の旗振り役とも目されていた『日本経済新聞』ですら、このような記事を一面に掲載するほど、その「方程式」は大きく狂ってしまった。

さらにこの記事は、「働く側と雇う側がきしめば経済も社会も家族も変調をきたす。会社も気づき始めた」と続いている。日本の働き方は「変調をきたす」ようになっているというのである。「会社も気づき始めた」というのであれば、結構なことであろう。この記事も指摘するように、「人が壊れれば会社も壊れる」からである。

それでは、「会社が伸びればすべての社員が満たされるという『正の方程式』」を成り立たせるにはどうすれば良いのだろうか。日本の働き方の「変調」を正し、人も会社も壊れないようにするにはどうすべきなのだろうか。

実はここに、労働政策の役割がある。

本書の目的は、人も会社も壊さない働き方、人間らしく生きるための人間らしい労働を実現するために、どのような政策的対応がなされなければならないかを明らかにすることである。このような労働は、利潤のみを追求する経済の仕組みを改め、人類の生存と持続的な発展を可能とするような経済制度を実現することによって初めて可能となる。

目標とされるべきは、モラル・エコノミーの下におけるディーセント・ワークの実現である。モラル・エコノミーとは「道徳的な論理」で動く経済的な行為や活動であり、ディーセント・ワークとは人間にふさわしい適切な労働を意味している。それはモラルなき拝金主義に基づく労働力の酷使とは異質な経済活動にほかならない。

本書で言うモラル（道徳）とは持続性の確保を意味しており、具体的には環境と人権を大切にする企業活動である。環境に優しく働く者の人権を尊重する企業こそが、モラル・エコノミーを担うことができる。人権を守る企業でなければ環境を守ることはできず、環境に配慮する企業であれば人権に配慮することもできるにちがいない。利潤獲得のみではなく、自然と社会の持続可能性という道徳的な価値をも踏まえた適切な労働が実現されなければならず、これを達成する手段の一つが労働政策なのである。

「環境に優しい企業活動」といえば、主として自然環境がイメージされる。しかし、本書で問題にするのは社会環境の方である。企業と社会の持続的存続にとって、これもまた極めて重要な意味をもっている。良好な社会・労働環境が確保されなければ、人口の減少（少子化）や社会的統合の弱化（社会問題や犯罪の多発）などが生ずることになるからである。

今日の経済制度の下で、このような社会の持続可能性を高める経済活動は実現できるのだろうか。利潤第一の拝金主義は、どのようにして克服されるのだろうか。

それは第一に、経営倫理の確立によってである。経営者自身がモラル・エコノミーの重要性を理解し、その考え方、経営理念や経営方針を変更しなければならない。利潤の極大化よりも社会への貢献や持続性確保の方が重要だということ、少なくとも、そのような志を持ち、配慮を行わなければならないということを、全ての経営者は理解する必要がある。

第二に、労働組合の活動によってである。労働者の要求を経営者に受け入れさせ、高い水準の労働条件を実現することができれば、労働環境を整備し、社会的対立の緩和に資することになろう。

労働組合の要求は、その構成員だけに限られない社会的広がりをもっていることを、組合指導者は自覚する必要がある。

第三に、労働政策によってである。労働組合の活動範囲と影響力は限られており、その成果を全ての労働者に及ぼすことはできない。このような活動を支援し、最低基準を設定することによって労働条件の底上げを図るところに、公的介入の意味がある。労働条件の低下に歯止めをかけ、企業間競争の条件を平準化することが労働政策の基本的な役割だということを、労働行政の担当者は理解しなければならない。

筆者は以前、『活憲――「特上の国」づくりをめざして』という本を書き、憲法を活かして世界の人々が目標とするような「特上の国」を作ることを呼びかけたことがある。同様に、本書でもまた、人間らしい働き方、生き方の実現による「特上の国」づくりを呼びかけたい。

そのための第一歩は、働き方についての国際基準を全て実現し、先進国としてのあるべき「労働モデル」を生み出すことである。働く人々の理想郷として、世界の人々が目標とするような日本を作り出すことをめざしたい。

働いてもなお貧しく、生きることが難しい現実を見れば、これは夢物語に見えるかもしれない。しかし、二一世紀の世界はそのような方向に動きつつある。この日本にも、そのような条件が備わっていないわけではない。

そのような条件とは何か。それをどう活かしたらよいのか。そのためには、どうすればよいのだろうか。

この問いに対する答えは、本書の中にある。

労働政策／目次

の問題点

第5章 財界と労働政策……205

1 政策形成の主体としての財界 205

財界とは何か／日商の結成／同友会の誕生／経団連の発足／日経連の誕生／「財界四団体」の違い

2 財界の変質 212

一九九〇年代中葉以降の変化／異論の存在／在日米国商工会議所

3 「希望の国」か、それとも「絶望の国」か――「御手洗ビジョン」のめざすもの 220

すでに破綻した「成長戦略」への拘泥／さらに拡大する貧困と格差／「働く機械」を生み出す「労働市場改革」／「ネオコン」と一体の改憲論／経営者の「公徳心」こそが問題／日本の良さが失われてしまうのでは

第6章 国際労働機関（ＩＬＯ）と労働政策……241

1 ＩＬＯの役割 241

第1章　労働政策と社会政策

1　どのような領域を対象とするのか

労働政策とは何か

政策とは、「政治が追求すべき目標とその達成の計画を示す」[1]ものであり、「何らかの問題を解決するための指針、あるいは、問題解決のためのプログラム群を指している」[2]。つまり、政策とは「目標」「計画」「指針」「プログラム」を含むものである。それは、「政治が追求」し「達成すべき」ものであり、「問題を解決するため」のものである。

ここには、政策を構成する二つの内容が示されている。その一つは、何がめざされるのかということであり、もう一つは、どのように行われるかということである。政策の前提となるのはめざされるべき目標や解決されるべき問題の存在であり、政策の内容となるのは目標達成や問題解決にいたる計画や指針、あるいはプログラムである。

労働政策は、労働に関わる分野において、「政治が追求すべき目標とその達成の計画を示す」ものであり、「何らかの問題を解決するための指針、あるいは、問題解決のためのプログラム群」にほかならない。ここにおいても、政策の前提となるのは労働政策によってめざされるべき目標や解決されるべき問題の存在であり、政策の内容となるのは目標達成や問題解決にいたる計画や指針、あるいはプログラムである。

それでは、労働の分野において、「政治が追求すべき目標」とは何か。それは、労働に携わる人々が、すべからく人間らしく働き、生きることができるようにすることである。そして、そのための計画や指針、プログラムが労働政策だということになる。

働いてもなお人間らしい生き方ができないワーキングプアを生み出すような政策は、労働政策の名に値しない。人間らしい働き方や生き方を支えること、そうできないような労働条件の是正をめざすことこそ、労働政策の目的でなければならない。

憲法・労働基準法との関係

今日の日本において、このような労働政策の根幹をなすのは労働法体系である。しかし、労働政策は労働法と同じではなく、それよりも広い政策手段によって構成されている。法律だけではなく、政令や省令、指針・ガイドライン、命令、指導、税制などによって、政策目的の達成が図られるからである。

労働法体系の根幹は労働基準法であるが、その第一章総則の第一条（労働条件の原則）は、次のように定めている。

第一条　労働条件は、労働者が人たるに値する生活を営むための必要を充たすべきものでなければならない。

②　この法律で定める労働条件の基準は最低のものであるから、労働関係の当事者は、この基準を理由として労働条件を低下させてはならないことはもとより、その向上を図るように努めなければならない。

「労働者が人たるに値する生活を営むための必要を充たすべきものでなければならない」という点が重要である。すべての労働政策は、この観点から評価されなければならない。「人たるに値する生活を営むための必要を充た」さない労働条件は、法律違反だということになる。

また、法によって規定された内容は「最低のもの」だという点も重要である。使用者（以下、経営者、資本家、事業主などを含めて、この言葉で代表させる）は、法的基準を理由に労働条件を低下させることも、向上のための努力を怠ることも許されない。常に、「その向上を図るように努め」るべきことは、労働者のみならず使用者の義務でもあるとされている。

このような労働基準法の規定は、日本国憲法に根拠を持っている。憲法第二五条、第二七条、第二八条は、それぞれ、次のように規定している。

第二五条〔生存権、国の生存権保障義務〕すべての国民は、健康で文化的な最低限度の生活を営む権利を有する。

② 国は、すべての生活部面について、社会福祉、社会保障及び公衆衛生の向上及び増進に努めなければならない。

第二七条〔労働の権利・義務、労働条件の基準、児童酷使の禁止〕すべて国民は、勤労の権利を有し、義務を負ふ。

② 賃金、就業時間、休息その他の勤労条件に関する基準は、法律でこれを定める。

③ 児童は、これを酷使してはならない。

第二八条〔労働者の団結権・団体交渉権その他の団体行動権〕勤労者の団結する権利及び団体交渉その他の団体行動をする権利は、これを保障する。

第二五条は、「文化的生存権」を保障した規定として、よく知られている。占領軍が参考にしたと言われている鈴木安蔵作成の「憲法研究会案」にこの規定は入っていたが、占領軍が示した憲法原案からは欠落していた。それを国会審議のなかで復活させたのは、「憲法研究会」の一員であり、国会議員となっていた森戸辰男社会党衆院議員であった(3)。

労働基準法は、この第二五条と第二七条を根拠に制定された。労働基準法第一条の言う「人たるに値する生活」とは、憲法第二五条にある「健康で文化的な最低限度の生活」を上回るものでなければならない。また、第二八条は、労働組合法と労働関係調整法の根拠とされる条文であるが、このような内容が憲法に規定されていることの意味については、後ほど（一三二頁以降参照）明らかにしたい。

社会政策との関係

戦後日本においては、労働政策は社会政策とほとんど同義であるかのように扱われることがあった。しかし、両者は同じものではない。もし、社会政策が労働政策と同じであれば、「労働政策」と呼べばよい。わざわざ、「社会政策」という別の呼称を用いる必要はない。

労働政策は労働分野において労働問題を対象としている。これに対して、社会政策は労働だけでなく、すべての領域における生活問題を対象とする。両者は、関連しているが異なっており、労働政策は社会政策の一部をなしている。たとえば、「対象としてとりあげる現代日本の社会政策の体系」として掲げられている表１－１(4)で「労働政策」として示されている部分や、「社会政策の主な内容」を列挙した表１－２(5)で「労働に関する領域」とされている部分がそれにあたる。

表1-1　対象としてとりあげる現代日本の社会政策の体系

政策の種類	制度の名称	
所得の保障と再配分	公的扶助	生活保護
		社会福祉給付
	社会保険	雇用保険
		年金保険
		医療保険
		介護保険
		労働者災害補償保険
	児童手当	
	税制	
労働政策	労働基準（最低賃金、労働安全衛生などを含む）政策	
	労働市場政策（職安、職訓など）	
	労使関係	
社会的財・サービスの供給	保健・医療制度	
	社会福祉サービス（保育、高齢者福祉など）	
	公共住宅	
	上・下水道、公園など	
	教育	
	交通	
消費者保護 環境保護	物価政策	
	品質規制	
	協同組合	

出典）高木郁朗他『概説 日本の社会政策』第一書林、1986年、20頁をもとに作成。

社会政策には労働政策以外の領域も含まれているとの理解は、実は戦前においては一般的であった。表1-3は戦前における社会政策学会の大会の一覧表だが、そこでは、関税問題、移民問題、市営事業、生計費問題、小農保護問題、税制問題、官業および保護会社問題、小工業問題、中間階級問題、小作問題など、労働に関する領域以外の広範なテーマが取り上げられていた。「わが国における初期の社会政策は国家や地方のいずれをみても非常に幅広

表1－2　社会政策の主な内容

〔労働に関する領域〕
・労働条件（労働時間、労働休暇、最低賃金） ・労働安全衛生（労働災害、職業病） ・女性労働および児童労働（母性保護、児童労働の制限） ・労使関係（労働基本権、労働組合、労働協約、利益分配、労働裁判） ・雇用・失業（解雇および就業、職業教育・再教育、職業案内、男女雇用機会均等） ・国際労働移動（外国人労働者）
〔福祉に関する領域〕
・社会保障（医療・年金・介護・失業等の社会保険、生活保護、児童手当） ・社会福祉（保育サービス、障害者福祉サービス、高齢者保健福祉サービス） ・公衆衛生（保健サービス） ・住生活環境（公共住宅、地域生活環境） ・所得保障（累進課税、福祉税制、公共料金） ・消費者保護（物価、消費者の権利、協同組合）

出典）成瀬龍夫『総説 現代社会政策』桜井書店、2002年、24頁。

い領域を扱っており」、「まさに労働政策や生活政策として実行されたのであった」[6]と、玉井金五が述べるとおりである。

しかし、大河内一男による「生産力説」（大河内理論）が一世を風靡してからは、社会政策と労働政策を同一視する見解が主流となった[7]。その後、このような捉え方への批判や反省が生まれ、今日では、社会政策における労働政策以外の領域が拡大し続けている[8]。こうして、「労働関係政策、社会保障政策および生活にかかわる各種の公共的なサービスの供給を含めて、現代の社会政策とみなす[9]」ようになってきた。以上の経過を図示すれば、図1－1の「社会政策と労働政策の概念図」のようになろう。

ただし、戦後直後の時期には、社会政

表1－3　戦前における社会政策学会

	開催年月	開催校	大会のテーマ
第１回	1907年12月	東京帝国大学	工場法
第２回	1908年12月	東京高等商業学校	社会政策より見たる関税問題
第３回	1909年12月	慶應義塾	移民問題
第４回	1910年12月	早稲田大学	市営事業
第５回	1911年12月	中央大学	労働保険
第６回	1912年10月	専修学校	生計費問題
第７回	1913年11月	明治大学	労働争議
第８回	1914年11月	東京帝国大学法科大学	小農保護問題
第９回	1915年10月	東京高等商業学校	社会政策より観たる税制問題
第10回	1916年10月	慶應義塾大学	官業および保護会社問題
第11回	1917年12月	専修大学	小工業問題
第12回	1918年12月	早稲田大学	婦人労働問題
第13回	1919年12月	中央大学	労働組合
第14回	1920年12月	商科大学	中間階級問題
第15回	1921年12月	東京帝国大学	賃銀制度並に純益分配制度
第16回	1922年12月	慶應義塾大学	我国に於ける小作問題
第17回	関東大震災の直後で開催されず		
第18回	1924年12月	大阪市実業会館	労働組合法問題

出典）社会政策学会ホームページ「社会政策学会大会一覧」http://wwwsoc.nii.ac.jp/sssp/taikai.htm

策を労働政策の一部とする見解もあった。たとえば、岸本英太郎は「社会政策が労働政策の一形態であることについては、ドイツ流の講壇社会主義の流をくむ観念的な社会政策論者でないかぎり、もはやこれを疑うものは殆どないであろう[10]」と述べ、小林端五も「社会政策は労働政策の一環[11]」だと記述している。しかし、このような見解はまれであり、図には反映されていない。

また、現代では労働政

図１－１　社会政策と労働政策の概念図

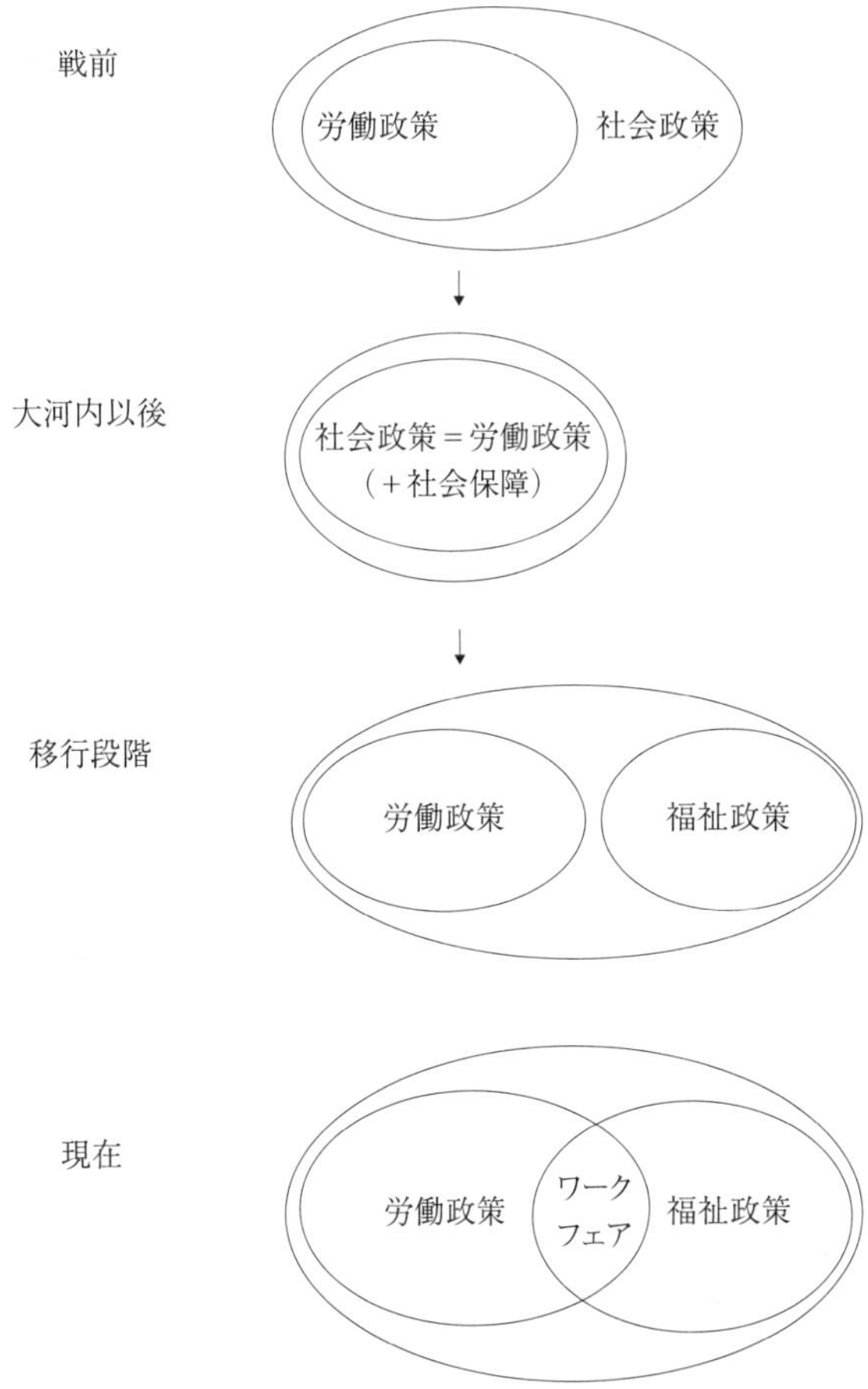

出典）著者作成。

『新版 社会政策を学ぶ人のために』1997.11（玉井金吾・大森真紀編、世界思想社）	労働基準、労働市場、企業社会、年金、医療、貧困線と公的扶助、家族的責任、住宅、社会サービスと市民参加
『新社会政策を学ぶ 第2版』1999.9（西村豁通・荒又重雄編、有斐閣）	福祉国家、所得政策、ILO、労使関係、失業、雇用、賃金、保険、年金、社会保障、情報技術革新、少子高齢社会、ジェンダー平等
『総説 現代社会政策』2002.9（成瀬龍夫、桜井書店）	労働時間、賃金、労働市場、社会保障、少子・高齢社会、福祉国家、福祉社会
『社会政策 新版』2003.6（石畑良太郎・牧野富夫編、ミネルヴァ書房）	賃金、労働時間、雇用・失業、労使関係、高齢社会、介護保険、男女平等、外国人労働者
『高度成長のなかの社会政策』2004.2（玉井金五・久本憲夫編、ミネルヴァ書房）	労使関係、高齢者介護保障、新規学卒者、職業訓練、ジェンダー、家族システム、内職・家内労働、被差別部落、外国人労働者問題
『現代日本の社会政策』2007.4（坂脇昭吉・阿部誠編、ミネルヴァ書房）	生活問題、高齢者、年金、医療、介護保険、貧困、労働時間、雇用・労働市場、女性、雇用平等、労使関係、家族、子育て、地域福祉

出典）著者作成。

策と福祉政策の交錯している部分を「ワークフェア」としている。それは「最も広義」にいえば「福祉と就労の連関を深める社会政策」であり、その「キーワード」は「近代国家の要請する国民あるいは労働力への陶冶を目的とする諸行為を意味する」「規律訓練（discipline）」であるとされている。[12]

表1－4は、戦後における主な社会政策文献の目次を比較したものである。これを見ても分かるように、社会政策が労働政策と同一視された時期においても社会保障が無視されていたわけではなく、実際には、労働政策＋社会保障（＋社会保険）であった。

表1-4　社会政策文献はどの様な主題を扱ってきたか

書名・刊行年・編著者	扱っている主題
『社会政策 各論』1950. 3（大河内一男、有斐閣）	労働者保護、社会保険、失業と失業対策、賃金、労働組合
『社会政策入門』1967. 1（岸本英太郎、有斐閣）	労働基準、賃金、社会保障
『現代社会政策』1977. 6（吉村朔夫・戸木田嘉久編、有斐閣）	合理化、雇用失業、労働市場、賃金、所得政策、貧困、社会保障、労働組合、職業訓練
『社会政策（1）理論と歴史』1979. 2（荒又・小越・中原・美馬、有斐閣）	貧困、労使関係、労働基準、社会保障、雇用政策
『社会政策講義 改訂版』1985. 1（長久保由次郎、早稲田経営出版）	社会保障、雇用・失業、労使関係、賃金、労働時間、労働条件
『現代のなかの社会政策』1985.10（西村豁通編、ミネルヴァ書房）	労働基準、労使関係、賃金、雇用政策、社会保障
『概説日本の社会政策』1986. 5（高木・木村・ガト、第一書林）	失業対策、社会保険、社会保障
『現代社会政策論』1987. 9（中原弘二、九州大学出版会）	福祉国家、貧困、社会保障、賃金、失業対策、雇用政策、労働時間
『現代社会政策の基本問題』1989.10（西村豁通、ミネルヴァ書房）	賃金、医療、労働組合、労働福祉、生活問題
『社会政策講義 3訂』1991. 4（平田冨太郎・佐口卓編、青林書院）	賃金、労働保護、労働者災害補償、雇用・失業、労働組合、労働時間、社会保障、労使関係、労働者生活、婦人労働問題
『現代社会政策講義』1992. 4（小林端五、青木書店）	労働者保護法、解放立法、労災補償制度、賃金、社会保障
『現代社会政策論』1993. 7（小松隆二、論創社）	雇用政策、高齢者、身障者、均等法、労働時間、賃金、労災・安全衛生、労使関係、社会保障、生活保障、住宅・環境・余暇
『社会政策』1995. 6（石畑良太郎・牧野富夫編、ミネルヴァ書房）	賃金、労働時間、雇用・労働市場、労使関係、高齢化社会、男女平等、外国人労働者
『21世紀への社会政策』1996. 3（渡辺貞雄、法律文化社）	労働時間、賃金、不安定雇用者、日本型企業社会、労働力政策と農業、自営業者、消費生活、高齢化社会、低所得・貧困層、公務労働
『現代の社会政策 第3版』1996. 4（石畑良太郎・佐野稔編、有斐閣）	労使関係、賃金、所得分配、労働市場、社会保障、労働者保護、高齢化、技術革新、女性、ホワイトカラー

とはいえ、このような「社会保障も労働力流動化の手段に転化する」から、「労働・社会政策は、あげて労働力政策へ収斂されてゆく」とされていた[13]。その意味では、「社会政策の各領域は、労働基準政策も労使関係政策も、また社会保険諸制度も、このいずれもが労働問題の視座において把えられてきた[14]」のである。

しかし、一九八〇年代後半以降の文献では、次第に労働政策以外の主題の比重が増してきている。これは目次から明らかである。このようなことは外国の場合には一般的で、その幅もずっと広いように思われる。たとえば、イギリスの社会政策を扱った著作では、労働関連政策以外に、社会保障、医療保障、住宅、環境政策があり[15]、スウェーデンの場合には、福祉、社会保険、国政査察、土地・住宅、環境、消費者福祉、児童福祉、青少年家族、高齢者、男女平等、障害者、教育・文化、福祉社会政策が取り上げられている[16]。

「現代の社会政策」について、石畑良太郎は「機能的に相互に重複する側面を有しつつ、およそ四系列に大別しうる実態をもって存在する」として、表1－5の「現代の社会政策の四系列」のような形で分類している[17]。このうち、第一系列から第三系列までは、明らかに社会政策というよりは労働政策そのものだと言えよう。第四系列にしても、労働者に対する一定の生活保障を行う政策体系、具体的には、労働者災害補償保険法と雇用保険法は労働政策に属する。

なお、労働政策の発生史からいえば、第一系列から第四系列へという順番になるが、労働政策の論理的な位置づけからすれば、第二系列の労使関係をめぐる政策体系の方が重要であろう。労働組

表１－５　社会政策の４系列

系列	分　野	内　容	関　連　法
第一系列	労働者保護	産業資本段階に出発し、主として生産過程＝労働現場で機能する労働条件・労働基準に関わる工場法等の労働者保護立法による政策体系。	労働基準法、労働安全衛生法、家内労働法、育児休業法、最低賃金法、賃金確保法など。
第二系列	労使関係	産業資本段階から出発し、主として労働市場における労働力商品の取引条件をめぐって、労働者の社会的自覚に対応して形成されてきたいわゆる「解放立法」。	労働組合法、労働関係調整法、国営企業労働関系法、労働委員会規則、男女雇用機会均等法など。
第三系列	雇用・失業	ほぼ20世紀初頭から対応が本格化した雇用・失業をめぐる諸課題への対処を目的として形成されてきた雇用安定立法による政策体系。	雇用対策法、雇用安定法、労働者派遣事業法、高齢者雇用安定法、障害者雇用促進法、職業安定法など。
第四系列	生活保障	とりわけ独占資本主義段階以降になって、失業・労災・疾病・老齢などの各種の事故により生産過程から一時的もしくは永続的に離脱せざるを得なくなった労働者・国民に対する一定の生活保障を行う政策体系。	健康保険法、国民健康保険法、老人保健法、厚生年金保険法、国民年金法、労働者災害補償保険法、生活保護法、雇用保険法など。

出典）石畑良太郎・佐野稔編『現代の社会政策 第三版』（有斐閣、1996年）12～13頁をもとに作成。

合の団結の力が十分であれば、法的な保護によらずとも「労使自治」によって解決できるからである。また、人間らしく働き、生きるための施策としては、まず雇用が維持され、生活できる賃金が保障され、労働時間が短縮されなければならない。

大河内理論の意義と限界

ここで、日本の社会政策学に大きな影響を与えた大河内理論の意義と限界について触れておきたい。大河内理論は、本来的には社会政策論というよりも、労働政策論だからである。

大河内教授が唱えた説によれば、「要するに、賃労働としての『労働力』の創出と陶冶と保護と妥協を通して、企図するところは、総体としての資本の立場における『労働力』の保全と確保とが、社会政策としての基本的目的」[18]とされる。この目的を達成するために、総体としての資本（総資本）は、①一定量の「労働力」を確実に掌握するようにすること、②これを総体として健全な状態に保全し、再生産を可能にすること、③労働者の自主的組織や階級闘争と妥協しながら、生産要素として把握することが必要であるとされた[19]。

この理論の意義は、資本主義社会における社会政策成立の客観的根拠を明らかにした点にある。それは使用者や総資本としての国家の気まぐれや同情からではなく、資本主義という経済制度から必然的にもたらされる論理的根拠を明らかにしたのである。それが極めて法則的論理的な説明であったがゆえに、科学としての社会政策学の成立を熱望していた人々に歓迎され、幅広く浸透していくことになった。

しかし、他面では、そのために大河内理論が持っていた大きな限界や弱点については十分な注意が払われないという問題が生じた。大河内理論による「光」は、大きな「影」を伴っていたのである。

それは、第一に、総資本の理性的な判断力と合理的な対応を過大に評価する方向で読み替えられてしまう危険性である。労働力の保全と確保が総資本の利益であるとしても、そのことを総資本がいつも理性的に判断し、合理的に行動するとは限らない。戦争という形で、あるいは反労働者立法によって、国家は非理性的な判断を下したり、非合理的な行動をとることがある。ただし、大河内自身としては、戦争という「自滅」的な政策を遂行し労働力の破壊と衰弱に狂奔していた軍部に対する抵抗の理論を意図していたことは確認しておく必要があろう。

第二に、階級闘争や労働運動など労働者の主体的な契機が十分に組み込まれていない点である。[20] 総資本としての国家が、労働力保全の必要性を理解したとしても、それは自動的に政策となるわけではない。個々の資本は抵抗し、時には財界団体なども反対に回る。これらの抵抗を排して現実の政策を獲得するために、労働者の運動は不可欠である。このような運動と世論があるからこそ、階級的危機の回避、秩序の安定、社会的統合の維持、労働組合の穏健化の必要性などが意識され、政策的譲歩がなされる。その場合であっても、政策内容が一義的に決まるわけではなく、譲歩の水準もまた、運動との対抗や力関係のレベルによって変動するのである。

第三に、「社会政策＝労働政策」としたため、社会政策の対象とする範囲を極端に狭めてしまった点にある。[21] もし、「社会政策＝労働政策」であるなら、それは労働政策と言うべきである。どうして社会政策と言われなければならないのか。労働力保全のための政策が、何故、「労働」政策と呼ばれずに、「社会」政策と呼ばれなければならないのか。社会政策というからには、労働政策とは異なる他の分野の政策をも含まなければならないというのは、あまりにも当然のことではないだろうか。

資本主義社会における労働力保全の論理的必然性を明らかにしたという点で、大河内理論の意義は今も消えるものでない。「労働力としての労働者を粗末にすることは、総資本、ひいては個別の資本にとっても利益にならない」という論理は、国家や使用者に労働政策の必要性を納得させる論理として、今もなお有効である。

しかし、それはあくまでも抽象的論理的な必然性であって、それは直ちに、労働力保全のための施策が、政策として具体化される必然性を説明するものではない。論理的な必然性と具体的な政策化の間には、多くの媒介項が必要なのである。それがどのようなものなのかについては、以下、本書の各章において示されることになろう。

2　どのような主体が政策を形成するのか

三者の合議による政策形成

労働政策の形成は、基本的には、政府（行政）、労働者、使用者の三者によって行われる。具体的には、政府（行政）は公益の委員によって代表され、これに労働組合の代表、経営者団体の代表が加わる公労使（政労使）の三者の合議によって労働に関する制度や政策などが決定されることになる。これは労働政策の形成における標準的な形式であり、日本でも、労働関係の審議会や労働委員会などで採用されている。また、国によっては三者構成の労働裁判所を持つ例もある。

このような三者構成は、当事者の意向を労働政策に適切に反映することができるだけでなく、合意された政策の継続性の確保や効果的な実施という点でも、大きな意味がある。と同時に、利害の異なる労使の代表が参加するため、交渉に時間がかかる、折衷案による妥協によって中途半端な内容になるという問題点も指摘されている。

特に、労使の見解の隔たりが大きい問題では、長時間の議論と公益委員による調整にもかかわらず労使の合意が得られない場合がある。このようなときには、審議会の答申は両論併記などとされ、結局は公益委員案が採用されることもある。

そのため、一部の使用者や有識者からは、時間がかかる、結論が「妥協の産物」で中途半端になるなどという理由によって、三者構成による審議を否定する意見も出されている。たとえば、規制改革会議は「労働法制の立法過程において、使用者側委員、労働側委員及有識者委員で構成する審議会での利害当事者たる労使間における見解の隔たりは常に大きく、意見分布も埋まらぬままの検討により、結果は妥協の産物になりがちである」として、「労働政策の立案の在り方について検討を開始すべき」こと、「現行の政策決定の在り方を改め」ることを提言した(22)。

しかし、その本音は、労働者委員による抵抗や反対によって思いどおりの結論が出ないことへの使用者側のいらだちにほかならない。「労働政策の立案」の場から、労働側を排除しようとしているのである。

三者構成原則の意義と意味

三者構成原則は、国際的な標準であるだけでなく、義務でもあることに注意する必要があろう。国際労働機関（ILO）はその憲章において、総会の出席者は各加盟国の四人の代表者で構成し、「そのうちの二人は政府代表とし、他の二人は各加盟国の使用者及び労働者をそれぞれ代表とする」（第三条第一項）こと、「使用者又は労働者をそれぞれ最もよく代表する産業上の団体がある場合には、それらの団体と合意して選んだ民間の代表及び顧問を指名すること」（同第五項）としている。つまり、ILO総会の三者構成と代表的な労使団体からの指名を加盟国に義務づけているのである（ILOについて、詳しくは第6章を参照）。

また、ILOは条約や勧告によって、加盟国の三者協議を要請している。たとえば、国際労働基準についての第一四四号条約・第一五二号勧告は、ILOが制定する国際労働基準に関する国内三者による協議体制を求めており、労働行政についての第一五〇号条約・第一五八号勧告は、労働行政一般について三者間の協議体制を要求している。

日本は、これらの条約や勧告のうち、「政府、使用者及び労働者の代表者の間で効果的な協議が行われることを確保する手続を運用することを約束する」(23)ことを定めた「国際労働基準の実施を促進するための三者の間の協議に関する条約」（一九七六年・第一四四号）を、二〇〇二年六月一四日に批准している。(24)したがって、三者による「効果的協議」は国際条約上の義務なのであり、「妥協の産物になりがち」だなどという理由で軽視したり無視したりすることは許されない。三者構成に拠らない労働政策の形成はＩＬＯ条約違反であり、立法上の正当性を持たないと言うべきである。

しかし、決まっているから従うべきだというだけではない。三者構成原則による幅広い合意形成と実効性の確保という意味も小さくないからである。男女雇用機会均等法の制定を例に「労、使、公益の三者からなる労働省主管の審議会に焦点を絞り、その実態と政策決定において果たす機能について分析を試み」た篠田徹は、これらの審議会が「『かかえこみ（cooptation）』ともいうべき機能を果たしており、労働省の政策決定過程における重要性は高い」(25)と指摘している。

この過程で、労使双方を審議会に「かかえこんでおくこと」に重点がおかれたのは、①当事者を「かかえこむ」ことによる「政策の実行《ママ》性の保障」、②国会での野党対策をより有利にする、③他の省庁や省内部局に対する立場を強化するためであった。(26)このような分析を踏まえて、「近年の労働政策をめぐる環境変化は、労働省と労働団体等関係団体との一層緊密な協力関係を必要としており、『かかえこみ』機能はより重要な意味を有していると思われる」というのが、このときの篠田の結論であった。

しかし、規制改革会議の提言にみられるように、今や「かかえこみ」ではなく排除がめざされようとしている。もはや、「労働団体等関係団体との一層緊密な協力関係」は必要ないというのだろうか。

なお、ここでもう一つ、労働組合の代表性の問題について指摘しておく必要がある。労働組合の政策参加を正統化するためには、長期的には組織率を向上させ、非正規労働者をも組織することによって代表性を高めなければならない。また、異なった潮流の労働組合代表の参加を保障することも必要であろう。しかし、組織率の向上は長期的展望に立った筋論で、すでに組織率が二割を割っている労働組合の代表性への疑問を解消するわけではない。

この問題は、労働者の代表である労働組合が従業員代表機関を代行し、ヨーロッパなどにある独自の従業員代表機関が存在していないという、企業別組合の持つもう一つの問題点を示すものである。労働組合の他に職場での従業員代表機関を設置することは、すでに労働契約法などで提起されているが、いずれ重要な検討課題になるように思われる。

労働者・労働組合の役割

労働に関する政策の形成と充実は、何よりも労働者の側から求められる。労働者は自らの労働力を時間決めで販売して賃金を得る。使用者は労働力を購入して物やサービスの生産に利用し、価値を産み出す。一方における労働力の販売と、他方における労賃の支払いは、市場における取引として行われる。しかし、それは平等な立場での取引ではない。

第一に、労働力は生きた人間に属しており、保存が利かないという特殊な商品である。賃金が安ければ売るのを止め、高くなるのを待つというわけにはいかない。日々の職（食）を得られなければ、餓死する以外にないからである。

第二に、労働力の販売を求める労働者は多数で、これを雇用できる使用者は限られている。労働者には多くの競争相手がおり、なかには安い賃金での雇用を受け入れる者もいる。その結果、賃金の水準は下がるが、しかし、それでも職（食）を得られず餓死するよりはましだということになろう。

このように、労働市場における労使の力関係は平等ではなく、圧倒的に使用者側に有利になっている。これを是正するためには、労働者間の競争を規制する以外にない。こうして、労働者は団結し、自らの団体を結成する。これが労働組合である。

したがって、労働組合による使用者側との集団的交渉は、労使の関係を平等にするものであって、労働者を有利にするわけではない。労働組合による集団的な行動や団体交渉は、労使の関係を対等にするための手段にすぎないのである。

このような形で、労使関係が対等になれば、あとは当事者間の交渉に任せておけばよい。賃金や労働条件の決定は、基本的には使用者と労働組合との自主的な交渉によってなされる。これが、「労使自治」である。

しかし、実際には、このような「労使自治」はさまざまな要因によって攪乱される。労働者の団結を認めない、労働組合の結成を妨害する、団体交渉に応じない、労働組合の活動に干渉するなど、使用者側による妨害や、ときには政府（行政）による介入などもある。これらの攪乱要因を排除し、「労使自治」の条件を確保し維持することが、労働政策の基本的な役割になる。

まず、労働組合を法的に認め、その活動を保障するための立法がなされる。工場法や労働組合法など、いわゆる「解放立法」と言われるものがこれに当たる。次に、労働組合が法的に認められた後も、企業は、その団結を弱め、活動を妨害するためのさまざまな方策をとる。これらは「不当労働行為」と呼ばれる。労働組合の成立以降、労使関係政策の最も重要な役割は、「不当労働行為」を取り締まり労働組合の団結と自立性、活動の自由を確保することである。

労働運動の役割

労働政策の形成において、歴史的にも労働者の運動は重要かつ決定的な役割を果たしてきた。労働者の要求や運動なしに、使用者や国家が「労働力保全」のために自主的に高い水準の労働政策を整備するなどということは、実際には稀である。

政策の形成は政治的行為だから、労働政策形成を求める運動は政治への働きかけを伴うことになる。本来、労働組合は経済的な要求の実現をめざして団結する組織だが、労働政策の形成のためには政治の領域でも活動せざるをえない。このような労働組合の政治活動は、三つの方向で取り組まれることになる。

第一に、普通選挙権の獲得と選挙制度の民主化である。労働者の武器は数量的な大きさである。産業資本主義段階での労働者は必ずしも人口の多数を占めているわけではないが、資本主義の発展によって労働者の数が増えれば、有権者の多数を占めることもできる。このような数の有利さを生かすためには、納税額などによって選挙権が与えられる制限選挙制度ではなく、一定年齢以上の全ての男女に選挙権が与えられる普通選挙制度でなければならない。また、投票者における多数がそのまま議席に結びつくような民主的な選挙の方が、多数の有利さを生かすことができる。有権者の多くを占める労働者にとって、政治の民主化は利益となる。

第二に、労働者政党の結成と強化である。政策の形成は議会で行われる。その議会に、自らの要求を代弁し実現のために活動する代表を送り込むために政党を結成する。このような政党は、労働者の利益代表であるというところから労働者政党、財産を持たない無産者の政党であるというところから無産政党、社会民主主義・社会主義・共産主義などの政治理念を背景とするところから社会民主主義政党、社会主義政党、共産主義政党などと呼ばれる。

第三に、政策形成過程への直接的な参加である。議会に提出される法案は、関係省庁で原案が作成される。今日の日本では、国会に提出される法案の大多数は内閣が原案を作成する。実質的には関係する官庁、労働政策の場合は厚生労働省が作成するが、そのまた原案は公労使三者構成の審議会によって決定され、さらにその原案は、研究会や小委員会などで検討される。この研究会や審議会にも労働組合は代表を送り、政策作成の初期段階から関与することをめざすことになる。二〇〇五年の第九回大会の時点で、連合は「九六審議会・委員会にのべ二五六人の委員を派遣[27]」していた。労働組合の政治活動にとって、世論への働きかけは極めて重要である。選挙を通じて多数の代表を国会に送り込むためにも、特定の法案の成立を促進したり阻止したりするためにも、世論に訴えなければならない。そのために、大衆的な示威行動や集会、宣伝活動などに取り組み、必要であればストライキ権を行使する。

このような大衆的な取り組みは、個別の企業や地域のレベルだけでなく全国レベルで取り組んだ方が、より効果的である。そのためには、労働組合の全国組織（ナショナルセンター）が大きな役割を発揮することになる。

使用者にとっての労働政策の意味

労働者にとって、労働政策による労働組合の承認、労働者保護、賃上げや労働条件の改善などが大きな利益をもたらすことは言うまでもない。しかし、同時に、このような形で労働者の所得を引き上げたり労働条件を改善することは、実は、労働者だけではなく使用者の利益にもなる。労働政策について考える際、これは使用者もまた十分に理解しなければならない点である。

労働政策は、短期的主観的には、使用者の譲歩を求め、その利益を損なうかに見える。しかし、長期的客観的には、質の良い労働力の育成と提供という点で、使用者にとっても利益をもたらすことになる。また、労働条件の改善は労働者の「やる気」を強め、働く意欲を高める。所得の増大は消費・購買力を拡大し、豊かな国内市場を生み出すことになる。

短期的主観的に利益を損なうように見えるのは、使用者と労働者の利害が対立しているからである。長期的客観的に利益をもたらすのは、使用者と労働者が相互に依存しているからである。資本主義という生産関係を前提とする限り、労働者なしに使用者は存在できず、同時に、使用者なしに労働者も存在できない。両者の利害は対立していると同時に、一方は他方の存在を必要不可欠とし、依存しあっているところに、労使関係の特徴がある。

このように、労働政策は使用者にとっても必要なのであり、それが労働力の保全に役立つ限りで、使用者にとっても利益をもたらす。この側面に着目したのが大河内理論であることは、ここで繰り返すまでもない。しかし、それはあくまでも、長期的客観的に言えることであって、だからといって、個々の経営者はもとより総資本としての経営者団体や国家が、自ら進んで高い水準での労働政策の形成をめざすなどということは稀である。

ところで、時間決めで購入された労働力は、自らの購入に支払われた以上の価値を生む。これが剰余価値である。この剰余価値は利潤となって使用者の懐を潤し、新しい労働力や資本財の購入に回される。経営者の関心は、唯一、この利潤を高めることにある。

この場合、労働者に支払われる賃金などのコストが増えれば増えるほど、使用者が手にできる利益は減り、逆に、賃金が少なければ少ないほど、使用者は多くの利益を手にすることができる。同時に、賃金が極端に下げられれば、労働者は生活できなくなる。

コストダウンによって他の経営者より安い製品価格を実現し、多くの製品を販売して特別利潤を手にすることがあっても、それは長続きしない。早晩、他の経営者も同様のコストダウンを図るからである。こうして、全ての企業で生活できないほどまでに賃金低下が生じれば、労働者は死滅するしかない。個々の企業にとって良かれと思って行われた施策が、大きな問題を引き起こすことになる。一種の「合成の誤謬」である。

他方、労働組合の力が強く、企業の支払い能力以上の賃上げが実現したとする。さし当たり、労働者にとっては喜ばしいことだが、長期的には経営破綻の可能性が生ずる。企業が倒産してしまえば、結局は、労働者の生活も立ち行かなくなる。

このように、低すぎる賃金も高すぎる賃金も、ともに問題を生み出す。基本的に、賃金は労働市場における需要と供給の関係によって決まるが、その水準には一定の幅がある。その幅を決めるものこそ労使交渉であり、労働組合と使用者側との力関係によって決まる。そして、この幅が極端に低下して労働力が死滅しないようにしたのが、最低賃金だということになる。

このように、労働政策は労働条件の低下によって労使双方に不利益を生じないような限度を定め、それ以上の水準については労使自治に任せている。その限度が低ければ使用者に、高ければ労働者に利益をもたらすというわけではない。高い水準の労働政策は質の高い労働力を豊富に供給することになり、結果的に、使用者にとっても利益となることを忘れてはならない。

3　労働政策の主管官庁——厚生労働省

公的介入の意味

労働組合の結成によって、労働市場における労使の交渉が対等になされれば、第三者が介入する余地も必要性もない。労働問題の当事者は使用者と労働者であり、問題の解決はこの両者による「労使自治」に委ねれば良い。これがいわゆる労使関係のインダストリアリズムという考え方である。かつてのアメリカではこのような考え方が支配的であった。

しかし、現実には、自由放任というわけにはいかなかった。国家が、労使関係に介入してくる。何故、このような公的介入が必要になるのだろうか。

第一に、労使自治を保障するために、国家権力による介入が必要になる場合がある。労働組合の活動に対する行きすぎの是正、使用者側からする不当労働行為の取り締まりなどによって、労使自治を阻害する条件が排除されなければならない。

第二に、労使の立場が対等になるということは、現実には不可能だからである。労働組合がすべての労働者を組織することはありえず(28)、組織された労働者の利益が完全に労働組合によって代表されるということも難しい。労使自治が保障されたにしても、実際上の力関係は労使対等にはならず、公的介入によって不平等性を補完する必要性が生ずる。

第三に、使用者にとっても、労働条件の平準化を実現し公平な企業間競争を行うために、公的介入が必要とされる。特定の企業が低労働条件によって〝抜け駆け〟し、他の企業がそれに追随することが続けば、労働力の保全は不可能になり、社会的統合は危機に瀕する。そのような事態を避けるためには、労働条件の最低水準を公的に規制することが必要になる。

このような公的介入は、国際レベルでは国際労働機関（ＩＬＯ）によって、全国レベルでは国家によって、地域的なレベルでは地方自治体などによって実行される。ここで注意しなければならないのは、このような形で介入する公的機関は、必ずしも中立の立場に立つわけではないが、同時に、常に使用者の利益を擁護するわけでもないということである。

なお、国家をどのようにとらえるかについてはさまざまな議論がある。ここでは、本質的最終的には「支配階級の道具」であるとしても、その内部においてさえ一定の階級闘争が存在すること[29]、階級支配を維持するためには、ときには中立的な調停者としての役割を演ずるだけでなく、労働者に対する大きな譲歩をも行う場合があること、の二点を指摘しておくにとどめたい。

労使関係の三つのモデル

国家と労使の関係をどう見るかについても、さまざまな議論がある。ここでは、代表的な三つのモデルを紹介しておこう。それは、前述のインダストリアリズム、ネオ・コーポラティズム、ネオ・リベラリズム（デュアリズム）であり、それをまとめたものが、表１‐６の「労使関係の三つのモデ

表1－6　労使関係の3つのモデル

	インダストリアリズム	ネオ・コーポラティズム	ネオ・リベラリズム（デュアリズム）
利益表明（媒介）の方法	「完全表明」：多元主義的圧力政治：分権制	部分的「自制」：「協調的協議」：集権制	インダストリアリズムの相似形
労使関係の構造	「自由な団体交渉」と団体自治	「政策参加」の受容	反・無組合主義、または企業内労使関係への封印
労使関係の主役	使用者と労働組合	政府と労働組合	使用者
優勢な時期	1960年代	1970年代	1980年代
優勢な「典型国」	アメリカ等	オーストリア、スウェーデン、ノルウェー等	アメリカ、イギリス等
政治的に対応	多元主義	社会民主主義	新自由主義（新保守主義）

出典）稲上毅『転換期の労働世界』（有信堂、1989年）71頁。ただし一部分、著者によって追加。

ル」である(30)。簡単に言えば、自由な団体交渉と労使自治を主とするのがインダストリアリズム、政策形成過程への参加をめざすのがネオ・コーポラティズム、労働組合に敵対しその活動を制限しようとするのがネオ・リベラリズムである。

このようなモデルは、もともとJ・H・ゴールドソープによって提起され(31)、稲上毅の論文によって紹介された(32)。このとき、稲上は日本における「『穏やかな』ネオ・コーポラティズムの台頭(33)」を指摘したが、その後、「ネオ・コーポラティズムとネオ・リベラリズムの中間形態(34)」という見解を示した。

これに対しては、「むしろネオ・コーポラティズムとは逆に、先進各国で労働運動を守勢に追い込んできたデュアリズムの状況に近似する[35]」という篠田徹の見解があった。これを引用しながら、私は「バブル経済以降、社会的・経済的格差の拡大が社会問題化し、組織・未組織労働者間、大企業と中小零細企業の労働者間、男性正社員と女性パート労働者との間の格差などが拡大した日本の現状への評価としては、こちらの方が説得力があるように思われる[36]」と書いた。この本は今から一一年前に書かれたものだが、「日本における労働組合と政治との相互関係を分析する理論枠組みとしては、ネオ・コーポラティズム論ではなく、デュアリズム論の方が有効であるように思われる[37]」とする私見は、その後の事態の推移によって裏付けられたと言える。

また、この本の中で、私は「労働なきコーポラティズム[38]」と「デュアリズム」は部分的に共存可能であること、「新自由主義的攻勢」とはデュアリズムと共鳴しあう「政策的志向」のことであること、それは「規制緩和による市場の論理の貫徹、労働分野では労働法制の見直し、人事・処遇の個別化など集団的労使関係から個別的労使関係への変容という形で具体化されつつある」ことを明らかにした。こうして「デュアリズム」が強化されているというのが「本書の現状認識」であった[39]。このような「新自由主義的攻勢」と「デュアリズム」の強化はその後も続き、今日において格差の拡大や貧困化は否定することのできない現実となったのは周知のとおりである。

これは、労働政策における逆転現象にほかならない。その背景となっているのは、表1‐6に示されているような「反・無組合主義、または企業内労使関係への封印」という「ネオ・リベラリズム（デュアリズム）」的労使関係の構造であった。使用者は、労働力の保全に顧慮することなく激しい攻勢をかけることがあり得ることを、この間の事態は明瞭に示している。そしてもし、「反・無組合主義」によって労働組合の抵抗が無力化されれば、公的介入もまた使用者の側に立って行動することをためらわないのである。

労働政策を担当する官庁

今日の日本において、全国的なレベルで公的介入を行う機関は厚生労働省である。厚生労働省は、二〇〇一年一月の中央省庁再編によって、厚生省と労働省が統合されて誕生した。医療・健康・福祉・年金などの旧厚生省の業務や、労働・雇用といった旧労働省が所管した分野を担当している。新しい厚生労働省における労働関係組織は、図１-２で示すとおりである。この中央省庁再編による厚生労働省の誕生は、労働政策の形成とっても大きな意味を持っていた。

まず、この統合によって、労働政策の担当官庁が巨大化した。旧労働省の職員は約二万五〇〇〇人にすぎなかったが、これに旧厚生省出身の職員約七万五〇〇〇人が加わったため、厚生労働省は約一〇万人という大所帯になった[40]。「定員数でみれば、郵政事業庁を抱える総務省が約三〇万四〇〇〇人と断然多く、ついで国立学校を擁する文部科学省が約一四万人。厚生労働省が約一〇万人[41]」と、省のなかでは三番目の大きさになった。郵政民営化が実行された今日では、防衛省を除いて、文科省に次ぐ二番目の規模だということになる。

ただし、このような規模の増大が、必ずしも官僚機構内における労働政策担当部局の位置づけや

の労働関係組織

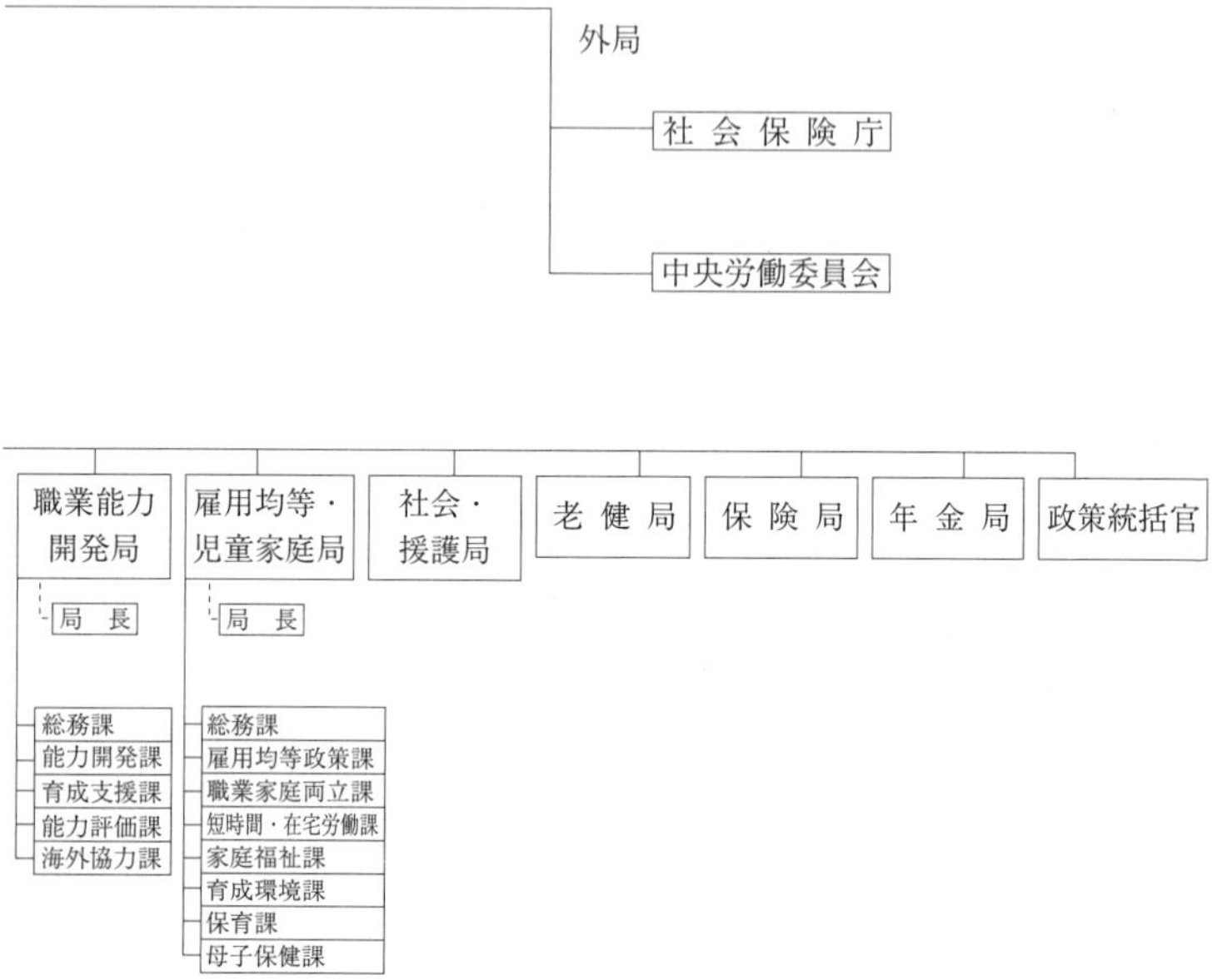
外局
社会保険庁
中央労働委員会
職業能力開発局
局長
総務課
能力開発課
育成支援課
能力評価課
海外協力課
雇用均等・児童家庭局
局長
総務課
雇用均等政策課
職業家庭両立課
短時間・在宅労働課
家庭福祉課
育成環境課
保育課
母子保健課
社会・援護局
老健局
保険局
年金局
政策統括官

図1－2　厚生労働省

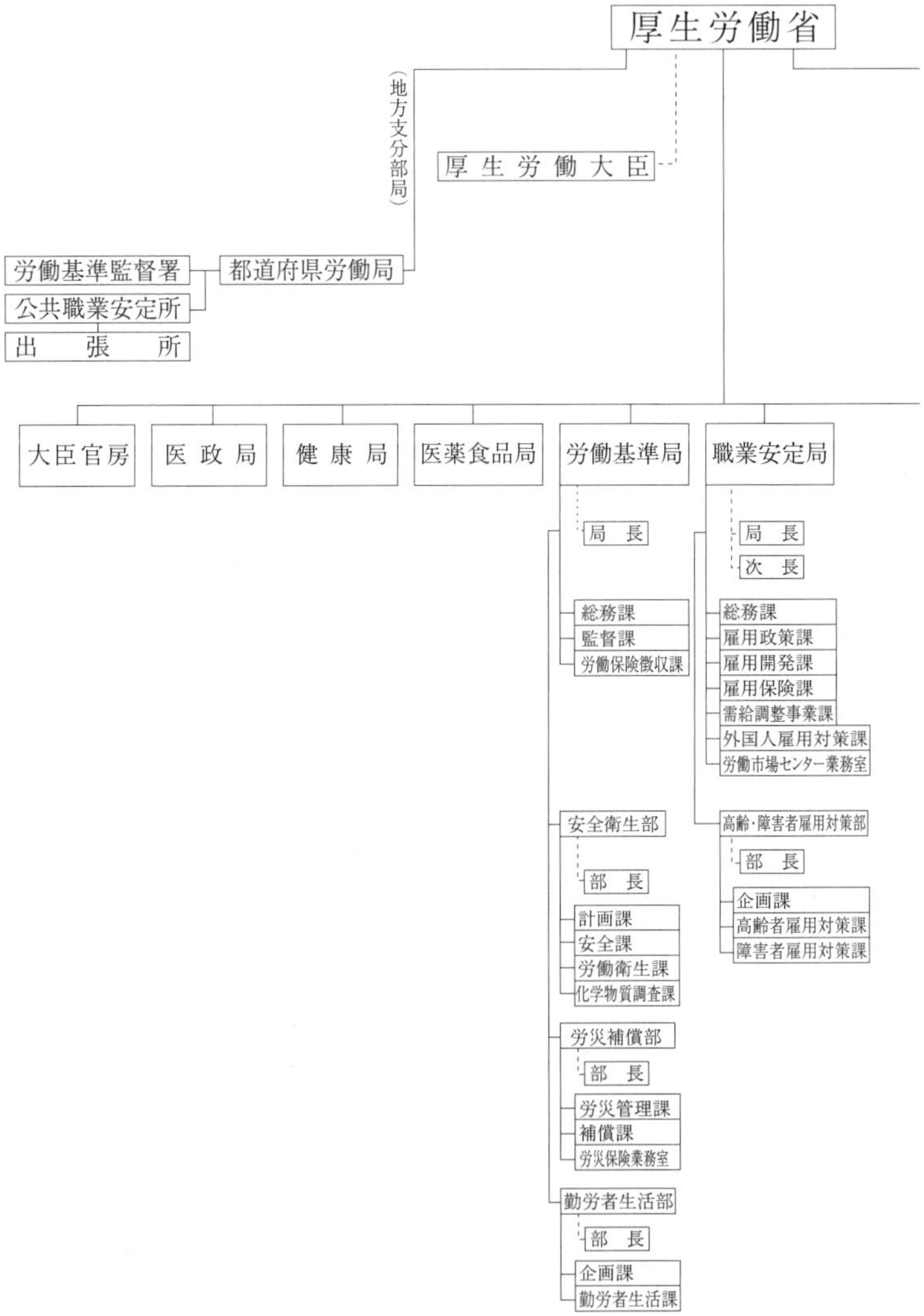
厚生労働省
厚生労働大臣
（地方支分部局）
都道府県労働局
労働基準監督署
公共職業安定所
出張所
大臣官房
医政局
健康局
医薬食品局
労働基準局
局長
総務課
監督課
労働保険徴収課
安全衛生部
部長
計画課
安全課
労働衛生課
化学物質調査課
労災補償部
部長
労災管理課
補償課
労災保険業務室
勤労者生活部
部長
企画課
勤労者生活課
職業安定局
局長
次長
総務課
雇用政策課
雇用開発課
雇用保険課
需給調整事業課
外国人雇用対策課
労働市場センター業務室
高齢・障害者雇用対策部
部長
企画課
高齢者雇用対策課
障害者雇用対策課

発言権の増大に結びついたとは言えない。歴史的にみれば、旧労働省は「政策官庁化を志し、権限も強め、従来の、いわば監督官庁からの積極的な脱皮を図」り、「次第に、経済政策遂行の中で役割を強め、重さを加えてきた」[42]とはいえ、もともと省の中ではそれほど注目される官庁ではなかった。たとえば、「日本の官僚」を取り上げた田原総一朗や江波戸哲夫の著書では、厚生省は出てきても労働省は取り上げられていない[43]。

また、統廃合によって部局が減少し、とりわけ労政局が廃止されたという問題がある。旧厚生、旧労働二省では、二官房一四局が一官房一一局に再編された。減った三局のうち、二つは整理統合[44]で、純粋に消えたのは労政課と労働組合課を持つ労政局だけであった[45]。

もともと、厚生省と労働省の統合については、「行政のめざすべき方向が違う行政機関を統合したとしても、相反する理念のもとで、混乱を招くことが当然危惧され」、「労働者・国民の基本的権利である労働権、社会福祉・社会保障の権利を保障する国の責任を放棄する方向を色濃く反映したもの[46]」だとの指摘があった。「戦後日本の労働行政の中枢を担[47]」ってきた労働政策の根幹をなす労使関係政策に関わる労政局の廃止は、このような「危惧」や指摘を裏付けるものだったといえよう。

戦前の労働行政

ここで、厚生労働省の前史を概観しておきたい。統合した厚生省と労働省のいずれも、戦前の内務省を母体としており、両省の統合は「本家」にもどるという面も持っていたからである。

内務省は、一八七三年に警察制度の確立と殖産興業の推進などを目的に設立された(48)。「すなわち、富国強兵のための勧業行政を主位におき、これに治安対策の行政警察を配し、この二部門を内政の基本としたところに、内務省新設の画期的意義があった(49)」とされている。以後、内務省は天皇制官僚機構の中心的な行政機関として、地方行政(地方局)や警察行政(警保局)をはじめ、土木・衛生・宗教・出版などを担当した。

また、工場法との関係では、農商務省の役割も重要である。農商務省は一八八一年に設立され、明治政府の殖産興業の一翼を担い、一九二五年に農林省と商工省に分割される。この農商務省は明治三〇年代前半に工場法制定に向けて全国の工場労働者の実態調査を行い、それを『職工事情』として一九〇三年に刊行した(50)。これを参考にして、一九一一年に工場労働者、特に子どもと女性の労働者を保護することを目的に労働時間や深夜業を規制する工場法が制定され、一九一六年に施行される(51)。

第一次世界大戦後、社会問題の深刻化や社会・労働運動の高揚に対応して、一九二〇年に内務省内に社会局が設置された。これは、官制改革によって内務省地方局の下にあった社会課が昇格したもので、公設市場の開設や職業紹介・住宅対策など、雑多な内容を含んでいた。

この二年後の一九二二年、社会局は統一的な社会・労働行政機関として内務省の外局とされ、これまで内局の社会局が取り扱った事務のほか、警保局、農商務省、逓信省、外務省などに分かれていた労働行政事務を移管し、「ここにおいて、従来各省に分属していた労働行政事務は、概ね社会局に統合され[52]」ることになる。こうして、旧労働省の骨格が形成された。

他方、内務省衛生局などを母体に、一九三八年に厚生省が新設され[53]、社会局の労働関連業務もここに吸収された。新省の「設置ノ理由」は「国民ノ健康ヲ増進シ体位ノ向上ヲ図ル」ことであり[54]、体力、衛生、予防、社会、労働の五局と、外局としての保険院が置かれた。省の名称としては、当初、「保健社会省」とされていたが、「結局、書経・左伝にある『正徳利用厚生』から『厚生』という語をとって厚生省という名称に改められた[55]」という。

このような体制は、その後、幾度か再編され、戦時労働行政は厚生省勤労局によって担われた。しかし、労働者の思想動向や労働運動の取り締まりについては特別高等警察（特高）が担当し、労働関係業務の多くも警察部に統合されるなど、労働行政は戦時動員体制に組み込まれていくことになる。その役割は、労働力の保護というよりも効率的な動員であり、それは軍部の要請に応えて戦争目的を効果的に遂行するためのものにすぎなかった。

労働省の発足

一九四五年に日本は敗戦を迎え、戦後の民主改革の一環として、労働組合の存在と活動を法認する「解放立法」の制定が相次いだ。これに伴って、労働行政機構の整備拡充も図られ、一九四五年一〇月から、厚生省勤労局は労政局と勤労局に改組された。このとき、労働組合などを担当する労政局が分離独立したのは、誠に象徴的だったと言える。

その後、国民勤労総動員署の勤労署への改称、地方庁の勤労・労政主務課の警察部から内政部への移管、勤労署と日雇勤労署の公共職業安定所への改組、勤労局の職業安定局への改称、労政事務所の設置などが相次いだ。さらに、一九四七年五月には労働基準局が労政局から分離独立し、支分局として都道府県労働基準局が新設され、その管轄下に労働基準監督署が設けられた。これと並行して、職業安定課や失業保険徴収課なども誕生する(56)。

このように、労働関係法の制定や労働関係の行政機構の整備が進み、労働関係行政事務は急速に拡大した。また、GHQの労働諮問委員会も「強力にして独立せる労働省」の設置を求めた。しかし、吉田首相が「時期尚早」とするなど、労働省設置問題はぐずつき、結局、労働省設置を公約とした片山内閣によって具体化され、一九四七年八月三一日、労働省設置法が公布される。

このとき、米窪満亮初代労働大臣は職員に対し、「労働行政に従事する者の日常の心構えとして特に重要なもの」として、以下の二点を強調した。第一に、「常に労働者の福祉と国民生活の安定とを念頭に置き、理解ある親切な態度をもって国民に接しなければならない」こと、第二に、「手続きと事務の処理は、あくまでも簡易迅速を旨とし、いささかも停滞遅延する如きことがあってはならない」ことである(57)。

こうして、「労働者の福祉と職業の確保とを図り以て経済の興隆と国民生活の安定とに寄与する」(58)（設置法第一条）ことを目的とする独立の省が誕生したのであった。この労働省は、やがて「労働攻勢」から「労働省攻勢」(59)へといわれるほどの強い規制力を発揮する。それによって働く人々は希望を与えられ、経済成長に向けてその力を発揮することができたのである。労働省の設立と労働行政の充実は、日本の戦後復興と高度経済成長にとって不可欠な条件の一つであったことを忘れてはならない。

戦後の労働行政

労働行政の歴史は
あまりにも悲惨であった
戦時中動員署として
労働者　国民を
軍需要員に狩り出し
戦後は　所得倍増論から
日本列島改造論にのった
高度成長政策の手　足となる
低賃金労働者づくりを
担わされてきた

これは全労働省労働組合（全労働）が一九七六年に出した本『これが労働行政だ』の「序にかえて」の一部であり(60)、「怒りをこめて　わが河をふりかえれ」という副題が付けられている。ここからは、戦前・戦後の労働行政への当事者による深い反省を読み取ることができる。

しかし、必ずしも、この文章をそのまま受け取る必要はない。戦後における主な労働政策は表１-７に示すとおりだが、その「歴史はあまりにも悲惨」というわけではなかったからである。

第一に、戦後の労働行政は、民主化・非軍事化をめざした占領軍の政策を反映し、基本的には労働者の権利を認め、労働組合運動の保護と助成を基調とするものだった。戦前と戦後の、この大きな転換を過小評価することは誤りである。占領期当初の労働行政は、労働基本権の確立と労働条件の大幅な改善をめざすものであり、戦前と比べれば、明らかに飛躍的な前進だったのである。

とりわけ重要なのは、一九四七年一一月に施行された職業安定法第四四条によって「労働者供給事業」が禁止されたことである。手配師が人集めをして労賃をピンハネする「口入れ家業」が戦前の日本にはびこり、労働者を押し込める「タコ部屋」や強制労働も横行した。このような働き方に象徴されるような無権利で悲惨な労働のあり方が日本帝国主義の経済的社会的基礎だったと考えた占領軍は、このような働き方を一掃しようとしたのである。

とはいえ、第二に、その後、占領期の民主化政策が「逆コース」と呼ばれる無視できない揺れ戻しを被ったことも事実である。労働運動や労働政策もまた、その影響を免れることはできず、戦後民主改革の下で展開された方向から大きくそれてしまう。この後退は労使関係政策に著しく、一九

49. 5　緊急失業対策法。95. 3 廃止法
57. 4　雇用審議会設置法。完全雇用を目標に
58. 5　職業訓練法。訓練体系枠組みを構成
59.12　炭鉱離職者臨時措置法。移転支援等
60. 3　広域職業紹介の制度化
60. 7　身体障害者雇用促進法
66. 7　雇用対策法。雇用対策基本計画の策定等
67. 3　雇用対策基本計画。以降中期計画続く
71. 5　中高年齢者雇用促進特別措置法（中高法）
74.12　雇用保険法。年齢階層別失業給付期間、休業への給付金支給を含む 3 事業等
78. 1　特定不況業種離職者臨時措置法。以降類似法と再編整備
85. 6　職業訓練法から職業能力開発促進法へ
85. 7　労働者派遣法。特定業務に許可・届出で事業を認め、責任を明確化。86. 7 施行
86. 4　高年齢者等雇用安定法
87. 3　地域雇用開発等促進法。従来の雇用対策地域区分を整理し、対策を強化
87. 4　大型雇用総合対策実施。以降のモデル
89.12　入管法改正。在留資格整備等。翌年施行
91. 5　中小企業労働力確保法。91.8指針公表
92. 1　雇用問題政策会議、人間尊重の政策を提唱
92. 6　職業能力開発促進法改正。公共職業訓練の弾力化、情報提供機能等を持つ施設へ転換
93. 4　外国人技能研修制度発足
93.10　労働省、ビジネスキャリア制度につき発表
94. 6　高年齢者等雇用安定法改正。98年 4 月から60歳定年の義務化等
94. 6　高齢雇用継続給付、育児休業給付の導入

［女性労働と関連政策］
47. 4　労基法、男女同一賃金、女子保護諸規定
67. 8　ILO100号条約批准登録
72. 7　勤労婦人福祉法
77. 1　婦人問題企画推進本部、国内行動計画
85. 6　男女雇用機会均等法。女子保護の緩和。86. 4 施行
89. 6　パートタイム労働指針告示。84年通達格上げ
91. 5　育児休業法。92. 4 中規模以上施行
93. 6　パートタイム労働法
94. 3　女子学生採用難等で均等法の指針改定。
95. 4　家族的責任を有する労働者条約批准承認
95. 5　介護休業の法制化。99. 4 施行

出典）「特集 データファイル＝戦後50年の労働問題」（『日本労働年鑑』第66集、1996年版）http://oohara.mt.tama.hosei.ac.jp/rn/1996/rn1996-058.html#21
注）法律は施行時。

表１－７　戦後における主な労働政策の変遷

[労使関係政策]
45.12　(旧) 労働組合法
46.9　労働関係調整法
47.2　２．１ゼネストに前日禁止命令
48.7　マッカーサー書簡を受け政令201号。民間・官公・公企体３本建て労使関係法体系の契機
48.12　公共企業体労働関係法。国鉄・専売が対象
48.12　国家公務員法改正。争議権の否定等
49.6　労働組合法全面改正。現行法発足
52.7　占領体制終結に伴う労使関係法の改正。公労法は、３公社５現業に適用
53.8　スト規制法。電気・石炭産業の争議方法の規制
65.4　ILO87号条約批准と関係法案成立
75.12　経営形態と争議権は不可分と閣議決定し、政府スト権ストを押し切る
85.10　国鉄分割民営化の基本方針閣議決定。実施に当たり、組合員採用差別事件発生

[労働基準政策]
47.4　労働基準法、労働者災害補償保険法
57.5　労働基準法臨時調査会答申で法を維持
58.8　第一次の労働災害防止５カ年計画
59.4　最低賃金法。以後業者間協定中心に運営
60.3　労災補償給付の一部年金化
65.6　労災保険制度改正。年金の本格導入等
68.6　最低賃金法改正。以後審議会方式中心に
70.5　労災保険法改正。ILO 条約の給付レベルを実現
70.9　地域別最低賃金設定を進める審議会答申
71.6　勤労者財産形成法
72.6　労働安全衛生法 (安衛法)
73.9　労災保険法改正。通勤災害保護制度創設
74.12　労災保険法改正。給付を ILO 勧告並みに引き上げ
77.12　目安制度を中央最低賃金審議会が答申
80.10　時短の体系的行政指導推進。85、88年も
81.7　新産業別最低賃金の方針を審議会が答申
85.6　機会均等法と関連し、女子保護規定緩和
86.5　労災保険法改正。年金給付基準日額に年齢階層別最低限度、最高限度を設定
87.9　労基法改正。本則に週40時間制。労働時間制度を弾力化。当面46時間
88.5　安衛法改正。健康の保持増進措置等を規定
92.5　安衛法改正。快適職場形成の努力義務等
92.7　労働時間短縮臨時措置法
93.7　労基法改正。本格的週40時間制実現へ
95.3　労災保険法改正。介護補償給付等

[労働市場政策]
47.11　職業安定法。47.12失業保険法

四八年の国家公務員法改正や一九五三年のスト規制法などは、その具体的な現れであった。

第三に、これ以降の労働行政は、常に経済への奉仕と労働力保護の「二面性」を持つことになる。前掲の全労働による告発の書が「高度成長政策の手足となる低賃金労働者づくりをになわされてきた」というのは、その前者の面である。高度経済成長の下で、「労働行政の自立的性格が後退し、産業政策への順応を強めている(61)」とされたように、労働政策は産業政策・経済政策への追随を免れず、急速に高まる労働力需要に対応した安価な労働力の排出に向けて大きな役割を演じたのであった(62)。

しかし、第四に、そのようななかでも、産業構造や社会・労働のあり方の急速な変化にそれなりに対応し、労働力の保護を試みてきた点を評価する必要があろう。労災補償や安全衛生、労働時間短縮などの労働基準政策、職業紹介や職業訓練、身障者や中高年齢者などの雇用促進、雇用・失業対策などの労働市場政策、男女雇用機会均等法やパートタイム労働法の制定などの女性労働と関連した政策において、労働政策がそれなりの規制力を発揮してきたことは否定できない(63)。

確かに、全体としてみた場合、以上のような戦後労働行政の水準は、ＩＬＯなどが示す国際的な労働基準からすれば大きな乖離を持ち、日本の遅れとして意識されてきた。しかし、そのような水準の規制力でさえ、新自由主義にとっては存在を許されないものだった。こうして、一九八〇年代に始まった新自由主義的政策は一九九〇年代に入ってバージョンアップされ、戦後労働行政は大きな転換を迫られることになる。

以下、戦後の労働行政のうち、今日における労働政策の焦点と課題については第2章、労使関係政策についての詳細は第3章、一九九〇年代以降の規制緩和の下での労働政策の変化については第4章、財界との関わりについては第5章、ＩＬＯや国際労働基準との関連については第6章で扱う。それぞれについて、詳しくは該当する章を参照されたい。

注

（1）阿部斉・内田満・高柳先男編『新版 現代政治学小辞典』（有斐閣、一九九九年）二三七頁。
（2）武川正吾「『新しい社会政策の構想』に寄せて」社会政策学会誌第一一号『新しい社会政策の構想――二〇世紀的前提を問う』（法律文化社、二〇〇四年）六七頁。
（3）小西豊治『憲法「押しつけ」論の幻』（講談社現代新書、二〇〇六年）、高橋彦博『日本国憲法体制の形成』（青木書店、一九九七年）などを参照。
（4）高木郁朗・木村武司・ダグフィン・ガト『概説 日本の社会政策』（第一書林、一九八六年）二〇頁。
（5）成瀬龍夫『総説 現代社会政策』（桜井書店、二〇〇二年）二四頁。
（6）玉井金五「序章 社会政策研究の系譜と今日的問題」、玉井金五・大森真紀編『社会政策を学ぶ人のために』（世界思想社、一九九七年）四頁。小松隆二も、戦前における「社会政策の多様性とその淘汰」について指摘している（小松隆二『現代社会政策論』一九九三年、論創社、五頁以降）。
（7）代表的なものとして、武川正吾『社会政策のなかの現代――福祉国家と福祉社会』（東京大学出版会、一九九九年）参照。
（8）このような「拡大」について、概念上の問題としてではなく社会的な関心の広がりや社会生活の高度化などから説明する見解もある。たとえば、前者については、小松隆二、前掲書、五頁、後者については、渡辺貞雄編『二一世紀への社会政策』（法律文化社、一九九六年）二頁、参照。また、玉井金五の前掲稿は、八〇年代における新しい社会政策的課題の発生から説明している。
（9） 高木郁朗ほか、前掲書、一七頁。
（10） 岸本英太郎『社会政策論』（有斐閣、一九五二年）三頁。岸本は、「社会政策を労働政策と等置することは社会政策概念の不当な拡張である」とまで述べている（同前、四頁）。武川正吾などの批判とは、まったく逆の方向からの批判だということになる。
（11） 小林端五『現代社会政策講義』（青木書店、一九九二年）八頁。
（12） 埋橋孝文編著『ワークフェア――排除から包摂へ?』（法律文化社、二〇〇七年）四六頁。
（13） 吉村朔夫・戸木田嘉久編『現代社会政策』（有斐閣叢書、一九七七年）四〇～四一頁。
（14） 西村豁通・荒又重雄編『新社会政策を学ぶ 第二版』（有斐閣選書、一九九九年）一二頁。
（15） 毛利健三編著『現代イギリス社会政策史――一九四五～一九九〇』（ミネルヴァ書房、一九九九年）参照。
（16） スウェーデン社会研究所編『スウェーデンの社会政策』（成文堂、一九八一年）参照。
（17） 石畑良太郎・佐野稔編『現代の社会政策 第三版』（有斐閣、一九九六年）一二～一三頁。
（18） 大河内一男『社会政策（各論）三訂版』（有斐閣全書、一九八一年）四頁。
（19） 同前、三～四頁。
（20） これについては、古くは服部英太郎による批判があり、岸本英太郎も「労働運動・社会運動の必然的意義を、社会政策の本質規定に無縁のものとして、理論の範囲外に放逐するものであった」と批判している（岸本英太郎編『社会政策入門』有斐閣双書、一九六七年、七頁）。これらの批判論は、大河内の「生産力」説との対比で「生産関係」説と呼ばれる。本書も、どちらかといえば、「生産関係」説の立場に近い。
（21） これについても、武川正吾は「このため、社会政策＝労働政策の問題設定からはみ出すものはなんとしてでも社会政策から排除せよ、ということが社会政策学にとっての至上命題となる。したがって労働力と直接かかわらないものは、『社会政策ではない』と強弁されるか無理に労働力との関連を付けさせて社会政策のなかに含ませられるかのいずれかである」と厳しく批判している（武川正吾、前掲書、一九頁）。

(22) 規制改革会議再チャレンジワーキンググループ労働タスクフォース「脱格差と活力をもたらす労働市場へ――労働法制の抜本的見直しを」（二〇〇七年五月二一日）http://www8.cao.go.jp/kisei-kaikaku/publication/2007/0521/item070521_01.pdf を参照。

(23) 国際労働基準の実施を促進するための三者の間の協議に関する条約（第一四四号）http://www.ilo.org/public/japanese/region/asro/tokyo/standards/c144.htm を参照。

(24) 日本が批准したＩＬＯ条約一覧（批准日順、二〇〇七年七月二四日現在計四八）http://www.ilo.org/public/japanese/region/asro/tokyo/standards/ratcon.htm を参照。

(25) 篠田徹「審議会」中野実編著『日本型政策決定の変容』（東洋経済新報社、一九八六年）八〇頁。

(26) 同前、一〇三～一〇四頁。

(27) 拙稿「労働政治の構造変化と労働組合の対応――政治的側面からみた労使関係の変容」『大原社会問題研究所雑誌』第五八〇（二〇〇七年三月）号、三四頁。

(28) 労働組合組織率は、北欧では八割前後の高率になっているが、日本では一八・二%にすぎない。つまり、労働者の八割以上は労働組合に組織されていないのである。

(29) 国家機構の一部をなす議会には労働者政党の代表も参加しており、行政機構で働く人々の一部は労働組合に組織されている。

(30) 拙著『政党政治と労働組合運動――戦後日本の到達点と二十一世紀への課題』（御茶の水書房、一九九八年）三七五頁。

(31) Ｊ・Ｈ・ゴールドソープ編〔稲上毅ほか訳〕『収斂の終焉――現代西欧社会のコーポラティズムとデュアリズム』（有信堂、一九八七年）参照。

(32) 稲上毅「労働組合運動の新次元」『日本労働協会雑誌』(第三四二号、一九八八年一月)。後、稲上毅『転換期の労働世界』(有信堂、一九八九年)に収録。
(33) 稲上毅、前掲稿、四〇頁。
(34) H・ウィッタカー・稲上毅「新しい政治経済モデルの探求――『収斂の終焉』の終わりか」稲上毅ほか『ネオ・コーポラティズムの国際比較』(日本労働研究機構、一九九四年)四七九頁。
(35) 篠田徹「政策制度要求」『日本労働研究雑誌』(第四〇八号、一九九四年一月)四九頁。
(36) 前掲拙著、三七六頁。
(37) 同前、五頁。
(38) T・J・ペンペル・恒川恵一「労働なきコーポラティズムか?――日本の奇妙な姿」シュミッター・レームブルッフ編〔山口定監訳〕『現代コーポラティズム(1)――団体統合主義の政治とその理論』(木鐸社、一九八四年)参照。
(39) 前掲拙著、九頁。
(40) 上坂修子『厚生労働省』(インターメディア出版、二〇〇二年)四四頁。
(41) 田中一昭・岡田彰編『中央省庁改革――橋本行革が目指した「この国のかたち」』(日本評論社、二〇〇〇年)一五〇～一五一頁。
(42) 仲衛『労働省研究』(行研出版局、一九九一年)一四頁。
(43) 田原総一朗『日本の官僚 一九八〇』(文藝春秋、一九七九年)は、内閣、外務省、警察庁、自治省、防衛庁、文部省、総理府、農林水産省、建設省、運輸省、検察庁、厚生省、大蔵省、通商産業省、郵政省を取り上げ、江波戸哲夫『官僚大研究』(筑摩書房、一九九〇年)は、防衛庁、最高裁判所、厚生省、農林水産省、通産省を対象にしている。
(44) 具体的には、「①旧厚生省の医系三局である健康政策局、保健医療局、生活衛生局と医薬安全局を加えた四つが、医政局、健康局、医薬局の三つにまとめられたこと、②さらに、旧厚生省の児童家庭局と労働省の女性局が一つになって、雇用均等・児童家庭局となったこと」を指している（上坂修子、前掲書、四五～四六頁）。

(45)「これは一般的に非常に分かりにくいと思いますが、労政局が廃止されてどうなったかというと、労働担当と社会保障担当の政策統括官の方にいったわけです。組織図で見ると、官房と原局、政策統括官ということで、同列になっていますけれども、これはやはり『格下げ』ということになります」（斎藤力「小泉首相の構造改革と厚生労働省」『法政大学大原社会問題研究所ワーキングペーパー No. 17 労働政策の形成と厚生労働省』二〇〇四年）三頁。

(46) 木村弘之「中央省庁再編法の成立によって労働行政はどのように変わるか」『国公労調査時報』（第四四五号、二〇〇〇年一月一五日付）二四～二五頁。

(47) 石本宏昭大臣官房審議官（労政担当）の「あとがき」労働省労政局編『労政局の軌跡』（日本労働研究機構、二〇〇〇年）二五一頁。同書への「序文」で、澤田陽太郎労政局長は「厚生労働省から労政局が姿を消すことにつきましては、最後の労政局長として無念であり、また、その責任を重く受け止めております」と、書いている。

(48)『内務省史』は、征韓論に敗れた西郷派の下野によって治安問題が生じ、「内務省の新設を急いだために警察制度の確立が焦眉の急となったからである」と説明している（大霞会編『内務省史 第一巻』地方財務協会、一九七一年、六二頁）。

(49) 同前、六七頁。

(50) 犬丸義一校訂『職工事情』上・下（岩波文庫、一九九八～九九年）参照。

(51) 工場法は、一五人以上の工場に適用され、最低就業年齢を一二歳、最長労働時間を一二時間（一五歳未満および女性に限る）、休日を月二回（一五歳未満および女性に限る）、深夜業禁止（二二時から四時、一五歳未満および女性に限る）などを内容としたが、製糸業では一四時間労働、紡績業では女子深夜業が認められていた。一九二三年には最長労働時間が一時間短縮され、適用年齢が一五歳未満から一六歳未満に引き上げられ、一九二九年の改正で、年少者や女子の深夜業が全面的に禁止された。工場法は一九四七年の労働基準法制定によって廃止される。
(52) 労働省編『労働行政史 第一巻』(労働法令協会、一九六一年)一九三頁。
(53) この「新省の設立が政治課題として登場した直接の契機は、徴兵検査などで国民体力の低下が明らかとなり、その改善策が強く求められたことにあった」という。特に、「結核患者の増大」が問題とされた(厚生省五十年史編集委員会『厚生省五十年史(記述編)』財団法人厚生問題研究会、一九八八年、三四一頁)。
(54) 「労働局の設置もそのための間接的手段としてとらえられていた」という(同前、三四三頁)。
(55) 「社会」という文字は不適当、他省なみの二字とするべき、「保健」は保険と混同されやすい、などの意見があったためだという(同前)。
(56) 天野鉄夫『労働省』(教育社、一九七四年)四六~四七頁。
(57) 労働省編『労働行政史〔戦後の労働行政〕』(労働法令協会、一九六九年)九三~九四頁。
(58) 『労働省二十五年史』(労働行政調査研究会、一九七三年)一八五頁。
(59) 日経連労働問題研究委員会『労働問題研究委員会報告――生産性基準原理を軸に活力と安定の確保を』(日本経営者連盟弘報部、一九八六年)四四頁。荒川春前日本経団連常務理事も「労働組合攻勢よりも労働行政攻勢という言葉が私どもの身内の中では使っていたぐらいに、労働省主導で、法律の制定・改正や行政指導が行われた感が強かったのではないかと思います」と述べている(荒川春「雇用・労務管理課題への経営者側の取り組み――時短・女性労働・高齢者雇用問題を中心に」法政大学大原社会問題研究所ワーキングペーパーNo. 24『労働政策と経営者団体』二〇〇五年、八二~八三頁)。
(60) 全労働省労働組合『これが労働行政だ』(労働教育センター、一九七六年)ii頁。
(61) 前川嘉一「労働(保護)行政の復権、自立――人間尊重に関わって」吉村励ほか編『「構造変動」と労働者・労働行政』(啓文社、一九八四年)四頁。

(62) 一九九〇年代までの戦後の雇用政策の展開とその特質については、丸谷肇『日本の雇用政策――その展開と特質』（いなほ書房、二〇〇四年）参照。
(63) もちろん、久米郁男のように、「労働省は、経営団体の意に反して、労働組合の側に立った」（久米郁男『日本型労使関係の成功――戦後和解の政治経済学』有斐閣、一九九八年、二六一頁）、「労働省が国家の政策決定過程の中心的プレーヤーになったとの観測を裏づけるようである」（同前、二六八頁）などというのは、このような面を過大評価した謬見である。

第2章　労働政策の焦点と課題

1　基本としての雇用・賃金・労働時間

雇用の維持・確保

労働政策はさまざまな政策課題を抱えている。なかでも基本となるのは、雇用の維持、賃金の保障、労働時間の短縮である。どのような形態の仕事であれ、その意思があれば働くこと自体は保障されているということ、職について働けば健康で文化的な最低限度の生活を送ることができる賃金が得られるということ、極端な長時間労働によって健康や家庭生活が破壊されるようなことがないということ、職を失っても生活が維持されるということが、労働政策の最低限の目標でなければならない。このほかにも、労働政策には、労働災害の防止や安全衛生の確保、職業教育などの課題があり、若者、女性、高齢者、障害者、外国人、家内労働者などの諸階層に対する政策的対応が必要とされている。

以下、このような労働政策の焦点と課題について検討することにしたい。ただし、それぞれの政策の詳細について深入りすることは避け、基本的な考え方や政策の骨子に触れるにとどめることとする。

まず、雇用の維持・確保という課題である。今日の社会においては、働く場が確保されなければ生活を維持することができない。働く意思を持つどのような人に対しても就業の機会を保障することが基本中の基本であり、それは憲法第二七条「すべて国民は、勤労の権利を有し、義務を負ふ」の具体化である。

同時にそれは、健康で文化的な生活を保障する憲法第二五条の理念と個人の尊厳に基づくものであり、働く権利は基本的人権にかかわるものとして尊重されなければならない。働く意思を持ちながら職を得ることができないということは「社会的排除（social exclusion）[1]」の現れの一つであり、放置することは許されない。

雇用を保障するということは、失業率を下げるということである。第一次石油ショック以降の失業率の推移は図2－1に示されるとおりだが、二〇〇二年の五・四％をピークに、二〇〇三年五・三％、二〇〇四年四・七％、二〇〇五年四・四％と低下に転じ、二〇〇六年にはさらに四・一％に下がった。高度成長期以降、一九九〇年代前半までの二％台という低い失業率の水準から比べれば依然として二倍ほどになるが、欧米の先進諸国との比較では相対的に低い水準となっている。

このように、最近では失業率が低下する傾向が見られる。しかし、それでも二〇〇七年一一月の

図２−１　失業率の推移

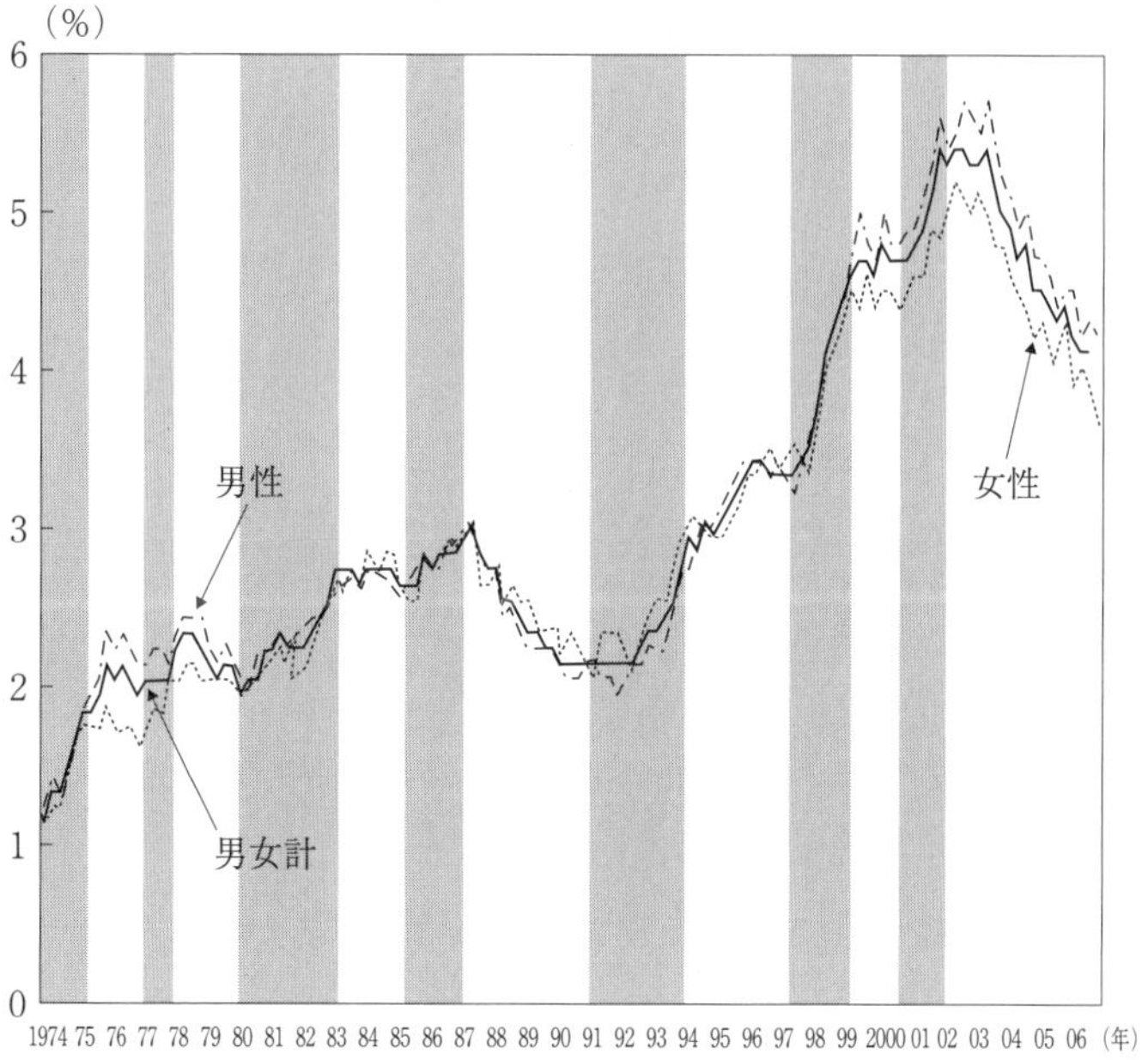

出典）総務省統計局「労働力調査」

注）１）データは四半期値（季節調査値)。また、グラフのシャドー部分は、景気後退期。

２）1973年７月から沖縄を含む。

３）四半期値は、月次の季節調査値を厚生労働省労働政策担当次官室にて単純平均化したもの。

図2-2　労働力人口と雇用者数の推移

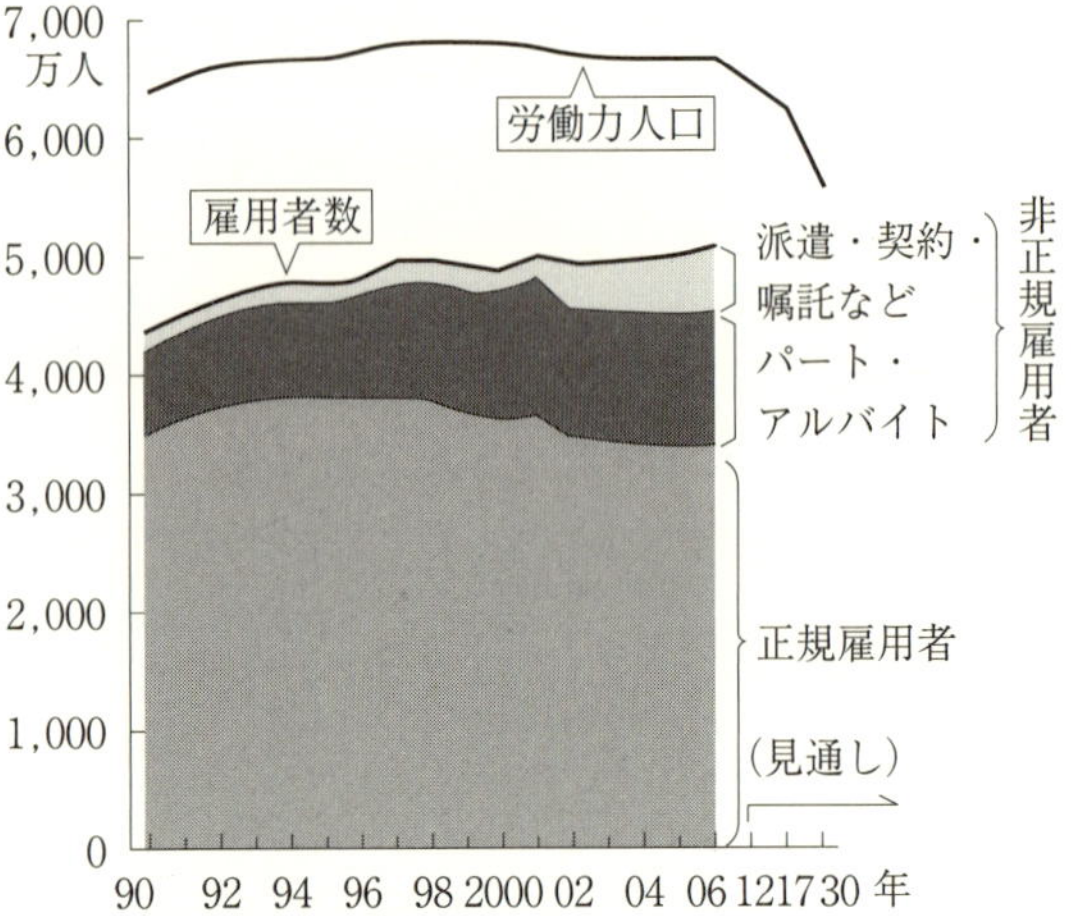

出典）『日本経済新聞』2008年1月1日付。
注）2006年までは総務省・労働力調査より作成。労働力人口は基本集計の年平均。雇用者数は労働力人口から完全失業者、自営業者、会社役員などを除いた数値で詳細集計。2001年までは2月、2002～2006年は年平均。2012、2017、2030年は厚生省・雇用政策研究会の推計。

完全失業者数は二四六万人であり、これだけの人が職を得られない現実は無視できない。また、失業統計における失業者とは職を求めて求職活動を行っている人々であり、就職を諦めてしまった主婦、高齢者、若者などは失業者にカウントされない。このような求職活動を放棄してしまった人々を「潜在的失業者」という。これを考慮に入れれば、失業率はもっと高くなる可能性がある。

同時に、問題とされなければならないのは雇用の質である。失業していなくても、人間らしい当たり前の生活が送れるような職が保障されているのかという問題がある。

雇用形態の多様化と非正規雇用の増大によって、確かに雇用の量は一時よりは増加した。しかし、その賃金は低く、労働条件は劣悪である。雇用形態の多様化とは、パート、アルバイト、派遣労働者、請負労働者、契約社員など、正規雇用以外の働き方が増えたことを意味している。

非正規雇用の推移は、図２－２のようになっている。一九九〇年代半ばから増加傾向が著しくなり、二〇〇五年には雇用者全体の約三割を占めるようになった。学生や中年女性のパートやアルバイトが増え、男女ともに派遣・契約社員が増加したためである。他方で、正規雇用が減少している。(2)しかし、それは自然にそうなったのではない。一定の政策的意図の下に、系統的に実施されてきた結果である。図２－３は一九九五年に発表された日本経営者団体連盟（日経連）の方針だが、このうちの高度専門能力活用型グループの一部と雇用柔軟型グループが非正規雇用に当たる。その主たる目的は、総額人件費の削減にあった。

つまり、経営者は人件費を節約してコストを下げるために意識的に正規雇用の採用を手びかえ、その代わりに非正規雇用を増やしてきたのである。(3)二〇〇二年からの五年間で、正規雇用（正社員）は四〇〇万人も減少し、派遣、契約、パートなどの非正規雇用は三七〇万人も増えた。二〇〇六年度に派遣労働者として働いた人は二〇〇五年度比二六・一％増の約三二一万人で、過去最高を更新した。(4)その結果、日本人の働き方に大きなゆがみが生じ、さまざまな問題が発生している。格差の拡大やワーキングプアの増大は、その結果にほかならない。

図2-3　日経連「新時代の『日本的経営』」が掲げた「雇用ポートフォリオ」

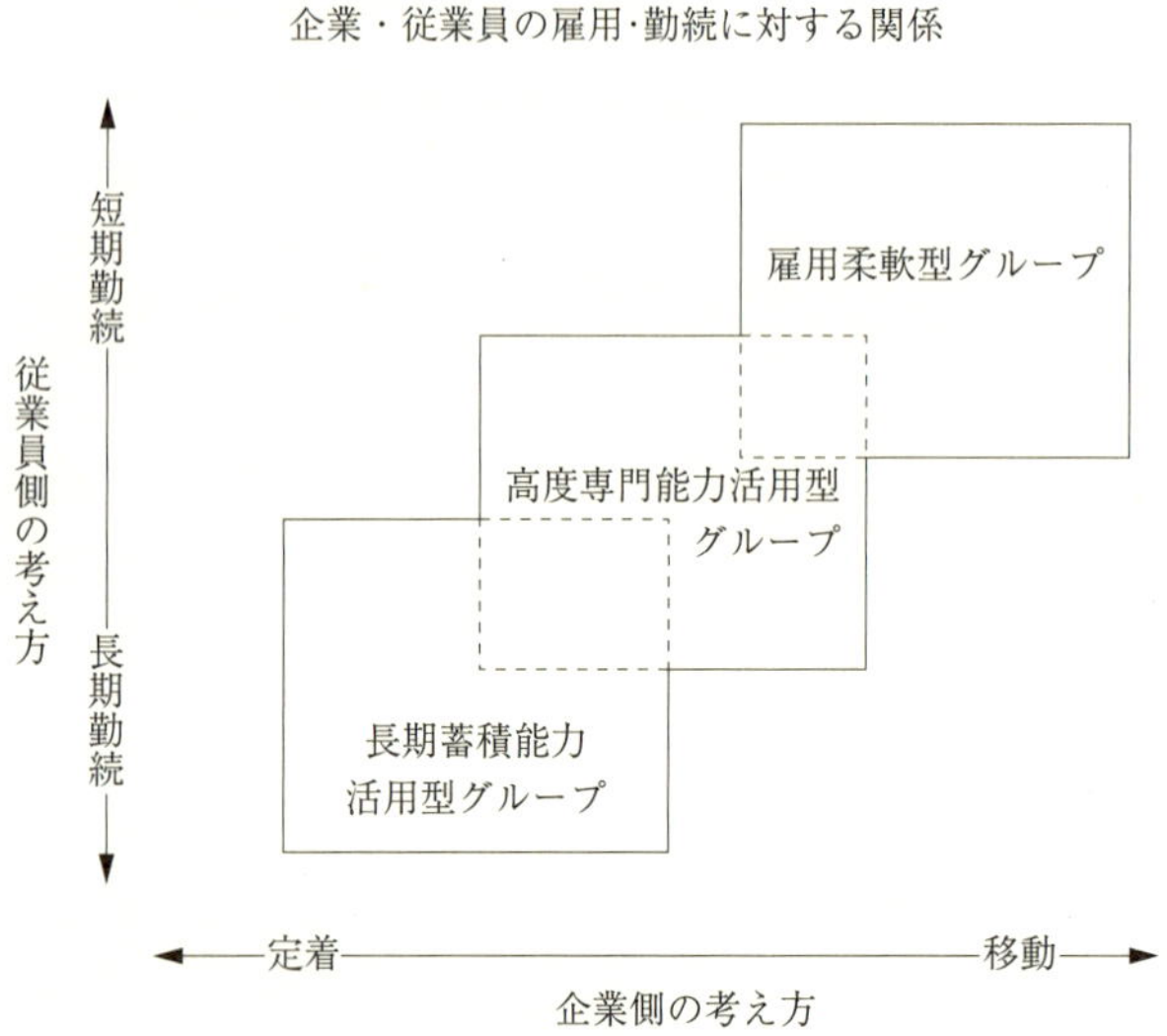

注　1）雇用形態の典型的な分類
　　2）各グループ間の移動は可

グループ別にみた処遇の主な内容

	雇用形態	対　象	賃　金	賞　与	退職金・年金	昇進・昇格	福祉施策
長期蓄積能力活用型グループ	期間の定めのない雇用契約	管理職・総合職・技能部門の基幹職	月給制か年俸制 職能給 昇給制度	定率＋業績スライド	ポイント制	役職昇進 職能資格昇格	生涯総合施策
高度専門能力活用型グループ	有期雇用契約	専門部門（企画、営業、研究開発等）	年俸制 業績給 昇給なし	成果配分	な　し	業績評価	生活援護施策
雇用柔軟型グループ	有期雇用契約	一般職 技能部門 販売部門	時間給制 職務給 昇給なし	定　率	な　し	上位職務への転換	生活援護施策

出典）法政大学大原社会問題研究所編『日本労働運動資料集成』第12巻（旬報社、2007年）79頁。

現在では、正社員からパートや派遣になることはあっても、逆にパートや派遣から正社員になるのは極めて難しい。多様化・流動化していても、一方通行になっている。このような道を社員が選んだとしても、それは往々にして強制された選択なのである(5)。

例えばパート労働者の場合、保育や介護などの事情があってフルタイムでは無理だからパートで働きたいという場合が多い。転勤や単身赴任ができないから、正社員になれないという場合もある。このような事情や背景のもとでの選択が、どこまで自由意思に基づく自主的選択だといえるのだろうか。

それでは、雇用の安定をどう図っていくのか。リストラされたり転職したりする場合も、簡単に新しい職が見つかるようにするにはどうしたらよいのか。ここでは職業紹介や職業訓練のあり方が問われる。その間の生活をどう保障するのか。この点では、雇用保険や失業手当（失業給付の基本手当）のあり方が問題になる。雇用の多様化の中で拡大してきている非正規雇用と正規雇用との相互の行き来をどう実現するのか。正規労働者と非正規労働者との均等待遇(6)をどう具体化していくのかということも問題になろう。

労働政策の基本は雇用の拡大・維持・安定にあり、その政策目標は安心して働くことができるようにすることである。「雇用融解」ともいうべき現実を明らかにした風間直樹は、「本書がその是非《ママ》を問いたいのは、がんばる人も報われない『雇用融解』の現実、そしてこれが新しい『日本型雇用』なのかという、ただ一点のみである(7)」と問題を提起した。労働政策に関わる者すべてが、これにどう答えるかが問われている。

パートと派遣労働者の待遇改善

雇用の基本は、直接・常時雇用である。基本的には、使用者が雇用責任を取ることができる直接雇用で、働きたいだけ働くことができる、期間の定めのない雇用でなければならない。しかし、仕事の繁閑や専門性の関係で、一時的臨時的に雇用者を増やさなければならない場合や専門の技術者などを雇用する必要性が出てくる。こうして、一時的あるいは専門的な業務を担当するパート労働者や派遣社員が登場する。しかし、それはあくまでも例外的なものであり、決して典型とされてはならない。これが、パートや派遣労働者の問題を考える基本的視点である。

このうち、パート労働者は非正規雇用の中で最大の人数を占めている。かつてのパートは「家計補助的」な労働者であるとされていた。一家の主である男性正規労働者が「家計維持的」な収入を得ることができたからである。しかし、いまやこのような関係は崩れ、主たる収入によって家計を維持しなければならないパート労働者が増大している。

したがって、パート労働者の処遇と賃金を「家計維持的」な正規労働者の水準に引き上げることが急務となっている。仕事が同じなら待遇も同じにすべきだというパート労働者の当然の要求を実現することは、コスト削減のためのパート労働者雇用を抑制する効果も発揮するにちがいない。

この点で、二〇〇七年五月に成立した改正パート労働法が「同一労働、同一賃金」を明確に打ち

表２−１　改正パートタイム労働法の待遇規定

	勤務実態（正社員との差）			賃　金	教育訓練	福利厚生
	職務内容	転勤・配置換え	契約期間			
①正社員並み	同じ	同じ	実質無期	差別禁止	差別禁止	差別禁止
②正社員に近い	同じ	一定期間は同じ	問わない	同じ体系で決定する努力義務	実施義務	配慮義務
③正社員にやや近い	同じ	異なる	問わない	成果・能力など勘案する努力義務	実施義務	配慮義務
④正社員とは異なる	異なる	異なる	問わない	成果・能力など勘案する努力義務	同左	配慮義務

出典）『日本経済新聞』2008年１月１日付。

だしたことには大きな意義がある。しかし、仕事の内容が同じで転勤などがあり長期にわたって勤務している「正社員並み」の労働者は、約一二〇〇万人とされるパート労働者のうちの四～五％にすぎない。このような条件を付けず、全てのパート労働者に均等待遇を実現するために、不当な差別や格差の禁止などを法律に明記し、少なくとも当面は均衡処遇を実現する必要がある[8]。

　非正規雇用の多くが短期間の雇用契約を繰り返し、いつ仕事がなくなるかわからない、生活設計もままならないような働き方をしているのも大きな問題である。恒常的な業務に従事し、短期の雇用契約を繰り返している場合は、期間の定めのない雇用契約とみなされるべきで、合理的理由のない「短期雇用」は不公正な契約として規制し、公共職業安定所（ハローワーク）はこのような求人を受理せず、紹介停止にするべきである。

間接雇用である労働者派遣は多くの問題を抱えている。さし当たり、常用型派遣を基本として登録型派遣は禁止すること(9)、正社員との均等待遇をめざし、年次有給休暇や社会保障などの権利を保障すること、派遣元だけでなく派遣先企業の責任も強化すること、違法行為に対する労働者の申告権を保障し厳しく取り締まること、正社員化を進めることなどが必要である。

最近では、複数の派遣会社に登録し、携帯に電話やメールで仕事を紹介され短期間の就労を繰り返す「日雇い派遣」(10)「ワンコールワーカー（オンコールワーカー）」「スポット派遣」などが増えている。登録型派遣の導入と携帯電話の普及によって、低賃金で短期就労を繰り返すことができるようになったからである。こうした労働実態にあわせて健康保険や雇用保険などを整備するとともに、一日も早くこのような働き方自体をなくすべきであろう。

労働者派遣法や職業安定法に違反する偽装請負や偽装雇用(11)も横行している。偽装請負を行っている「メーカーは雇用の義務や安全の責任を負わず、請負労働者を手足のように使って、低コストで自社製品の製造を続け(12)」ている。使用者は労働者の賃金をピンハネし、労災事故が起きても責任は負わず(13)、「契約解除」ということで簡単に解雇する。このような働かせ方を、キヤノンや松下電器産業(14)、東芝、日立製作所、ニコン、富士重工、トヨタ、いすゞ自動車、今治造船、コマツなど、日本を代表する大企業やその系列企業が行っていた。

社会的な批判が高まる中で、厚生労働省も違法派遣を行ってきた業界最大手の派遣事業者に業務停止命令を出した[15]。二〇〇六年九月には偽装請負の是正を求める通達、二〇〇七年三月には偽装請負を是正する際に「派遣可能期間の制限を超えている」労働者は派遣への転換は認めず直接雇用などにするという通達も出している。ただし、ここで言う「直接雇用」は必ずしも正社員化を意味せず、契約社員としての短期の直接雇用で「契約終了」とし、解雇される例もある[16]。このような偽装請負を根絶し、安定した雇用に切り替えるために労働者派遣法などを改正し、受け入れ企業の責任を厳しく問い、条件をつけずに受け入れ企業の責任で直接雇用させるべきである。また、偽装請負を受け入れた企業への罰則も設ける必要がある。

ワーキングプアをなくすために

貧困が大きな政治・社会問題になっている。かつては考えられなかったことである。現代日本における貧困の実態を検証し、「不利な人々」の存在を確かめた岩田正美は、この「不利」は個人の資質ではなく「状況」を指しているとして、「この『状況』が日本社会で貧困をもたらす、あるいは固定化させる〝装置〟と化している」とまで書いている[17]。働いても生活できるだけの賃金が得られない「状況」こそ、貧困をもたらし固定化させる「装置」だというのである。それはまた、日本における労働政策の「貧困」をも象徴するものである。このような「状況」は、賃金の引き上げによって、早急に解決されなければならない[18]。

フルタイムで働いても、働けば働くほど支出が増えて貧しくなる状態から脱却できない人びとを「ワーキングプア」という[19]。その典型的な姿は、定職を失い、アパートなどの賃貸料に見合う収入を確保できずにネットカフェなどを定宿とする日雇い労働者、いわゆる「ネットカフェ難民」に見ることができる[20]。このような人々の最大の問題は、単に貧しいというだけではなく、社会とのつながりを失い、人間としての尊厳までをも失ってしまうところにある。その「キーワード」は「不安定さ」であり、「不安定な（precario）」と「プロレタリアート（proletariato）」を足した「プレカリアート」という言葉さえ生まれている[21]。

このような問題が生じた背景の一つは「賃金破壊」であり、賃金の「右肩上がりの時代」が終わったことにある。これまでは時代と共に賃金水準全体が底上げされてきたが、それが困難になってきている。同時に、年齢が上がり勤続年数が増すにつれて賃金が上がるという年功制も見直されるようになってきた。

最近の賃金制度においては、定期昇給ではなく業績評価型・成果主義賃金が導入されてきている。それぞれの業績や仕事の成果に応じて、賃金が上がったり下がったりするのである。これまでの年功型賃金は一定の年齢のところまで上がり、その後は寝るか下がるという山型になった。しかし、これからはこのような形では上がらず、波打つことになる。

このような賃金類型については、それぞれの働きや業績が正当に評価されればプラスだという受け取り方もある。しかし、この業績評価を本人も納得できるように客観的に行うことができるのだろうか。

それ以上に、今までの年功型賃金がある程度含んでいた生活給的要素の問題がある。結婚して子供ができ、新しい家をつくって子供を養育し、親が年老いれば介護するというように、ある一定年齢まで生活に必要なお金が増えていく。その支出増を、年功給という形で企業が給付していたのである。

したがって、右肩上がりの給与はライフ・サイクルに合わせた生活保障という面を持っていた。このカーブが上がらずに寝てしまったり、波打ったりしたらどうなるのか。これからは、何歳になればどれ位の収入になるのか見当がつかない。長期のローンなどは組めないのではないか。これまで企業が支払っていた生活給的な部分を、社会福祉政策やセーフティネットとして国や自治体が担うようにしなければならない。このような福祉的政策なしに生活給的な増加分を廃止すれば、生活が成り立たなくなってしまうだろう。

そもそも、このような問題を生ずる可能性のある給与制度の変更を、企業だけに任せておいていいのかという根本的な問題もある。高い成果を生み出せる一部の労働者だけでなく、普通の労働者が普通に働いて人生を全うできるような給与をどのように保障するのか。このような根本的な問題が、賃金政策の面では問われている。

テレビ番組でワーキングプアの問題を世に問うたＮＨＫの取材班は、「懸命に努力をしているにもかかわらずワーキングプアから抜け出せない。だからこそこの問題は極めて深刻なのだ」と指摘し、「個人の責任としてだけでなく社会の責任としてこの問題をどのように考え、対策を講じていこうとするのか」と問いかけた[22]。労働政策こそが、この問いかけに答えなければならない。

最低賃金の抜本的な引き上げ

国税庁がまとめた二〇〇六年の民間給与実態統計調査によると、給与所得者のうち年収が二〇〇万円以下の人は一〇二二万八〇〇〇人と前年の九八一二万人から四・二%増え、四・四人に一人の割合となった。一方、年収一〇〇〇万円以上の人も二二四万二〇〇〇人で同四・四%増えている[23]。民間給与取得者の中でも、格差が拡大しているということになる[24]。

年収二〇〇万円以下[25]のワーキングプアが一〇〇〇万人以上もいるというのは衝撃的な事実である[26]。最低賃金が低い水準に押さえ込まれてきたことが、その背景の一つになっている。日本の最低賃金は、労働者の平均的給与の三割程度と世界でも最低水準である。最低賃金を労働者の平均賃金の半分まで引き上げることを目標にしているEUには遠く及ばない。最低賃金を〝貧困のどん底〟のような水準にしてきたために、最低賃金が生活保護の受給額を下回る「逆転現象」まで起きてしまった。

このため、二〇〇七年の臨時国会で最低賃金法の改正が必要となり、最低賃金を決める際には生活保護との整合性に配慮することや憲法が定めている「健康で文化的な最低限度の生活」との文言を加えることになった。また、中央最低賃金審議会も二〇〇七年度の地域別最低賃金について、六～一九円（全国平均一四円）の引き上げを目安とする答申を出した。二桁台の時給引き上げはほぼ一〇年ぶりになるが、青森などのDランク（六～七円）ではフルタイムで働いても年収は約一三〇万円にすぎず、更なる引き上げが必要である。

同時に、すべての労働者に等しく適用される全国一律最低賃金制を確立しなければならない。どこで働き、どのような職業に就いていようとも、人間らしい最低限度の生活を保障するというのが最低賃金制の役割である。

このほか、最低賃金さえも無視した大企業による下請単価の買いたたきなどの中小企業いじめをきびしく監視し、低賃金の過当競争を抑制するなどの対策もとる必要がある。また、この間実施された運輸業界（たとえば二〇〇二年の改正道路運送法の施行）や大型店などについての規制緩和（たとえば一九九一年の「大規模小売店舗法関連五法」の成立、一九九八年の「中心市街地活性化法」「都市計画法の改正」「大規模小売店舗立地法」という「まちづくり三法」の成立による大店法の廃止）などが中小の商店や企業の経営を圧迫し、労働者の賃金を引き下げ、消費者の安全や街の活気という面でも深刻な問題を引き起こしている。これらについても改善される必要があろう。

自治体が発注する事業（公共工事、サービス・役務）が最低賃金よりも低い労務単価で落札される事例が広がっているのも問題である。[27]発注者である自治体は、最低賃金を守れないような低入札価格を是正し、委託業務で働く労働者が人間らしい生活をおくれるような価格設定にすべきである。

自治体に働く臨時・非常勤職員の時給が民間パートの時給より下回る例が少なくない。これを抜本的に引き上げることも必要であろう。

この点では、「全建総連」や「自治労連」、「自治労」などの労働組合が取り組んでいる「生活賃金（リビングウェイジ）運動」や公契約運動も重要である。地方議員や社会運動団体とも連携しながら自治体に対する働きかけを強め、「生活できる賃金」を獲得しなければならない。

また、自治体業務の外部委託（アウトソーシング）などによって、低賃金の非正規雇用が拡大し、行政サービスが低下する事態も生まれている。公務労働者の職場を守り、自治体関連業務における非正規雇用の拡大や公共サービスの水準の低下を防ぐためにも、アウトソーシングを規制することが必要である。

労働時間の短縮はあらゆる問題解決の基礎

人間が一日に利用できる時間は二四時間しかない。これは絶対的な限界である。この二四時間を、仕事と生活と睡眠によってどのように分割するか。これが問題である。一〇〇年以上も前から、労働者はその三分割と八時間労働日を求めて長く苦しい運動を続けてきた。しかし、八時間労働日は、今日においても完全に実現されているとは言い難い。

日本の労働時間については、あまりにも長すぎるという問題があるだけではない。それを短縮することを目標としていないのではないかという疑いさえある。日本は労働時間の短縮についてのI

LO第一号条約をいまだに批准していず、一八〇〇時間への短縮というかつて掲げていた目標も降ろしてしまったからである。

この国では、長時間・過密労働で死ぬ人がいる。働かされて死ぬのであるから、労働による「殺人」にほかならない。なんと、一年間で約一万人ほどの人が心臓や循環器系の疾患で過労死している。[28]過労のために精神が病んで自殺してしまう過労自殺も増えている。[29]

自殺者の多さも異常で、二〇〇六年の国内の自殺者は三万二一五五人と一九九八年以降九年連続で三万人以上となり、この間の累計では約三〇万人が自ら命を絶った。生きる希望が失われた社会になっているということを象徴するような数字である。この自殺の異常な多さについて、保坂隆は次のように指摘している。

……自殺による死亡は日本人の死因統計によれば、死因の第六位を占めている。しかし、一五～五四歳までのいわゆる生産年齢（一五～六四歳）のほとんどの期間を、五歳間隔で区切って死因統計を算出した場合には、全年齢グループで、自殺による死亡は死因の第一位か第二位を占めていることになる。このことは医療関係者にもあまり知られていない。[30]

必要なことは長時間労働の是正

所定内労働時間も所定外労働時間（いわゆる残業時間）も、一九九〇年代を通じて減少してきた。

図2-4　労働時間の推移

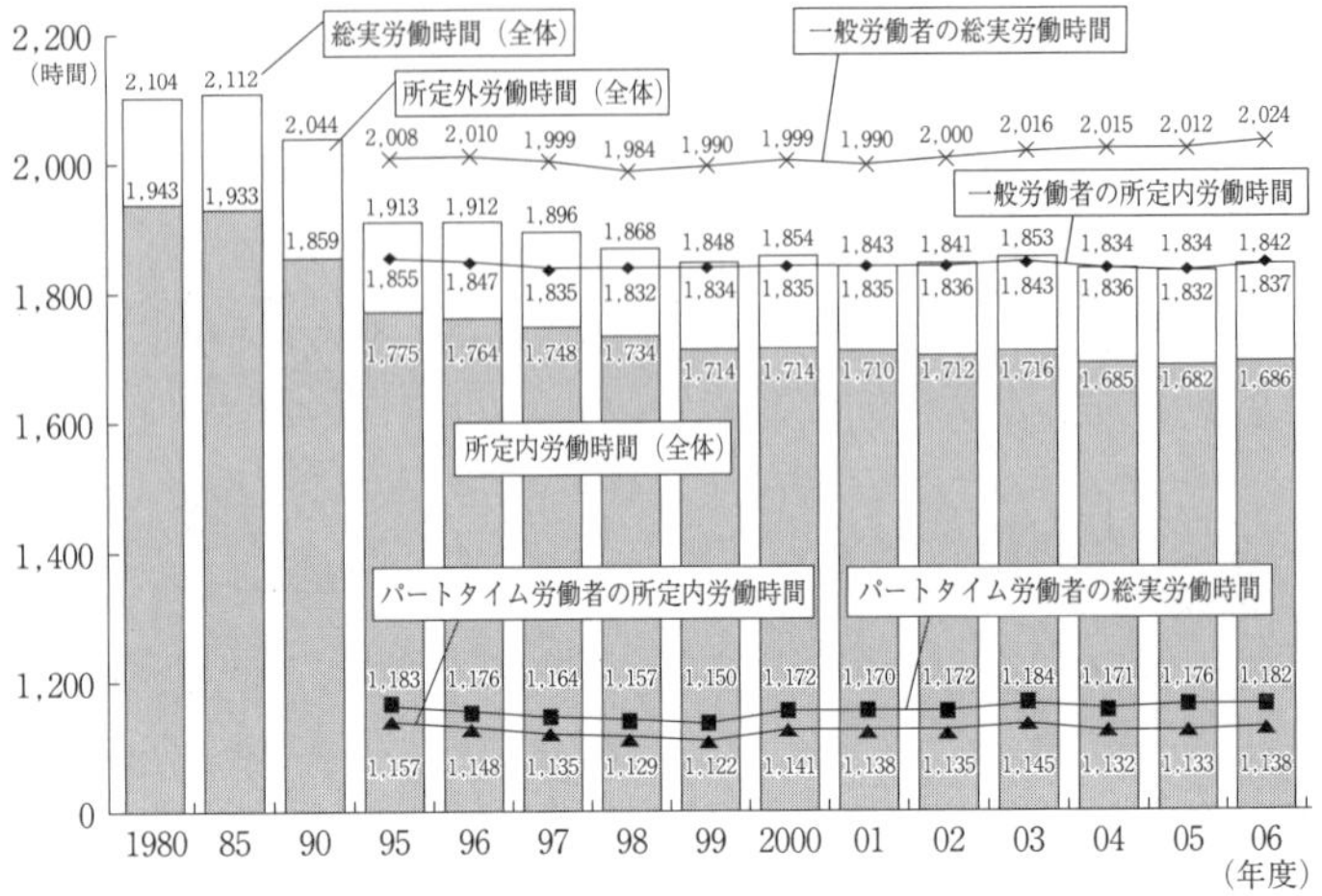

出典）厚生労働省「毎月勤労統計調査」。

しかし、これは主にパートなど短時間労働者の増大によるもので、一九九五年以降、「一般労働者」の一人平均年間総実労働時間はほとんど減少していない。それどころか、リストラが本格化する一九九九年からは徐々に増加に転じ、〇六年度は過去一五年間で最長になっている（図2-4参照）。

リストラによる人員減で人手が足りなくなり、その分を残業で埋め合わせているからである。残業するほど忙しければ人員を増やせばよい。しかし、それがなされていないからこのような問題が生ずる。それを防ぐためには、現在二五%の割増率を五〇%にまで引き上げ、新規雇用のコストよりも残業代を高くするべきだろう。

もう一つ、注目しなければならないのは、「サービス残業」と年次有給休暇（年休）の未消化という問題である。「サービス残業」とは、労働者が実際に働いているにもかかわらず企業が割増し賃金を支払わない「不払い残業」のことで、統計的には労働者が実際に働いた時間と事業所が働かせていると報告する時間との差によって示される。前者は就業者を対象にした「労働力調査」から、後者は事業所を対象にした「毎月勤労統計調査」から分かる。

二〇〇六年度の「サービス残業」の額は、少なくとも二二七億円に上る。小倉一哉によれば、労働者の約半数はサービス残業をしており、その長さは収入の多さにはつながらない。残業手当が出ない管理職や裁量労働制の方が労働時間が長く、労働時間が長くなれば、ストレスが増す(31)。

また、外食産業や小売業などでチェーン展開をしている企業の中には、肩書きだけの店長や名ばかり管理職を置いて残業代の支払い義務を逃れようとする例も出ている(32)。これらはサービス残業を隠蔽するための「偽装店長」「偽装管理職」であり、残業代の支払いや待遇改善などによって是正されなければならない(33)。

労働基準法で定められた年休付与日数は年間最大二〇日で、国際的に見て極端に少ないわけではない。しかし、その取得率は半分くらいにしかならない(34)。制度が正しく運用され、政策効果を生んでいないという事例であろう。

連続した休暇を増やすために、月曜日を祝日とする「ハッピーマンデー」制度が導入され、二〇〇〇年から一月一五日の「成人の日」が一月第二週の月曜日に変更された(35)。元服や小正月という古来からの伝統や文化的な背景を持つ日付が勝手に変えられてしまったのである。このような日本の伝統や文化もまた、長労働時間の犠牲となってしまったというべきだろうか。

労働時間の短縮とも関連して、一時、従業員同士で雇用を分け合うワークシェアリングが注目された。もし、このような制度を導入するのであれば、均等処遇を義務づけるルールをつくり、正社員とパートの間の大きな処遇上の差、身分的ともいえるような違いの是正を前提としなければならない。ワークシェアリングの母国とも言えるオランダの場合、「一九九三年の労働法改正、一九九六年一月の労働時間法改正を経て、一九九六年一一月には、パートタイム労働とフルタイム労働との均等処遇原則が労働法に盛り込まれた。そして二〇〇〇年の労働時間調整法により、フルタイム労働とパートタイム労働の相互転換を保証《ママ》する法律が成立(36)」している。

将来的には、ワークシェアリングはめざすべき方向の一つであると思われるが、それによって不安定雇用を拡大させてはならない。短時間正社員のような働き方(37)を通じて家庭での家事労働を分担するライフシェアリングを可能にすることが必要である。

「一律型ワークシェア」と「個人選択型ワークシェア」という二つの形態を設定してこの問題を論じた熊沢誠は、「二つの形態のワークシェアは、すさまじい長時間労働を代価として男性正社員が稼いできた相対的高賃金を抑制して、日本の労働の世界に、もっと雇用の安定、生活のゆとり、個人選択の自由、そして男女平等をもたらそうとする営みにほかならない。……労働のあり方についてあえて希望というものを語るなら、希望はおそらくそこにしかない(38)」と述べている。このワークシェアリングとライフシェアリングの両者が結びつけば、新しい働き方や生活の仕方が日本社会で生まれ定着していくことになろう。ワーク・ライフ・バランスに留意したファミリー・フレンドリーな働き方は、労働時間の画期的な短縮なしには実現不可能である。

長時間労働を是正して人間らしい働き方を確立することは、日本社会の異常をただすうえでも、新たな雇用創出という面でも重要なカギとなっている。リストラで人を減らして不安定雇用に置き換え、少なくなった正社員にサービス残業と長時間労働を強いるような愚行は直ちにやめなければならない。

この点で、ホワイトカラー・エグゼンプション制度の導入は、完全な逆行になろう。管理職前の一定の年収の労働者を時間規制から外すこの制度は、業務量が多く重い責任を持つ中堅労働者の長時間労働をさらに助長し、過酷な状況に追い込むことは明らかである(39)。不払いの時間外労働（サービス残業）を合法化するだけでなく、現在支払われている残業代をも合わせて一一・六兆円が失われるという試算もある(40)。長時間労働を野放しにして残業代を奪う悪法であり、「残業代ゼロ法案」だとして反対運動が盛り上がり、断念に追い込まれたのも当然であろう。

2　労働力の保全と質の向上

コストイデオロギーが招いた重大災害の増大

労働力の保全にとって、安全に働ける環境の整備は不可欠の課題である。労働には危険な作業をともなう場合もあり、労働にともなう災害の発生を防ぐこともまた、労働政策の重要な役割になっている。

日本における労働災害発生状況の推移は図2-5に見るとおりである。死亡者数は二〇〇六年に一四七二人となり、緩やかに減少している。休業四日以上の死傷者数も同様である。

しかし、この数字はにわかには信用できない。労働災害があっても届け出をしない「労災隠し」[41]が存在するからである。これは労働安全衛生法第一〇〇条、第一二〇条違反の犯罪であるが、検察庁への送検件数は二〇〇一年一二六件、二〇〇二年九七件、二〇〇三年一三二件と、三年間で三五五件にも上っている。[42]

また、「派遣労働者の間では『クビになるから、けがは隠せ』が鉄則だ」[43]という。「労災隠し」は企業だけでなく、労働者自身によってもなされているということになる。

いずれにせよ、報告されている労働災害の発生件数が低減傾向を示している一方で、重大災害(一時に三人以上の労働者が被災した災害)の発生件数が増大傾向にあることは、注目しなければならない。このような重大災害は二〇〇六年には三一八件に上り、前年より二〇%増で過去三〇年で最も多くなっている。[44]

とりわけ日本を代表するような大規模製造業で、工場近辺の市民にも影響を与えるような爆発・火災等の大きな災害が発生している。二〇〇三年には、新日本製鉄名古屋製鉄所のコークスガスタンクによる爆発災害、栃木のブリヂストン・タイヤ工場における大規模火災、エクソンモービル名

図２－５　労働災害発生状況の推移

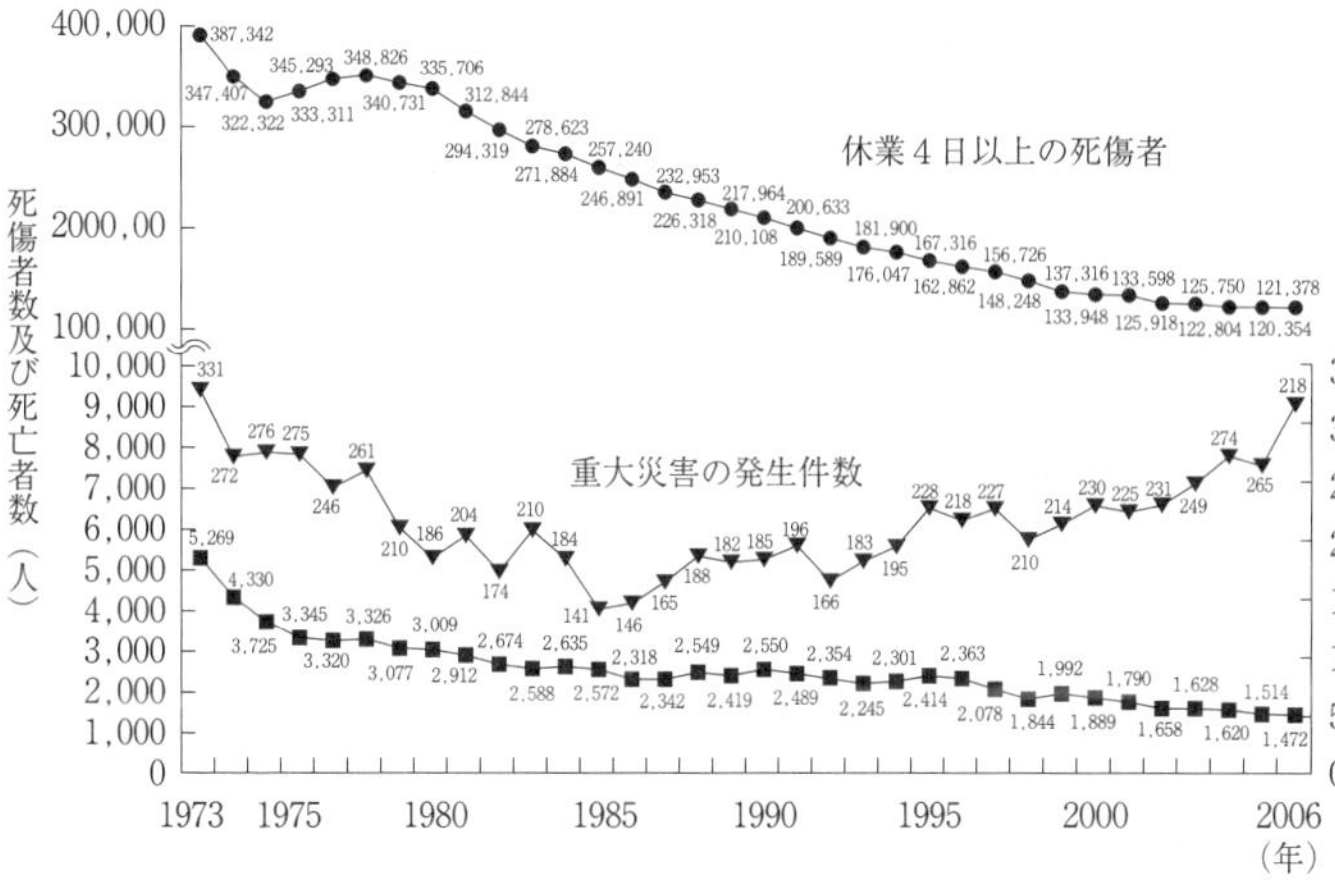

出典）厚生労働省『平成19年版 厚生労働白書』2007年、208頁。

古屋と出光興産北海道の両油槽所における火災が続発した。二〇〇四年にも、関西電力美浜原子力発電所で配管の破損によって一一人の死傷者を出す重大災害が起きた。二〇〇四年には新日鉄でも四人死亡、三四人が重傷を負う（協力会社含む）事故が起き、ＪＦＥスチールでも社員と協力会社の休業災害が四件の死亡を含めて二三件発生している。

　このようなかで起きたのが、二〇〇五年四月のＪＲ西日本福知山線での脱線転覆事故であった。この事故は、運転士を含めて一〇七人が命を失い、負傷者五五五人を出すという未曾有の大惨事となった[45]。これに対して、厚生労働相は「近年、重大災害が増加傾向にあり、本年に入っても、先々月のＪＲ西日本の脱線事故をはじめとする災害が相次いでいる」として、「各事業場のトップは、経済情勢が厳しく、企業間競争の激化、コスト削減が進められる中にあっても労働者の安全と健康の確保が何よりも大切であるということを今般の事故を契機として改めて認識し、重大災害をはじめとする労働災害の防止に取り組む必要がある」とする大臣緊急要請を発した(46)。

ここで指摘されているように、重大災害の増大の背景には、「企業間競争の激化、コスト削減」があった。コスト削減を最優先する経営姿勢によって保安・安全が軽視され、要員の削減や非正規化によって安全管理がおろそかになっているのではないだろうか。長時間・過密労働と労働安全衛生法などの法令や省令・ガイドラインの無視なども労働災害激増の背景になっている。「特に、経験期間の短い労働者の災害の割合が増加していること(47)」が指摘されているように、団塊の世代が大量に退職し、ベテランの技術者が不足する二〇〇七年以降、安全衛生活動の徹底が重要になる。法令の遵守や必要な要員の確保、技術や技能の継承などとともに、特に重視されるべきは働き方の改善である。この点でも、長時間・過密労働の是正は前提条件であると言わなければならない。

メンタルヘルスの不全を防ぐために

長時間・過密労働は、重大災害発生の隠れた要因であるばかりでなく、近年では、新たな形での職業病を生み出している。それは、うつ病や精神的疾患などのメンタルヘルスの不全といわれている問題である(48)。

リストラによる雇用不安や雇用形態の複雑化、年功序列型の終身雇用制から成果主義への移行など、労働者を取り巻く環境は大きく変化した。このように、「職場環境は急激に、そして大きく変遷を遂げ」、「それらの変化がそこで生活する人々のこころに少なからぬ影響を与え、こころの健康を損なう人々が増加した[49]」のである。

社会経済生産性本部の「産業人メンタルヘルス白書」によると、心の病のため一カ月以上休職している従業員を抱えている企業は、二〇〇四年の時点で全体の六六・八％にのぼった[50]。このような従業員のメンタルヘルスの現状は、「心の相談ネットワーク」の電話相談利用件数にも反映されており、二〇〇四年度の九二九〇件から二〇〇五年度は一万三一六六件と四二％増になった[51]。

また、社会経済生産性本部メンタルヘルス研究所の調査では、心の病の原因として、「仕事の負担増加、評価への不満増加、将来への不安増加の三点が挙げられ」たという[52]。仕事上の「負担」「不満」「不安」をいかにして減らすかが課題だが、それは何よりも使用者の責任なのである。

「労働安全衛生法上、事業者は労働者の健康の保持増進を図るため必要な措置を継続的かつ計画的に講ずるように努めなくてはならないとされて[53]」おり、定期健康診断の実施とその結果を従業員に通知することが義務付けられている。その結果、何らかの異常がある場合、使用者は必要な措置について医師に意見を聞き、必要に応じて就業場所や作業内容の変更、労働時間の短縮などの措置を講じなければならない。

また、使用者が考えるべき従業員の健康の範囲は、身体面のみならず精神面も含み、業務や職場の人間関係などのストレスから生じる従業員のメンタルヘルスの不全についても配慮する必要がある。このような「〝安全配慮義務〟は、従業員の生命や健康などを守るように配慮する法律的な義務であり、努力義務ではない。したがって、これに違反すると事業者の従業員に対する債務不履行になる」のである。(54)

厚生労働省は、二〇〇〇年八月に「事業場における労働者の健康管理の心の健康づくりのための指針」、二〇〇二年二月に「過重労働による健康障害を防止するため事業者が講ずべき措置等」を策定し、二〇〇六年四月には改正労働安全衛生法の施行によって長時間労働に起因する健康障害防止対策の基準を強化した。使用者は、週四〇時間以上の労働時間が一カ月あたり一〇〇時間を超え、疲労の蓄積が認められる従業員に対して、医師による面接指導を実施することが義務付けられている。

メンタルヘルスの不全は、本人はもとより企業にとっても大きな損失を生み、元気で働くことは労使双方の利益となる。このような問題の発生を防ぐために留意すべきは以下の点である。

第一に、メンタルヘルス問題では、予防が重要だということである。精神的疾患や心の病を引き起こさないような職場環境の整備に努めなければならない。病気の発生を防ぐこと、早期に発見して治療を行うこと、再発を防止し、後遺症を防ぐことが重要だが、早く手を打てば、それだけ効果は大きく、コストは小さくなる。(55)

第二に、そのためには、労働条件の改善が必要である。「限界を超えた長時間勤務は、それ自体がうつ病を引き起こ[56]す。労働時間の短縮、配置転換への配慮、業務量が過重にならないような要員配置などに努めなければならない。職場でのセミナー、広報活動などの教育、発症の兆しがある人への受診勧告や各種相談窓口の充実なども必要であろう。

第三に、成果・業績主義などで労働者を追いつめないということである。「『成果主義』が原因となって、長時間労働が一般化し、仕事の要求度が高まり、裁量度が低下し、支援度が低下する[57]」との指摘があるように、成果主義とメンタルヘルス問題は深い関わりがある。人事雇用システムの改編にあたっては、このような側面からも、その是否を検討する必要があろう。

人によって心の耐性はさまざまだが、その「限界点は職種や職場環境、個人の仕事へのモチベーションなどで変わる[58]」のである。「ストレス緩和要因」となるのは、「達成感」や「裁量権」だという[59]。使用者はハイ・パフォーマンスを求めるだけでなく、仕事へのモチベーション（動機づけ）やインセンティブ（やる気を起こさせるような刺激）を高め、達成感を与え、働くものの裁量権の増大に意を用いるべきである。労働政策もまた、このようなメンタルヘルス・マネジメントの促進に資するものでなければならない。

労働力の質をどう高めるか――職業教育の課題

企業経営にとっては、労働力の保全と同時に労働力の質の向上も大きな課題である。これもまた、労働者本人にとってプラスになるだけではない。日本人の教育水準の高さと良質の労働力の存在は、かつては日本産業における国際競争力の源泉であった。今後も、周辺諸国とコスト面で競争することが困難である以上、労働力の質の高さを維持・発展させることによって日本産業の比較優位を実現しなければならない。

しかも、現代の日本にとって、この問題は特別の重要性をもっている。

それは第一に、これからの国際競争においても、製品の安さではなく質の高さや独創性で勝負しなければならないという点では、大きな変化がないからである。中国や東南アジア諸国など、賃金の安い国々に囲まれている日本は、価格競争で太刀打ちすることはできない。もし、価格で競争すれば、それは日本の労働者の生活を破壊し、一層ワーキングプアを増大させることになるだろう。そのような競争は、日本にとっては自殺行為を意味する。

第二に、この間のリストラやコスト削減、非正規労働者への置き換えなどによって技術や技能の継承がないがしろにされ、技術・技能の高さを担ってきた「団塊世代」が退職年齢に達したからである。その結果、高い技術を担う「人的資源」が枯渇しかかっている。これを放置すれば、日本産業の技術的基盤は脆弱化し、技術・技能面からの産業の空洞化が進行する。技術や技能における世代間の継承がなされなければ、取り返しのつかない事態となろう。城繁幸は次のような中堅鋼材メーカーの人事担当役員の反省の弁を紹介している(60)。

「ちょうど派遣法が改正され、営業や製造ラインにも派遣社員受け入れが可能になった。経営陣は短期の利益を積み上げるために、正社員を増やさず、派遣や請負でまかなうという発想になってしまっていました」

「二〇〇七年から団塊世代が定年を迎えます。その数は全社員の二割強。ところがこの一〇年、各職場に配属された新人はトータルでひとりいるかいないか。後継者の育成がまったくできていない……現場はいま大混乱です」

「鉄鋼や鋼材の技術職というのは、実はベテランに依存する部分が大きいんです。だから、人を切らずに残す戦略は間違ってはいなかったと思います。でも、非正規の労働者は平均すれば二年にも満たない勤続年数しかない。だから、けっして技術の継承はできないし、彼ら自身にもその気はない。いつの間にか、企業としての技術蓄積が完全にストップしていたわけです」

第三に、このような「人的資源」の不足を補うべき若者が、十分な技術的訓練を受けることなく、技能的なキャリア形成という点で大きな問題を抱えていることである。一方では、ICT（情報・通信・技術）化の進展によって若者が身につけるべき技術の水準は急速に変化し、高度化している。他方では、ニートやフリーターという形で雇用が劣悪化し、教育や訓練を受ける機会を持たない若者も多く存在している。その結果、高度な先進技術を身につけた若者と、定型化された単純労働に従事し、ほとんどキャリア形成のチャンスを持たない若者との格差が拡大することになる。

この点では、職業教育と職業紹介との接合が必要である。新しい技術や技能に適応できる能力を育成したうえで新しい職に就けるシステムの整備が急務であろう。このような形でエンプロイアビリティ(61)を高めることができれば、転職やキャリアアップも容易になり、就職の機会も増大するに違いない。

経済財政諮問会議の民間議員の一人である丹羽宇一郎伊藤忠商事会長は、「日本の強み」は「人と技術」しかないとして、次のように述べている。私と丹羽会長とは多くの点で見解を異にするが、ここでの主張にはまったく同感である。

……フリーターや非正社員を安い給料で雇って、どんどん作る。それで、本当に今までと同じ製品ができているのか。同じことが今後も続けられるのか。そうではないと思います。

今、その危うさが少しずつ出ているのです。儲かれば何でもやればいいというものではありません。人材が追いついていかないといけない。だからこそ「人と技術」です。この両方が揃っていないと、安定した経済成長は望めません。人材の重要性が忘れ去られている。そう思えてなりません。

……

従来、日本は中間層の人材が豊富でした。それがいつの間にか下流層に落ちてきて、非正社員化してきたのです。これでは日本は、昔のアメリカ化を避けられません。日本の製品の信頼度が落ちてくる、モノづくりの力が落ちてくるということです。これは喫緊の課題であり、手を打たなければならないことです[62]。

人材育成と研究開発への取り組み

文部科学省によると、工学部志願者は約二六万八〇〇〇人で、六〇万人を超えていた一九九〇年代初めに比べて半分以下になった。このような状況に危機感を覚えた製造業大手企業は、「技術立国」を支える人材の育成に乗り出している。三菱重工、キヤノン、新日本製鉄、ＪＦＥスチール、日産自動車、千代田化工建設、富士電機ホールディングスなどは、工学の基礎を教える社内講座などを開設する[63]。また、日本人材派遣業協会は教育訓練などのモデルを作成するなど、派遣社員の能力形成やキャリア形成に取り組む動きも始まっている[64]。減税措置などによって、このような動きを奨励し、支援することが必要であろう。

ここで、人材育成と研究開発の重要性を示す日産と未来工業という二つの会社の対照的な例を紹介しておこう。

ゴーン社長の手腕によって「Ｖ字型回復」を達成した日産だが、二〇〇七年三月期連結決算で売上高は前年同期比一一・〇％増の一〇兆四六八五億円となったものの、営業利益が同七七六九億円の一〇・九％減と二桁マイナスの増収減益となり、「独り負け状態」に陥った。しかもその「敗因」は、「ゴーン・マジック」だったというのである。

業績の悪化に対して日産は迅速に対策を打ち出したが、業績悪化の原因について経済産業省は、

「ゴーン経営のツケ。成長を持続できる商品開発や人材育成を怠ってきたのが響いている」と冷ややかに見ていたという。研究開発費では、連結売上高で同規模のホンダが五一〇三億円であるのに日産は四四七六億円にすぎなかった。これが、「目先の利益を優先するあまり、将来の飯のタネを育ててこなかったのではないか」（証券アナリスト）と批判される根拠の一つだったというのである。(65)

これに対して、「上場企業では日本一休みが多い」と言われる岐阜県の電気投資資材メーカー「未来工業」はノルマもないのに好業績を上げ、大きな注目を集めた。年間休日は約一四〇日で残業は原則的に禁止、育児休業は二年から三年に延長、給与は岐阜県庁とほぼ同額で年功序列になっているなど、「はやりの成果主義とは対局の路線」を歩み、「どれもこれも、社員のやる気を引き出すため」だというから、ここでもインセンティブやモチベーションがいかに重要であるかが示されている。

それでも収益力は高く、「数々の新製品を生み出す開発力が抜群で、売上高に対する経常利益率は同業他社の倍以上」（坂本光司静岡文化芸術大教授）だという。付加価値にこだわり、これまで発明した新商品は一万八〇〇〇種類以上だというから驚きである。

山田昭男相談役は「社員が喜んで働くよう仕事をしやすい仕組みを整え、幕が開けば社員という役者に任せる」「現場を一番よく知っている者が判断すればいい。無知な上司に相談するのは無駄」「高価格でもお客に納得してもらうことが大切」などと語っている。(66) 同社は、メセナ（企業の文化の支援活動）などでも知られており、被災先の支援には大盤振る舞いする。この記事には、「そんな未来工業にはファンが多く、社員も誇りに思っているという。社員のやる気を徹底的に引き出そうとする姿勢こそ、学ぶべきだろう」とのコメントが付いているが、それこそ人材育成と研究開発の要諦ではないだろうか。

働く意欲と労働者としての力を育む教育の役割

高い技能や技術開発力とともに重要なのは、その基礎となる働く意欲と労働者としての力である。それは個人が身につけるべき能力ではあるが、個人の自覚や責任に任されてはならない。社会のシステムによって育成されるべき能力であり、それはまず第一に学校教育の役割である。ここで重要なことは、以下の点だと思われる。

第一に、「ヒトを人間にする」学校教育の充実が図られなければならない。以前、私は学校教育がめざすべき目標として「人間力」の育成を提唱したことがある。[67]「人間力」とは「人として生きていくことができる力」であり、「人間になるには、長い期間にわたる躾、訓練や教育が必要」で、「今日の教育における最大の危機は、このヒトを人間にするプロセスに機能不全が生じているという点」にあるというのが、その問題意識であった。「人間力」とは、「一人で生きていける力」「人間関係を取り結ぶ力」「人としての善悪を判断できる力であり、道徳的な力（モラル）」を意味している。[68]このような力が備わった民主的な人格を育てる教育を実現しなければならない。これが、民主的で堅実な産業社会の基本である。

第二に、働く意欲を高めるような教育が必要である。実学中心の職業教育とともに、しっかりとした勤労観や職業観を持ち、社会人や職業人として自立できるような自覚を生み出すことが望ましい。学校教育の早い段階から職業人教育を採り入れ、働くモチベーションを高めることで、労働者としての誇りと「人間力」を培うことができるのではないだろうか。[69]

バイク便ライダーへの参与観察によって「自己実現系ワーカホリック」という新たな問題を発見した阿部真大は、「若者たちが雇用の安定性を見分ける力を培う教育の必要性」を主張している。職業への「夢」だけでなく、「そのリスクをも考え合わせることができるような知識をもった若者を育てていく教育が求められている」というのである。[70]これもまた、労働者としての「人間力」を培うための課題であろう。

さらに、「みんなが自分の仕事に意味を持って、楽しく働く時代にしたい」という「ギャル社長」の藤田志穂は、「私は高校時代に将来が思い浮かばなかった。多くの同年代がそうでした。どういう仕事がおもしろくて、どう大変なのか、知る機会がない」として、「高校時代にやりたい仕事が見つかれば、勉強する意味だって見つかる」と指摘している。[71]このような「知る機会」を提供する教育の場が求められているのである。

第三に、働く者として身を守ることのできる権利意識と知識を涵養しなければならない。労働基準法や労働組合法の内容を理解し、いざというときにはこれらの法律を活用できる能力を身につけることが必要である。高校のキャリアアドバイザーである横山滋は、「若者に限らず、働く者にとって必須の知識や現状を学ぶ機会はほとんどな」く、「これでは、無防備なまま荒海に飛び込まされるようなものではないか[72]」と指摘している。まさにそのとおりで、義務教育を終えて社会に巣立つ前に労働法の主要な部分を教え、一人でも身を守れるようにするべきである。「武器」を渡さずに「戦場」に送り出すような愚行は避けなければならない。

3　諸階層を対象とした労働政策

少子・高齢化とワーク・ライフ・バランス

まず、初めにはっきりさせておかなければならないことは、少子化と高齢化とでは問題の性質が異なるということである。平均寿命が延びて高齢者が長生きするようになることは、決して悪いことではない。出生率が低下して一五～六四歳の生産年齢人口が減少するために、高齢者の比率の増大が問題になるのである。もし、出生率が上がって生産年齢人口が増えれば、高齢者の比率は低下し、高齢化は問題にならなくなる。つまり、高齢化が問題視されるのは少子化のためだと言える。

二〇〇六年一二月に国立社会保障・人口問題研究所が発表した「将来推計人口」は、二〇五五年の合計特殊出生率（女性一人が一生に産む子どもの数の推計）が前回推計より低下し、一・二六になると予測した[73]。ますます、少子化は進むというのである。

ただし、少子化にしても、それが自由な選択としてなされた結果であれば、他人がとやかく言うことではない。結婚したくてもできず、子どもを産みたくても産めず、子育ても難しいという状況の下で、自由な選択が阻害されているのが問題なのである。しかも、それは若者や両親の働き方に大きく関わっている。男女がともに人間らしく働き生活できる社会を実現することなしに、この問題を解決することはできない。

このようななかで、労働者の仕事と生活のバランス（ワーク・ライフ・バランス）をとり、子どもを産み育てる環境を整備するべきだとの考え方が強まってきた。二〇〇五年四月には、次世代育成支援対策推進法（次世代法）が施行され、従業員三〇一人以上の企業の事業主は従業員の仕事と生活の両立支援策など次世代育成支援のための行動計画を策定することが義務づけられた(74)。また、「子どもと家族を応援する日本」重点戦略検討会議も、二〇〇七年一二月一八日に重点戦略を決定している(75)。

重点戦略では、結婚・出産に対する希望と現実に大きな乖離が存在するとし、とくに女性にとって「就労と出産・子育ては二者択一」になっている構造を解消する必要性を提起した。そのために、「働き方の見直しによる仕事と生活の調和（ワーク・ライフ・バランス）の実現」と「出産・子育て支援の給付・サービスなど社会的基盤構築」を「『車の両輪』として、同時並行的に取り組んでいくことが必要不可欠」だとしている。

ここで打ち出されている施策が、十分に具体化されることが望まれる。少なくとも、正規労働者の長時間労働と非正規労働者の低賃金という二極化構造の是正、短時間勤務制度、家族の看護・介護休暇制度、小児科や産婦人科の充実など安心して出産し子育てができる条件の整備、児童手当の給付拡充など子育て支援の財政的確保などが必要であろう。

ところが、このワーク・ライフ・バランス論が財界のねらう雇用の多様化や柔軟化促進などの「労働市場改革」のテコとして利用されようとしている。「本来の主旨のワークライフバランスと、財界流の『ワークライフバランス』とでは、ねらいも内実もまったく違い」、「両者は正反対のもの」である。このような財界による「隠れ蓑」や「偽装」を許さず、「本来のワークライフバランスの主旨にそって、人間らしい生活の実現をめざす運動を起こす視点が求められている」[76]といえよう。

ただし、本来のワーク・ライフ・バランスは、使用者と労働者のどちらか一方に利益になるものではなく、「双方にメリットがある関係」なのである（Win-Win の関係）。それは、従業員の生活の質を高めるだけでなく、労働意欲が増し、従業員の定着率がよくなり、企業イメージがアップするなどの効果も期待できる[77]。また、「社会における不平等の拡大、人材をフルに活用しないことによる業績の低迷、さらには、フリーターの増加による出生率の低下や税収の減少など。そして、社会保障制度の空洞化など」の「ワークライフバランス施策を導入しなかった場合にかかるコスト[78]」を低減させるためにも、このような施策の充実は大きな意味を持っているといえる。

若年労働者（若者）への対策

ここで言う若者とは、一五歳から三四歳までの若年労働者のことである。フリーターやニート、所得格差の拡大など、現代の労働が抱える問題の多くは、とりわけ若者を直撃している。

フリーターは、フリーアルバイターを縮めた和製英語で、学生や既婚の女性、家事手伝いを除くアルバイトやパート労働者、そのような仕事を希望している人のことである。少なくとも働く意思のある人々で、二〇〇六年には一八七万人とされている。[79]

ニート（NEET）とは「Not in Education, Employment or Training」の頭文字をとったもので、[80] もともとはイギリス生まれの言葉である。通学も仕事も職業訓練も受けていない「若年無業者」をニートだとすれば、二〇〇六年で六二万人とされている。[81]

ニートもフリーターも、景気の回復を反映して多少の減少が見られる。[82] しかし、二〇〇二年以降では二五歳以上の年長者が増えている。大学卒業時に正社員として就職できず、年長フリーターになってしまっているということなのかもしれない。

働く若者の不幸は本人の責任によるものではなく、国家や企業の政策によって引き起こされた社会問題である。[83] このような理解はかなり広がってきた。また、これが未来に向けての「時限爆弾」であり、いずれ日本の経済・社会にとって深刻な問題を引き起こすであろうことも、すでに共通認識になっている。[84] 問題はそれをどう解決するかということである。基本は労働者全体への対策と変わらない。職の提供と安定、生活できる賃金の保障である。

ただし、教育・訓練と情報、住居の確保など、若者への対策として独自の課題もある。とりわけ、若年の失業は、仕事がないというだけでなく、貧困、社会的孤立、犯罪、病気、社会保障の権利の喪失など、成人の失業以上の多くの困難をもたらす。若者が社会とのつながりを失って孤立してしまうことを社会的排除の一つとしてとらえ、これを防止するとともに、そこから脱出するためのきめ細かなサポートが必要である。

フリーターなどの若者は、十分な訓練を受けていないがゆえに非正規雇用に滞留し、非正規雇用であるがゆえに技能・技術の習得や蓄積が妨げられるという悪循環に陥っている。また、ネットカフェ難民と呼ばれる若者は、低賃金であるがゆえに定住の場を得ることができず、住所が確定しないために正規雇用につけないという悪循環にも見舞われている。

このような悪循環から脱け出すためには、生活の心配なく職業訓練を受けられる機会を提供しなければならない。また、若者向けの公共・公営住宅の建設や借り上げ、家賃補助制度、生活資金貸与制度などの生活支援を強めることも必要である。

政府は「フリーター二五万人常用雇用化プラン」を打ち出し、ジョブカフェでの就職支援、若年者トライアル雇用事業、日本版デュアルシステム、ハローワークにおけるフリーター常用就職支援事業、就農支援、地域若者サポートステーション、若者自立塾、専門的相談体制の整備など、多様な施策を講じている(85)。

これらは主として職に就くことを重視した施策であり、職業紹介事業との連携が不可欠である。公的な職業紹介事業が果たさなければならない役割は大きいのであり、安易な民営化によって、このような多様な役割を果たせなくするような過ちは避けなければならない。また、職についた後においても、生活できる賃金を得てキャリア形成が可能になるようにすることも重要な課題であろう。

高齢労働者への対策

高齢労働者対策の核は、何よりも六五歳までの雇用の確保である。高齢者雇用安定法の改正によって、二〇〇六年四月から使用者（事業主）は、六五歳までの定年の引き上げ、継続雇用制度の導入、定年の廃止のうちのいずれかの高齢者雇用確保措置を採用することが義務づけられた。

この背景には、少子化の進展による生産年齢人口と労働力人口の減少、いわゆる「団塊の世代」の六〇歳以上への到達、老齢厚生年金の支給開始年齢の引き上げなどの背景があった。とりわけ、老齢厚生年金の定額部分が二〇一三年度までに、報酬比例部分が二五年度までに、徐々に六五歳へと引き上げられるという制度変更は、高齢者にとって死活問題である。退職しても年金が支払われなければ、生活に窮してしまう。

しかし、すでに十分な蓄えがあり、無理して働く必要がないという人もいるかもしれない。高齢者の体力や意欲、要求、ニーズは多様であり、一律に対応することは誤りである。希望に応じて働く機会が確保され、高齢者個々人の状況に応じた多様な雇用・就業の機会が保障される必要があろう。

ここで留意されなければならないのは、高齢者を年齢によって差別したり、継続雇用に際して選別したりするようなことがあってはならないということである。高齢者の働く意欲が生かされ、年齢にかかわりなく働くことのできるゆとりある社会が実現されなければならない。

女性の社会進出を進めるために

「女性の社会進出　日本は後進国」「前年より後退九一位」という見出しが踊っている。二〇〇七年の「男女格差指数[86]」について報じた『東京新聞』の記事である[87]。世界の大手企業などで組織する世界経済フォーラムが社会進出での性別による格差の度合いを評価したもので、日本は九一位と先進諸国で最も低い[88]。

社会進出の面で日本の性別格差が大きいことは以前から指摘されていたことである。しかも、改善されているならともかく、二〇〇五年の三八位、二〇〇六年の七九位（後、八〇位に改定）、そして今回の九一位と年々後退してきた。この事実は、性別格差を是正するための施策がほとんど効果を上げていないということを示している。

労働の現場における状況も同様で、「幹部への登用や賃金といった待遇面など格差を示す『経済活動への参加と機会』が九七位と低迷」している。女性の社会進出を支援するうえで、日本の労働政策は完全に失敗していると言わざるを得ない。

このような状況を改善し、女性の社会や職場への進出を進めるためには、第一に、男女雇用機会均等法に基づいて男女間の格差を解消し、「見えない天井」を打破することである。昇級や昇格における差別などは論外であり、女性のみを対象としたコース別人事も隠れた差別を生み出すことになる。女性の賃金が男性の六割ほどでしかないという現状も改められなければならない。

第二に、育児・介護休業法など子育て支援や育児と仕事との両立を可能にするための施策が決定的に重要である。他の先進国と比べて、日本は出産や育児などで仕事をあきらめる女性が突出して多い。内閣府の試算によれば、女性が働き続ければ雇用は四四万人増え、二〇〇六年から二〇一〇年にかけて経済成長率を〇・四ポイント押し上げるとされている[89]。育児休業制度の充実とともに、たとえ出産のために職場を去ることがあったとしても、出産後には容易に職場に復帰できるようにすることが必要であろう。

第三に、ポジティブ・アクション（積極的差別是正措置）による積極的な登用の必要性を指摘しなければならない。内閣府男女共同参画局が公表している「女性の政策・方針決定参画状況調べ[90]」によれば、民間企業の管理的職業従事者における女性の割合は、二〇〇四年と二〇〇五年は一〇・一％で変化なく[91]、二〇〇六年に一〇・三％と、わずかに上昇したにすぎない。二〇〇六年の民間企業（従業員三〇人以上）における女性の役職別管理職割合では、部長二・〇％、課長三・六％、係長一〇・五％である。

労働組合の側も、女性を責任ある地位に登用する点では同様に後れている。労働組合の執行委員のうち女性の割合は一四・四％で、日本最大のナショナルセンターである連合傘下の組合での割合はさらに低く六・六％にすぎない（二〇〇六年三月現在[92]）。

つまり、企業でも労働組合でも、責任ある地位についている女性の割合は一割前後にすぎないと

表２－１　障害者の法定雇用率

区　分	率
一般の民間企業（56人以上の規模の企業）	1.8％
特殊法人（48人以上の特殊法人と独立行政法人）	2.1％
国、地方公共団体（48人以上の機関）	2.1％
都道府県等の教育委員会（50人以上規模の機関）	2.0％

出典）厚生労働省『平成19年版 労働経済白書』36頁。
注）カッコ内はそれぞれの割合（法定雇用率）によって１人以上の障害者を雇用しなければならないこととなる企業等の規模である。

いうことになる。民間企業では他の先進国の三分の一ほどである。このような差は、政治的・社会的に作られたものであり、それを是正するための制度改正や一定割合を女性に配分するなどのポジティブ・アクションが必要であろう。

障害者雇用の改善

障害者の雇用の促進等に関する法律（障害者雇用促進法）は、表２－1に見るように、民間企業、国と地方公共団体に、一定割合（法定雇用率）以上の障害者の雇用を義務づけている。同時に、これらの事業主等から、毎年、身体障害者、知的障害者、精神障害者[93]の雇用状況についての報告を求めている。

この「障害者雇用状況報告」によれば、雇用されている障害者の数は二〇〇三年から増加に転じ、二〇〇六年には二八万四〇〇〇人となった。実雇用率[94]も、二〇〇四年一・四六％、二〇〇五年一・四九％、二〇〇六年一・五二％と上昇傾向にあり、二〇〇七年には一・五五％となっている[95]。二〇〇六年において「実雇用率が一・五％台となったのは初めて[96]」だというが、依然として法定雇用率の一・八％は達成されていない。

厚生労働省によると、法定雇用率を達成している機関の割合（二〇〇六年六月時点）は、国の機関が九七・四％、都道府県の機関九〇・八％、市町村の機関七七・六％であり、公立の小中高校の教員や事務職員採用の大部分を担う四七都道府県教委はわずか四・三％にすぎない。[97] 率先して採用すべき公的機関でさえ完全には達成していないのである。厚生労働省は、これらの機関に対して障害者雇用促進法に基づいて改善を求め、不足数一〇人以上の企業に対する指導や企業名の公表を前提とした指導などに取り組むとしている。

他方で、障害者雇用納付金制度に基づく助成金や特定求職者雇用開発助成金、障害者を雇用する事業所に対する税制上の優遇措置、重度障害者雇用促進融資など、各種の助成制度が存在している。また、障害者の雇用を促進することを目的に、厚生労働省や独立行政法人高齢・障害者雇用支援機構は、職場適応訓練、職場適応援助者（ジョブコーチ）による支援、障害者試行雇用（トライアル雇用）事業、雇用管理サポート事業、就労支援機器の貸出事業など、さまざまな援護制度も設けている。ノーマライゼーションの高まりや労働力不足への対策などからも障害者雇用は促進されつつあるが、これらの制度なども活用して一層の雇用促進が求められている。

また、障害者の自立と就労支援にとって大きな問題となっているのが、二〇〇六年一〇月に全面施行された障害者自立支援法である。これは、「新たな就労支援事業の創設や福祉と雇用の連携強化による就労支援策の更なる充実[98]」を掲げているが、実際にはサービス提供量などを定めた後、応益負担（一律一割の自己負担）を求めることで障害者の自立を阻み、大きな困難をもたらしている。

このような応益負担は、障害が重いほど負担も重くなり、施設やグループホームの利用者は食費と居住費（水光熱費）も全額自己負担となった。更生・育成・精神通院の公費負担医療制度などの自立支援医療も、原則一割負担になる。これまで通所施設の多くは無料だったが、就労支援施設では工賃より高い利用料を払わなければならない。生活が圧迫され、働く意欲をなくし、多くの退所者が出ている。このような応益負担は直ちにやめるべきである。

このようななか、法定雇用率を日本企業が下回り続けている状況について、国際労働機関（ＩＬＯ）は是正勧告を出すかどうかの検討に入った[99]。この勧告に強制力はないが、日本政府は国際的な批判を受けかねない。これは全国福祉保育労働組合（福祉保育労）の申し立てを受理したもので、福祉保育労は福祉サービス利用料の原則一割負担を求める障害者自立支援法についても条約違反だとして撤廃を求めている[100]。

外国人労働者に対する対応

外国人労働者の問題は国家間の人の移動であり、労働者の家族などの定住をともなう。したがって、これは労働者だけの問題ではなく、労働問題だけにとどまらない広がりを持っている。それゆえ、「外国人労働者問題を単なる労働問題として理解し、『労働力政策』で対応してゆくには限界がある[101]」ことを理解する必要がある。それは、多様な人種、民族、文化、生活習慣などの異なる人々が「共に生きる社会」の実現という将来像に結びつけて考えられなければならない。

日本の外国人労働者には、中国・韓国・ブラジル・ペルー・フィリピンなどからの出身者が多く、台湾・タイ・インドネシア・イランなどからもやってきている。日本の低賃金労働の多くは実際にはこれらの人々によって担われており、永住権を獲得し、出稼ぎから定住に移行して製造業で働く日系人には、このような人々が多い。

厚生労働省の推計によれば、日本にいる外国人労働者の総数は約七九万九〇〇〇人である(二〇〇五年)。労働力人口に占める割合は一・二%、雇用者総数に占める割合は一・五%である。外国人労働者は合法就労と「不法就労」とに分けられるが、二〇〇五年の合法就労は約六〇万五〇〇〇人で、「不法就労」は約一九万四〇〇〇人である。[102] 前者の合法就労のうち、直接雇用の外国人労働者数は一九九六年の一〇万三〇四四人から二〇〇六年の二二万二九二九人へと約二・二倍になった。外国人を直接雇用している事業所数も、二〇〇六年には二万七三二三カ所へと、一万四〇五三カ所だった一九九六年の約一・九倍となっている。[103] このように外国人労働者の増大は続いており、今後も増加することが予想される。

外国人労働者であっても、日本国内で就労する限り、労働基準法、最低賃金法、労働安全衛生法、労働者災害補償保険法等の労働関係法令が適用される。また、労働基準法第三条は、労働条件面での国籍による差別を禁止している。[104] 雇用保険についても、基本的に、国籍のいかんを問わず被保険者として取り扱うこととされている。

また、外国人労働者に対しても、安定した雇用や適正な労働条件が確保されなければならない。そのためには、雇用の実態を正確に把握するとともに、外国人求職者に対する職業相談、事業主に対する指導や援助などの体制が十分に整備される必要がある。

現在多くの問題を抱えているのが、一九九三年に発足した外国人研修・技能実習制度である。これは途上国の経済発展に貢献することを目的として導入されたが、中国人がほぼ八割を占めており、その実態は無権利・低賃金の非熟練労働者受け入れの「不法かつ違法就労」となっている[105]。「外国人研修生」の滞在期間は基本的には一年以内で、研修計画にそって研修を受ける。その後、国の技能検定基礎二級相当に合格するなど定められた要件を満たした場合、同一機関（会社）で実践的な技術習得のために雇用関係の下でさらに二年間滞在することができる。これを技能実習[106]という、研修・技能実習をあわせて最長三年間の滞在が可能となる。

研修生は労働者ではないため、労働法ではなく入管法令（出入国管理及び難民認定法）が適用されるが、通常の労働者と同様に働く技能実習生には労働関係法令が適用される。しかし、実際には、実習生は安価な作業員として使われ、はなはだしい場合には給与から衣食住の費用が天引きされたり、契約の半額以下の給与しか支給されなかったりする。『朝日新聞』も、「時給三〇〇円、布団のリース料が年間七万二〇〇〇円、給料は強制的に貯金」という実状を伝え、「規制緩和で外国人を『研修・技能実習』の名目で受け入れる業種が増え、奴隷労働に近い働きが広がっている[107]」と警告している。本来の目的である途上国への技術移転が不十分だとの批判も強く、制度の見直しが始まった。実態を把握して法令違反を厳しく取り締まるとともに、このような問題の多い制度自体も早急に改善されなければならない。

このほか、「不法就労」の外国人労働者の問題がある。法務省入国管理局によれば、不法滞在外国人は二二万人、そのうち不法残留者は一九万三〇〇〇人に上ると推定され[108]、その大部分が不法就労していると見られている。これらの人々は、摘発を恐れて劣悪な労働条件の下でも我慢して働いており、放置することはできない。また、これらの人々も日本で働き生活している。単に、摘発して追い返すだけでよいのかという問題は残るだろう。

政府は、単純労働者の受け入れを認めず、不法滞在者の取締りを強化する一方で、FTA交渉においては介護分野などでの受け入れも検討している。フィリピンに続いて、二〇〇七年一二月には、日本とインドネシアの経済連携協定（EPA）に基づいて当初二年間で看護師ら一〇〇〇人を受け入れる方針を決めた。

少子高齢化による労働力不足や周辺各国からの受け入れ要請などを背景に、外国人労働者の受け入れに関する検討は続いており、単純労働者を受け入れても良いと考える人が六三％に達するとの調査もある[109]。外国人労働者については、完全な締め出しも完全な自由化も取り得ず、秩序ある開放ということになろう。受け入れを認めている「専門的・技術的労働者」と認めていない「（狭義の）単純労働者」の間にある「中間職種」を認知し、人材を開発したうえで再来日して就労を可能にする「人材開発・還流モデル」なども提唱されている[110]。外国人労働力の活用には今後も弾みがつくと見られており、さらなる議論と制度設計が必要になっている。

家内労働者・在宅ワーク従事者への対応

家内労働とは、文字どおり、家の中で行う労働を指している。このような自宅での作業に従事する者が、家内労働者である。この家内労働者について、「工賃の最低額、安全及び衛生その他家内労働者に関する必要な事項を定めて、家内労働者の労働条件の向上を図り、もつて家内労働者の生活の安定に資することを目的」（第一条）に、一九七〇年に家内労働法が制定された。

家内労働法第二条第二項は、家内労働者について「物品の製造、加工等若しくは販売又はこれらの請負を業とする者その他これらの行為に類似する行為を業とする者であつて厚生労働省令で定めるものから、主として労働の対償を得るために、その業務の目的物たる物品（物品の半製品、部品、附属品又は原材料を含む。）について委託を受けて、物品の製造又は加工等に従事する者であつて、その業務について同居の親族以外の者を使用しないことを常態とするものをいう」と定めている。このような家内労働者は約二〇万七〇〇〇人おり（二〇〇五年）、うち女性が一八万八〇〇〇人で九〇・九％を占めている[111]。

また、最近では、パソコン等情報通信機器の普及やインターネット等情報通信環境が整備されたこともあって、企業が雇用する労働者を自宅やサテライトオフィス[112]などで勤務させたり、個人が在宅で自営的に働く在宅ワーク（たとえばＳＯＨＯ[113]など）やテレワークなどと呼ばれるような働き方が増えてきた[114]。具体的には、パソコンなどによる文章入力・テープ起こし、データ入力などの比較的単純・定型的なものから、設計・製図、デザイン、ＤＴＰ・電算写植、プログラミング、翻訳、システム設計など専門的なものまで多様である。

このような在宅形態での新しい働き方は、仕事と家庭の両立や通勤負担の解消、ゆとりの創出、障害者や高齢者の雇用機会の拡大などの観点から、社会的な期待や関心も大きい。国際的にも、欧米諸国を中心に情報通信機器を用いた在宅ワークが増加しており、ＩＬＯ総会でも一九九六年に在宅形態の労働に関する条約が採択されている。

家内労働と在宅ワークとは、仕事の発注側との請負契約に基づいて自営的な形態で行われ、雇用労働者としての保護が及ばないという共通点がある。しかし、家内労働は物品の製造などに従事するのに対し、在宅ワークは役務の提供を行うという点で、仕事の内容が異なっている。

家内労働においては、業務の発注者や委託者に対して受注者の立場は弱く工賃は安く、契約条件は曖昧で無理な注文が多いという問題点があった。在宅ワークにおいても、無理な発注、契約の一方的打切り、報酬の不払いなど、かつての家内労働にみられたと同様の問題が発生している。

在宅ワークのうち、企業的な性格を持たない自営的なものについては何らかの措置を講ずる必要があり、家内労働法と同様の保護的な施策が検討されなければならない。さし当たり、在宅ワーク労働者の保護と紛争防止のためのガイドラインなどの作成が必要であろう。

労働政策の実効性を確保するために

以上のような労働政策について、主としてその原案を審議するのは労働政策審議会である。一九九九年に中央省庁等改革推進本部が決定した「中央省庁等改革の推進に関する方針」によって、「審議会等の整理合理化に関する基本的計画」が閣議決定された。これに従って、労働政策審議会には、雇用審議会、中央労働基準審議会、労働者災害補償保険審議会、中小企業退職金共済審議会、じん肺審議会、勤労者財産形成審議会、女性少年問題審議会、中央家内労働審議会、中央職業安定審議会、障害者雇用審議会、中央職業能力開発審議会、中央最低賃金審議会（政策審議機能）が統合された。その後の労働政策審議会の構成は表2－2、二〇〇七年現在の委員は表2－3のようになっている。

実際には、それまでの審議会が部会または分科会として労働政策審議会の下におかれるという形になっている。このほかに、中央最低賃金審議会（法施行機能）と労働保険審査会がある。これらの審議会の答申を受けて、内閣が法案を準備し、国会で審議され、可決・成立することで、労働政策関係の法律が作られる。

一般的に言って、労働政策は労使双方から見て中途半端で不十分な内容となる場合が多い。労働組合の代表と使用者の代表の双方が参加する三者構成の審議会を経て原案が作成されるからである。双方の利害を調整する過程で、それぞれが妥協できる範囲での合意が成る。どちらか一方の主張がそのまま採用されることは稀である。

表2-2　労働政策審議会の構成

労働条件分科会
労働条件分科会労災保険部会
労働条件分科会最低賃金部会
安全衛生分科会
安全衛生分科会じん肺部会
勤労者生活分科会
勤労者生活分科会基本問題懇談会
勤労者生活分科会中小企業退職金共済部会
職業安定分科会
職業安定分科会雇用保険部会
職業安定分科会労働力需給制度部会
雇用対策基本問題部会
障害者雇用分科会
職業能力開発分科会
職業能力開発分科会若年労働者部会（旧勤労青少年部会）
雇用均等分科会
雇用均等分科会家内労働部会
個別的労使紛争処理対策部会
最低工賃専門部会
労働委員会の審査迅速化等を図るための方策に関する部会

出典）厚生労働省ホームページ http://www.mhlw.go.jp/shingi/index.html より作成。

表２－３　労働政策審議会委員名簿（2007年６月14日現在）

（敬称略）　◎は会長、○は会長代理

（公益代表委員）	
伊藤　庄平	（独）労働者健康福祉機構理事長
今田　幸子	（独）労働政策研究・研修機構特任研究員
○今野浩一郎	学習院大学経済学部経営学科教授
岩村　正彦	東京大学大学院法学政治学研究科教授
大橋　勇雄	一橋大学大学院経済学研究科教授
勝　　悦子	明治大学政治経済学部教授
◎菅野　和夫	明治大学法科大学院教授
清家　　篤	慶應義塾大学商学部教授
林　　紀子	弁護士
平野　敏右	千葉科学大学学長
（労働者代表委員）	
植田　正子	日本サービス・流通労働組合連合中央執行委員
岡部　謙治	自治労中央本部中央執行委員長
加藤　裕治	全日本自動車産業労働組合総連合会会長
小出　幸男	JAM 会長
古賀　伸明	日本労働組合総連合会事務局長
篠原　淳子	全日本電機・電子・情報関連産業労働組合連合会中央執行委員
土屋　哲世	全日本運輸産業労働組合総連合会執行委員長
中島　悦雄	全国電力関連産業労働組合総連合会長
森嶋　正治	情報産業労働組合連合会中央執行委員長
山口　洋子	日本労働組合総連合会副事務局長
（使用者代表委員）	
井手　明子	（株）ＮＴＴドコモ執行役員社会環境推進部長
伊藤　雅人	オーデリック（株）代表取締役社長
大村　功作	東京都中小企業団体中央会会長
岡部　正彦	日本通運（株）代表取締役会長
勝俣　恒久	東京電力（株）取締役社長
加藤　丈夫	富士電機ホールディングス（株）相談役
紀陸　　孝	（社）日本経済団体連合会専務理事
齋藤　朝子	（株）山翠楼代表取締役社長
鈴木　正人	（社）日本経済団体連合会常務理事
山内　純子	全日本空輸（株）上席執行役員客室本部長

出典）厚生労働省ホームページ http://www.mhlw.go.jp/shingi/2007/06/s0614-8.html より作成。

しかも、それが法律となるためには、使用者側に近い与党と労働組合の支援を受ける野党とが存在する国会での採決を経なければならない。与党が多数を占めている限り、使用者側の利害に反する法律が採択されることもほとんどない。

つまり、どのような労働政策も、労使双方が容認できる範囲でしか形成されないということなのである。労働関係の審議会などに加わってきた諏訪康雄は、「上は総理から下は現場まで、場合によっては関係する業界団体などの声まで全部拾いながら進めていく結果、政策形成の動きがすごく鈍くなり、結果として出てくる政策が理論的な一貫性や体系的な一体性に乏しく、不透明あるいは不鮮明になっていく」と指摘している(115)。このように、労働政策の内容が中途半端で不十分なものになるのは、ある意味では避けられない。

ということは、法の制定で問題は終わらないということなのである。法律や制度は、ある程度、労働者の利益を守り、ある程度、使用者の利害に妥協している。それを、どちらがどのように利用するかは、法律や制度ができあがって以後の問題となる。労働者保護の実効性を確保しようとする労働組合と、それを空洞化しようとする使用者との争いはその後も続くのであり、労働政策の実効性を高めるためには、労働組合と労働行政との連係プレーが不可欠になる。

労働組合は脱法や違反がないかを監視し、使用者側の不正を摘発しなければならない。労働行政は法の趣旨の徹底を図り、罰則がなくても実施されるよう使用者を教育し、指導しなければならない。使用者は、法の趣旨を理解し、可能な限り努力義務を果たして政策目標の達成に努めるべきであろう。

このような形で政策の徹底が図られれば、現行法の下でも人間らしい働き方を実現することは決して不可能ではない。そのために、労働組合はさらに大きな力を発揮すること、労働行政においてとりわけ公共職業安定所と労働基準監督署の体制と機能を抜本的に強化することが必要である[116]。

なお、労働行政における施策の手段として、罰則と助成金が用いられる場合が多い。施策の実効性を上げるためには、罰則を強めて懲罰的な意味を持たせなければならない。罰則のない努力義務は、往々にして使用者によって無視されるからである。悪質な企業に対しては、企業名を公表するという形での社会的ペナルティを科すことも必要であろう。

また、助成金はしばしば不正に使用されたり[117]、手続きや資格要件が厳格でほとんど利用されないなどの問題が生ずる。助成金よりも、政策減税の方が効果的ではないだろうか。大企業や資産家への行きすぎた減税を一〇年前の税率に戻せば七兆円の財源が生まれる。大企業・資産家への増税と組み合わせた各種の租税特別措置を検討すべきであろう[118]。

注

（1）　社会的排除とは、「人びとが社会に参加することを可能ならしめる様々な条件（具体的には、雇用、住居、諸制度へのアクセス、文化資本、社会的ネットワークなど）を前提としつつ、それらの条件の欠如が人生の早期から蓄積することによってそれらの人びとの社会参加が阻害されていく過程を指す」（阿部彩「現代日本の社会的排除の現状」福原宏幸『社会的排除／包摂と社会政策』法律文化社、二〇〇七年、一三一頁)。これに相対する概念は「社会的包摂(social inclusion)」である。

(2) 二〇〇二年七月一九日に発表された総務省の事業所・企業統計の二〇〇一年一〇月調査結果(五年に一度実施)によると、企業に雇われて働く従業者数は六〇一八万七〇〇〇人で、現在の方式で調査を開始した一九五四年以来初めて減少した。また、正社員が減少する一方、パートやアルバイトなど「正社員以外」の増加が目立ち、一四三四万五〇〇〇人と役員などを除く雇用者全体の三〇・八%を占めた(総務省統計局統計センター http://www.stat.go.jp/data/jigyou/sokuhou/01.htm を参照)。

(3) これについて、大沢真知子は「現在採用されている正社員をパート労働者によって代替しているわけではなく、新規採用において正社員の抑制がおきているのである」と指摘している(大沢真知子『ワークライフバランス社会へ——個人が主役の働き方』岩波書店、二〇〇六年、三三頁)。

(4) 二〇〇七年一二月二八日厚生労働省発表の労働者派遣事業の報告集計。http://www.mhlw.go.jp/houdou/2007/12/dl/h1228-2a.pdf を参照。

(5) 二〇〇七年二月二二日の衆院予算委員会の公聴会で、キヤノン宇都宮光学機器事業所での偽装請負について証言した大野秀之は「正社員になりたくてもなれず、やむをえず非正社員という雇用形態を選択せざるをえなかったというのが現実でした。私たちのように、一度非正社員の道に入り込んでしまうと、正社員の道を歩むことがとても困難であることを、どうか知ってください」と訴えている(風間直樹『雇用融解——これが新しい「日本型雇用」なのか』東洋経済新報社、二〇〇七年、八八頁)。

(6) 正規雇用と非正規雇用の労働条件を同一のものとするのが均等待遇で、バランスをとったものとするのが均衡処遇である。二〇〇二年七月一九日にまとめられた厚生労働省のパートタイム労働研究会最終報告は後者の「均衡処遇」を提言している。

(7) 風間直樹、前掲書、二九六頁。

(8) この点で深刻なのは、パート労働者の七割を占める女性である。正規・非正規と男性・女性という二重の差別の結果、男性一般労働者の賃金を一〇〇とした場合、女性一般労働者六七・一、男性パート五二・五、女性パート四六・三となり、女性パート労働者は男性一般労働者の半分以下の水準になっている。

(9)　常用型派遣とは派遣会社に常時雇用され、派遣に出られない間の給料も支払われるが、登録型派遣とは派遣会社に登録するだけで仕事がなければ紹介されないし収入もないという極めて不安定なものである。使用者側からすれば、登録型派遣は必要なときに必要なだけ派遣してもらい、必要なければ打ち切るという便利な形態だが、派遣労働者は仕事がなくても生き続けなければならない。二〇〇六年度における常用型派遣は八六万六五〇一人で、登録型派遣は二三四万三九六七人である（http://www.mhlw.go.jp/houdou/2007/12/dl/h1228-2a.pdf を参照）。

(10)　詳しくは、派遣ユニオン・斉藤貴男『日雇い派遣――グッドウィル、フルキャストで働く』（旬報社、二〇〇七年）を参照。

(11)　詳しくは、大谷拓朗・斎藤貴男『偽装雇用――立ち上がるガテン系連帯』（旬報社、二〇〇七年）を参照。

(12)　朝日新聞特別報道チーム『偽装請負――格差社会の労働現場』（朝日新書、二〇〇七年）一七頁。

(13)　たとえば、大手機械メーカー「クボタ」は自社工場で二〇〇六年六月に起きた労働災害を報告しなかったとして大阪西労働基準監督署から労働安全衛生法違反で是正勧告を受けている（『読売新聞』二〇〇七年一二月四日付）。

(14)　キヤノンと松下の実態については、朝日新聞特別報道チーム、前掲書、が詳しい。

(15)　厚生労働省は二〇〇七年八月、人材派遣大手のフルキャストに対して港湾荷役業務への違法派遣により全事業所に一カ月（一部二カ月）の事業停止命令を出した。また、二〇〇八年一月、日雇い派遣大手のグッドウィルに事業停止命令を出すとともに、日雇い派遣制度に対する規制を強化する方針を固め、労働政策審議会の労働力需給制度部会に業務内容の明示などの具体策を提案した。

(16)　キヤノン、光洋シーリングテクノ、松下プラズマ、東芝家電による「偽装請負」を告発した労働者は、直接雇用の指導強化を厚生労働省に要請した際、東芝家電製造で「直接雇用になったが、四カ月で一〇〇人が雇い止めされた」と発言している（『しんぶん赤旗』二〇〇七年七月五日付）。

(17) 岩田正美『現代の貧困――ワーキングプア／ホームレス／生活保護』（ちくま新書、二〇〇七年）二一八頁。

(18) このような低賃金が生み出す「状況」の深刻さに、経営者団体もようやく気がつき始めたのかもしれない。二〇〇八年春闘での経営側の指針となる日本経団連の「経営労働政策委員会報告」は、「企業と家計を両輪とした経済構造を実現していく必要がある」（日本経団連『経営労働政策委員会報告――日本型雇用システムの新展開と課題』二〇〇七年一二月一八日、三三頁）と、初めて「家計」に言及し、賃上げを容認するものとして注目された。

(19) これについて、例えば門倉貴司は「汗水たらして一生懸命働いているのに、いつまでたっても生活保護水準の暮らしから脱却できない人たち」と定義している（門倉貴司『ワーキングプア――いくら働いても報われない時代が来る』宝島社新書、二〇〇六年、一九頁）。

(20) 川崎昌平『ネットカフェ難民――ドキュメント「最底辺生活」』（幻冬舎新書、二〇〇七年）参照。

(21) 雨宮処凛によれば、この言葉は「二〇〇三年、イタリアの路上で落書きとして発見された」ものだという（雨宮処凛『プレカリアート――デジタル日雇い世代の不安な生き方』洋泉社新書、二〇〇七年、四頁）。

(22) ＮＨＫスペシャル『ワーキングプア』取材班・編『ワーキングプア――日本を蝕む病』（ポプラ社、二〇〇七年）二二二頁、二二四頁。

(23) 「調査結果の概要」の「給与階級別分布」。http://www.nta.go.jp/kohyo/tokei/kokuzeicho/minkan2006/menu/pdf/001.pdf を参照。

(24) 格差の拡大は、貧困化とともに大きな問題である。ここでは、富める者が富めば貧しい者にも自然に富がいきわたるという「トリクルダウン理論」の過ちを指摘するにとどめる。格差の拡大は再分配政策によって是正されなければならない。

(25) 門倉は、「年間収入が二〇〇万円に満たない人たちを便宜的に『ワーキングプア』と呼ぶことにしたい」（門倉貴司、前掲書、一九頁）と書いている。

(26) 五年前に『年収三〇〇万円時代を生き抜く経済学』を書いた経済評論家の森永卓郎は、「いまや年収三〇〇万円を維持することさえ困難になり、平均年収一二〇万円の非正社員が、働く人の三分の一以上を占める大きな所得格差を抱える世の中になってしまったのです」と嘆いている（森永卓郎『年収崩壊——格差時代に生き残るための「お金サバイバル術」』角川SSC新書、二〇〇七年、一二～一三頁）。

(27) 例えば「自治体の財政難対策」「公務委託で雇用不安」という記事を参照（『朝日新聞』二〇〇七年一二月二七日付）。

(28) 「年間労働時間が三〇〇〇時間を超える約五〇〇万人が過労死予備軍で、年間約一万人以上の働き盛りの死亡があるといわれている」（昇幹夫『「過労死」が頭をよぎったら読む本』河出書房新社、二〇〇〇年、四四頁）。

(29) 川人博『過労自殺』（岩波新書、一九九八年）、過労死弁護団全国連絡会議・ストレス疾患労災研究所編著『激増する過労自殺——彼らはなぜ死んだか』（皓星社、二〇〇〇年）などを参照。

(30) 保坂隆『産業メンタルヘルスの実際』（診断と治療社、二〇〇六年）四頁。

(31) 小倉一哉『エンドレス・ワーカーズ——働きすぎ日本人の実像』（日本経済新聞出版社、二〇〇七年）参照。

(32) 詳しくは、安田浩一・斎藤貴男『肩書きだけの管理職——マクドナルド化する労働』（旬報社、二〇〇七年）参照。

(33) 二〇〇八年一月二二日、紳士服販売大手のコナカは、管理職であることを理由に残業代を認めなかった元店長に解決金六〇〇万円を支払う協定を労働組合と結び、一月二八日、東京地裁は「日本マクドナルドの店長は管理職に当たらない」との判決を出した。

(34) 二〇〇七年の年休の平均付与日数は一七・七日で取得日数は八・三日、取得率は四六・六％である（厚生労働省『平成一九年就労条件総合調査』）。

(35) 同様に、二〇〇〇年には「体育の日」が一〇月一〇日から一〇月の第二月曜日に、二〇〇三年には「海の日」が七月二〇日から七月の第三月曜日に、「敬老の日」が九月一五日から九月の第三月曜日に変更された。

(36) 脇坂明『日本型ワークシェアリング』（PHP新書、二〇〇二年）八五頁。

(37) 「正規労働者の分化（多様な正社員）」と「短時間労働者」については、久本憲夫『正社員ルネサンス』（中公新書、二〇〇三年）参照。

(38) 熊沢誠『リストラとワークシェアリング』（岩波新書、二〇〇三年）一九九頁。

(39) 森岡孝二は、ホワイトカラー・エグゼンプションによって「労働時間の上限がなく、残業手当（時間外割増賃金）も支給されない」アメリカのホワイトカラー労働者について、「絶え間ない人減らし、賃金切り下げ、福利厚生の削減などで、『ホワイトカラー搾取工場』という言葉が使われるほどに過酷な状況に陥っている」と指摘している（森岡孝二『働き過ぎの時代』岩波新書、二〇〇五年、一一八頁）。

(40) 二〇〇六年一一月八日、労働運動総合研究所は年収四〇〇万円以上の労働者についてこのような試算を発表した。http://www.yuiyuidori.net/soken/ を参照。

(41) 「労災隠し」の「本来的な理由」としては、①労働基準監督署が立ち入り検査に来ると法令違反がいろいろとばれてしまう、②事故を起こせば起こすほど高くなる保険料を上げたくないと考える、③雇い主が報告しなければ表沙汰にならないから、簡単に隠せてしまう、⑤労基署への「労働者死傷病報告」を閲覧できないため、雇い主がどんな内容の報告をしたか他人のチェックが効かない、などが挙げられている（朝日新聞特別報道チーム、前掲書、一九〇頁）。

(42) 厚生労働省ホームページ http://www.mhlw.go.jp/general/seido/roudou/rousai/4.html を参照。

(43) 池田一慶ガテン系連帯共同代表の発言（『朝日新聞』二〇〇七年一〇月二一日付）。この発言を裏付けるように、二〇〇八年二月、グッドウィルの「労災隠し」疑惑が報じられた（『朝日新聞』二〇〇八年二月二一日付）。
(44)　『平成一九年版　厚生労働白書』二〇八頁。
(45)　事故の詳細とその背景については、「JR福知山線脱線事故とJRの労使関係——経営権の肥大化が招いた悲劇」（法政大学大原社会問題研究所『日本労働年鑑』第七六集、旬報社、二〇〇六年）参照。
(46)　厚生労働大臣尾辻秀久「重大災害の増加等に伴う業界団体等に対する厚生労働大臣緊急要請」二〇〇五年六月一三日付。http://www.rikusai.or.jp/public/various/judaisaigai/daijin-message.htm を参照。
(47)　厚生労働省労働基準局安全衛生部長「労働災害の増加に対応した労働災害防止対策の徹底について」（基安発第一一三〇〇〇二号、二〇〇六年一一月三〇日付）。http://www.jaish.gr.jp/anzen/hor/hombun/hor1-47/hor1-47-61-1-0.htm を参照。
(48)　メンタルヘルスには、「人々の心の健康に関与するすべてのことを包括」する広義の定義と、「精神障害者にのみ提供される多彩な社会復帰サービス」を指す狭義の定義があるという（藤本修『メンタルヘルス——学校で、家庭で、職場で』中公新書、二〇〇六年、八頁）。言うまでもなく、本書で問題にするのは広義のメンタルヘルスである。
(49)　同前、一三四頁。
(50)　社会経済生産性本部「二〇〇四年産業人メンタルヘルス白書」。http://consul.jpc-sed.or.jp/mental/images/02/hakusho2004.pdf を参照。
(51)　保健同人社「近年の職場におけるメンタルヘルスの現状」。http://www.hokendohjin.co.jp/soudan-jigyou/05/03.html を参照。
(52)　荒井千暁『職場はなぜ壊れるのか——産業医が見た人間関係の病理』（ちくま新書、二〇〇七年）一八三頁。
(53)　夏目誠『メンタルヘルスと企業責任——いま企業に求められている「健康リスクマネジメント」』（フ

ィスメック、二〇〇三年）一二九頁。
(54) 保坂隆『産業メンタルヘルスの実際』（診断と治療社、二〇〇六年）八頁。
(55)「特集 メンタルヘルス問題と職場の健康――その現状と対策」（『日本労働年鑑』第七三集、旬報社、二〇〇三年）五四頁以降、参照。
(56) 鈴木安名『職場のメンタルヘルスがとことんわかる本――ワーキングパワーと「心の健康」』（連合通信社［発売：あけび書房］、二〇〇一年）二五頁。
(57) 天笠崇『成果主義とメンタルヘルス』（新日本出版社、二〇〇七年）一三三頁。
(58) 松崎一葉『会社で心を病むということ』（東洋経済新報社、二〇〇七年）七五頁。
(59) 同前、八〇頁。
(60) 城繁幸『若者はなぜ三年で辞めるか？――年功序列が奪う日本の未来』（光文社新書、二〇〇六年）一〇七～一〇八頁。
(61) 雇用され得る能力のことで、知識・技能にとどまらず行動特性や思考特性、価値観などの内面的属性までを含めた職業人としての能力を意味する。特定の企業内での能力ではなく、どこでも通用し、雇用の継続を可能とするような個人の能力を指す。
(62) 丹羽宇一郎『汗出せ、知恵出せ、もっと働け！』（文藝春秋、二〇〇七年）一六五～一六六頁。ただし、本文にも書いたように、非正社員化は意識的になされたことであって「いつの間にか落ちてきた」わけではない。
(63)「新卒技術者 企業が再教育」（『日本経済新聞』二〇〇七年八月一五日付）。
(64)「『派遣』の能力開発 支援」（『日本経済新聞』二〇〇七年八月二七日付）。
(65) 町田徹「日産独り負けの原因」（『朝日新聞』二〇〇七年五月五日付「ｂ２」）。
(66)「未来工業」についての以上の記述は、「アンチ成果主義 結実」（『朝日新聞』二〇〇六年一一月一一日付）による。

(67) 拙著『活憲――「特上の国」づくりをめざして』（山吹書店&績文堂、二〇〇五年）一四八頁以降。

(68) 堀田力は、「人間力は、自分の存在を肯定してよりよく生きようとする自助の意欲、他者を尊重して助け合おうとする共助の意欲、自己をとりまくさまざまな事象（人、社会、自然など）を知覚するための知性と感性（情操）を含む、総合的な力」だとしている（堀田力『「人間力」の育て方』集英社新書、二〇〇七年、六八～六九頁）。大きな違いはないが、私の方が「道徳的な力（モラル）」を重視しているということになろうか。

(69) 若者の就職についてアドバイスをしている小島貴子は、「会社を探してあたふたするのではなく、世の中にどんな仕事があるのかをまず探さなくてはいけない、と私は思います」と指摘している（小島貴子『就職迷子の若者たち』集英社新書、二〇〇六年、二八頁）。「どんな仕事があるのか」を教える「実学中心の職業教育」も、決して十分ではないということであろう。

(70) 阿部真大『搾取される若者たち――バイク便ライダーは見た！』（集英社新書、二〇〇六年）一三〇～一三一頁。

(71) 『朝日新聞』（二〇〇八年一月四日付）。

(72) 横山滋（神奈川県立高非常勤職員、キャリアアドバイザー）「キャリア教育 働く者の権利を教えよう」（『朝日新聞』二〇〇七年八月二一日付）。

(73) 国立社会保障・人口問題研究所「将来推計人口」。http://www.ipss.go.jp/ を参照。

(74) 厚生労働省は、二〇〇八年一月九日、これを「従業員一〇一人以上」に拡大し、地方の中小企業にも義務付ける方針を決定した。次世代法が改正されれば、新たに行動計画の策定が義務付けられる企業の数は約四万社になるという（『朝日新聞』二〇〇八年一月一〇日付）。

(75) 「子どもと家族を応援する日本」重点戦略。http://www8.cao.go.jp/shoushi/kaigi/ouen/pdf/st.pdf を参照。

(76) 牧野富夫編著『労働ビッグバン――これ以上、使い捨てにされていいのか』（新日本出版社、二〇〇七年）二七頁。

(77) 荒金雅子・小崎恭弘・西村智『ワークライフバランス入門』（ミネルヴァ書房、二〇〇七年）一二〜一三頁。

(78) 大沢真知子、前掲書、二二二頁。

(79) 厚生労働省『平成一九年版 労働経済白書』二六頁。

(80) 玄田有史・曲沼美恵『ニート——フリーターでも失業者でもなく』（幻冬舎、二〇〇四年）参照。

(81) 前掲、『平成一九年版 労働経済白書』二八頁。

(82) フリーターは、二〇〇三年二一七万人とピークに達し、その後、二一四万人（二〇〇四年）、二〇一万人（二〇〇五年）、一八七万人（二〇〇六年）と減少した。ニートも、二〇〇二年から〇五年まで六四万人と最多を記録したが、二〇〇六年には六二万人と二万人減っている。

(83) 本田由紀は、「『働こうともしていないんだから、本人が悪いんだろ』というような言われ方をすることによって、労働需要側の問題ではなく、労働供給側である若者の自己責任にすべてが還元されるような風潮が支配的になっている」ことを批判し、「この人たちの直面している困難は、まさに就労機会の問題」であることを力説している（本田由紀・内藤朝雄・後藤和智『「ニート」って言うな！』光文社新書、二〇〇六年、五三頁、六一頁）。

(84) この問題に比較的早く注目した宮本みち子は、若者について「彼らはすでに社会的弱者である。いまの社会をかたちづくる者すべてが、当事者として支援にあたらなければ、明日の日本は破綻する」と警告していた（宮本みち子『若者が《社会的弱者》に転落する』洋泉社新書、二〇〇二年、一七八頁）。

(85) ここでいう「ジョブカフェ」とは、仕事をしていない若者に対して様々な就職支援サービスを行う施設、「トライアル雇用」とは、三五歳未満の若者を対象に、まず三ヵ月間実際に働いてみてから常用雇用に切り替えていく制度、「日本版デュアルシステム」とは、若年者に対して施設内と企業実習などの企業と一体となった職業訓練のための制度、「若者サポートステーション」とは、若者を対象とした総合的な相談・支援のための窓口、「若者自立塾」とは、ニートの青年などを対象に、合宿形式での集団的な生活訓練を通して勤労意欲を身につけ、就労等へと導くことを目的とした施設である。このように説明しなければ分からない用語を多用すること自体、すでに大きな問題を孕んでいる。

(86) "The Global Gender Gap Report 2007." http://www.weforum.org/pdf/gendergap/report2007.pdf を参照。

(87) 「女性の社会進出 日本は『後進国』」(『東京新聞』二〇〇七年一一月九日付)。

(88) 比較されているのは一二八カ国で、日本は下から数えて三七番目というひどさである。

(89) 「女性働けば雇用増」(『朝日新聞』二〇〇七年八月一七日付)。

(90) 内閣府男女平等参画局「女性の政策・方針決定参画状況調べ」二〇〇七年九月一一日。http://www.gender.go.jp/index.html を参照。

(91) 二〇〇五年の一一カ国の国際比較では、日本の一〇・一%は、韓国の七・八%を上回るだけで下から二番目である。フィリピン五七・八%、アメリカ四二・五%、ドイツ三七・三%、オーストラリア三七・三%、フランス三六・八%、イギリス三四・五%などと比べても、日本がいかに低いかはっきりしている。http://www.gender.go.jp/2007statistics/pdf/10-2.pdf を参照。

(92) 「男女別一労働組合当たりの平均執行委員数」「日本労働組合総連合傘下の組合における状況」。http://www.gender.go.jp/2007statistics/pdf/2-2c.pdf を参照。

(93) 二〇〇五年の障害者雇用促進法の改正によって、二〇〇六年四月一日から精神障害者が算定対象とされた。

(94) 各企業が法定雇用率を達成しているかどうかの基準となるのが実雇用率である。その算定に当たっては、重度の障害者の雇用を促進する観点から、重度の身体障害者と知的障害者については、一人で二人を雇用しているものとしてカウントし、原則的にカウントされない短時間労働者についても、重度の身体障害者と知的障害者については一人分とし、精神障害者については〇・五人分として、それぞれカウントされる。

(95) 「厚生労働省発表 平成一九年一一月二〇日」。http://www.mhlw.go.jp/houdou/2007/11/dl/h1120-1a.pdf を参照。

(96) 厚生労働省『平成一九年版 労働経済の分析』三四頁。

(97) 『読売新聞』(二〇〇七年一〇月二九日付)。

(98) 厚生労働省『平成一九年版 厚生労働白書』二五三頁。

(99) 『朝日新聞』(二〇〇七年一二月三日付)。

(100) 日本は「障害者の職業リハビリテーション及び雇用に関する条約」を一九九二年に批准しており、福祉保育労の提訴はこの条約に違反しているというものである。

(101) 森廣正「外国人労働者と社会政策」石畑良太郎・牧野富夫編著『新版 社会政策』(ミネルヴァ書房、二〇〇三年)二八六頁。

(102) 法政大学大原社会問題研究所『日本労働年鑑』第七七集(旬報社、二〇〇七年)一三〇頁。

(103) 厚生労働省『平成一九年版 労働経済の分析』三三頁。

(104) 厚生労働省「外国人労働者の雇用・労働条件に関する指針」。http://www2.mhlw.go.jp/topics/seido/anteikyoku/gairou/980908gai16.htm を参照。

(105) 要宏輝「日本の『労働特区』=外国人研修・実習制度——中国人研修生・実習生の実態と課題」埋橋孝文編著『ワークフェア——排除から包摂へ?』(法律文化社、二〇〇七年)二五七頁。

(106) 技能実習制度についての詳しい説明は、財団法人国際研修機構のホームページ http://www.jitco.or.jp/contents/seido_jisshu.htm を参照。

(107) 「外国人のため炎のオルグ」(『朝日新聞』二〇〇七年一〇月一七日付夕刊)。

(108) 法務省入国管理局「不法就労外国人対策キャンペーン」。http://www.moj.go.jp/NYUKAN/campaign18nen.html を参照。

(109)『毎日新聞』(二〇〇七年一二月一七日付)。
(110)井口泰『外国人労働者新時代』(ちくま新書、二〇〇一年)参照。
(111)法政大学大原社会問題研究所『日本労働年鑑』第七七集(旬報社、二〇〇七年)一二二頁。
(112)企業や団体の本拠を中心として衛星(サテライト)のように周辺部に存在し、遠隔地で勤務できるような通信設備を整えた小規模のオフィスのことである。
(113)SOHO(ソーホー)とはSmall Office/Home Officeの頭文字を取ったもので、会社と自宅や郊外の小さな事務所をコンピュータで結んで仕事場にしたり、コンピュータを利用して自宅や小さな事務所で働く場所や働き方を指す。
(114)国土交通省の調査では、週八時間以上テレワークする人は、二〇〇二年に四〇八万人で雇用者の六・一%だったが、二〇〇五年には六七四万人(同一〇・四%)に増えている(『日本経済新聞』二〇〇八年一月一七日付夕刊)。
(115)諏訪康雄「労働政策形成の現状と問題点」(法政大学大原社会問題研究所ワーキングペーパーNo. 17『労働政策の形成と厚生労働省』二〇〇四年)三九頁。
(116)この点からすれば、『日本経済新聞』(二〇〇八年二月二六日付)が報じているハローワーク(公共職業安定所)の出張所や分室など一七カ所の廃止や職員の削減などの再編計画は完全な逆行である。
(117)たとえば、二〇〇二年四月、長崎県の佐世保重工業(SSK)佐世保造船所の前社長ら幹部七人が国の助成金制度を悪用して多額の金をだまし取ったとして逮捕された。その後、関連事業所一一社で約六億七二〇〇万円、関連事業所以外の事業所一社約一五〇〇万円が不正に受給されていたことが判明した(厚生労働省発表「佐世保重工業(株)に係る中高年労働移動支援特別助成金の不適正支給事案の調査結果等について」二〇〇三年八月一日。http://www.mhlw.go.jp/houdou/2003/08/h0801-7.htmlを参照)。
(118)法人税を増税すれば、企業は外国に逃げだし、景気が悪くなるという「俗説」がある。このような説に対しては、「バブル景気」が花盛りだった一九八八年に法人税は四二%という高率であったこと、その後、法人税は一九八九年に四〇%、一九九〇年に三七・五%、一九九八年に三四・五%と低下を続け、「平成不況」まっただ中の一九九九年以降、三〇%という低率になっているということを指摘する必要がある。つまり、法人税が高かったときには好景気で低下を続けていたときには不況だったというのが、歴史によって示されている事実なのである。

第3章　労働政策と労使関係

1　労使関係の基礎

労働者も市民である

労働政策は、働く意思と能力を持つ人が、人間として働き、生きることを保障するものでなければならない。その前提は、会社や工場など、労働者の働く場もまた市民社会の一部であり、働く労働者自身も市民だということにある。これは当たり前のことだが、日本の労働社会においてはしばしば忘れ去られる重要なポイントなのである。

第一に、働く場もまた市民社会の一部であるということは、会社や工場は「治外法権」ではなく、市民社会を律するルールが通用すべき場だということを意味する。確かに、就業規則など、労働の場を律する特別のルールもあるが、それらは憲法の規定や労働基準法などの労働法規に反するものであってはならない。「民主主義は工場の門前で立ちすくむ(1)」などということは決して許されてはならず、工場の中においても民主社会としてのルールが尊重されるべきことは当然である。

第二に、このような場で働く労働者も、市民あるいは一個人として尊重されなければならない。会社の役員や上司は仕事の上での関係であり、仕事を離れれば一市民として対等・平等である。ところが、これを「身分」と誤解したり、人格的な上下関係と勘違いする例が多い。厳しい競争や職場モラルの低下とともに、このような誤解や勘違いが上司による部下に対するいじめや嫌がらせ、権力や地位などのパワーを背景とする「言葉の暴力」によって継続的に人格や尊厳を侵害する行動を生む。これがパワー・ハラスメント(2)（パワハラ）であり、それが業務上の命令や指導と異なるのは、指導の範囲を超えた「嫌がらせ」の行為であるかどうかという点にある。これらの行為があった場合、民法や刑法によって罰せられる(3)。

同様に、市民的モラルの欠如と女性に対する蔑視は性的な嫌がらせや職場における性差別を生み出す背景にもなっている。これがセクシュアル・ハラスメント(4)（セクハラ）であり、相手の意に反したり相手が望まない性的言動を指す(5)。二〇〇七年四月施行の改正男女雇用機会均等法によって、事業主はこのようなセクハラ防止の措置が義務づけられることになった。

第三に、労働者が市民あるいは一個人として尊重されなければならないのは、上司と部下の間だけでなく、労働者同士の関係においても同様である。職場でのいじめや排除は、同僚同士の間でも起きる。思想・信条の違いから、共産党員やその支持者を「職場八分」にして排除するなどということが、同じ労働者の間で生ずるのである。このような形で思想・信条の自由を害することは基本的人権の侵害であり、市民社会の倫理からいっても人間としての規範からしても、恥ずべきことだと言わなければならない。

執　とにかく、このへいの中に入ったら民主主義ですからね。君には組織の団結を乱すものとして対処していきます。

……

執　さて、質問はありませんか。

私　ひとつ、あります。いいですか。

こうやって、私を会議室に「閉じこめ」て、「今後は朝から晩まで君を監視する」と言うことは、「民主主義」なのですか。

執　そうです。私たちの団結を守るための「民主主義」です。(6)

これは「執」(組合執行部)と、「団結を乱すもの」とされた「私」との会話である。「団結を守るための『民主主義』」の名の下に、基本的人権が侵害されている。このような「へいの中」の民主主義は、民主主義の名に値しない。

働く場には、働く場としてのルールや慣行などがあるのは当然である。しかし、それはあくまでも市民社会としてのモラルやルールを踏み外すものであってはならない。憲法や労働基準法が通用しない「番外地」の創出は、一時的には使用者による労働者支配を強め、経営の効率を高めるように見えるかもしれないが、結局は、労働者のやる気をそぎ、経営者のモラルを低下させ、しばしば職場を荒廃させる。そうしないためには、会社もまた市民社会の一部であり市民社会としてのモラルやルールを守るべきことを、労使ともに肝に銘ずる必要がある。

労使紛争についてのルール

職場における問題は、個々の労働者との間で生ずる紛争（個別的労働紛争）と、労働組合などの集団との間で生ずる紛争（集団的労働紛争）とがある。これらの問題は、基本的には職場での話し合いで解決される。

その場合、よりどころとなるルールが、憲法や労働基準法・労働組合法・労働関係調整法（労働三法）などである。憲法第二五条と第二七条の意義については、すでに第1章で明らかにした。ここでは、第一八条［奴隷的拘束及び苦役からの自由］、第一九条［思想及び良心の自由］、第二一条［集会・結社・表現の自由、検閲の禁止、通信の秘密］、第二二条［居住・移転・職業選択の自由、外国移住・国籍離脱の自由］の重要性を指摘しておきたい。

とりわけ、第一九条と第二一条は、職場における自由と民主主義を確立するうえで重要な意義を持っている。労働基準法第三条も、「使用者は、労働者の国籍、信条又は社会的身分を理由として、賃金、労働時間その他の労働条件について、差別的取扱をしてはならない」と定めている。思想・

信条の自由は憲法によって保障され、信条による差別的な取り扱いは労働基準法によって禁じられているのである。

ところが、日本の職場では、しばしば思想・信条の自由が侵され、思想差別をめぐる裁判も数多く存在した。[7] 占領期においては、東西冷戦の開始とGHQの占領政策の転換によって、「朝鮮戦争直前よりパージの対象を当初の軍国主義者・超国家主義者ら右翼から社会主義者・共産主義者ら左翼へと方向を転じ[8]」、レッド・パージ[9]などによって職場から共産党員やこれに同調する組合活動家が追い出された。その後も、「五〇年問題」での共産党の分裂と混乱[10]、「四・一七問題」での誤り[11]などもあって、労働運動内での共産党への反発や敵視はなくならなかった。

また、一九六〇年代を通じて「企業主義」が浸透するにつれ、産業別労働組合の主導権が左派から右派に移ったという歴史的な経緯がある。[12] 組合を支配するために右派指導部によって左派活動家が組織的系統的に排除され、これに使用者が協力することもあった。このような差別は日本の労働運動が抱えてきた「負の遺産」とも言うべきものであり、一刻も早く清算されなければならない。

これ以外にも、労働基準法は労働者の処遇に関わる重要なルールを定めている。まず、第二条第一項は「労働条件は、労働者と使用者が、対等の立場において決定すべきものである」（労使対等決定の原則）とし、第二項は「労働者及び使用者は、労働協約、就業規則及び労働契約を遵守し、誠実に各々その義務を履行しなければならない」と明記している。これが、労働条件を定める場合の原則である。

以下、この原則に基づいて、労働基準法は労働条件の保障についていくつもの具体的な内容を定めている。それは例えば、すでに触れた第三条の均等待遇、第四条の男女同一賃金の原則、第五条の強制労働の禁止、第六条の中間搾取の排除、第七条の公民権行使の保障、第三二条の労働時間、第三五条の休日、第三六条の時間外及び休日の労働、第三七条の時間外、休日及び深夜の割増賃金、第三九条の年次有給休暇などである。

これらの規定は、本来、法的には強力な効力を持っており、もし違反すれば「六箇月以下の懲役又は三〇万円以下の罰金に処する」などの罰則がある。しかし、労働時間制についての第三六条のように、協定を結べば労働時間を延長できる（三六協定）という除外規定などのために、その実効性は著しく低下させられている。

このような労働基準法に定められた規定以外にも、個人の処遇に関する重要なルールがある。その一つは、「労働条件の不利益変更の禁止」である。就業規則の変更については労働者の意見を聞かなければならず、少なくとも労働条件に関する規定については、適用を受ける労働者の同意なしには一方的に引き下げることはできないとされている。これは、裁判などで確定している法理である。(13)

もう一つは、「本人同意の原則」である。民法では「同意なき移籍」は禁止されている。(14)会社の譲渡、合併、配転、出向などについても、労働協約によって事前同意や事前協議を定めてあれば、同意や協議なしの強行は無効となる。(15)このようなルールの確立が職場秩序の基礎とされなければならない。

個別紛争の増大と新たな紛争処理システム

日本における労働組合の組織率低下と社会的な発言力の弱まりは、労働組合の紛争処理能力の低下をもたらした。他方で、複雑化する職場社会の下で、企業組織の再編や人事労務管理の個別化などにともなって個別労働者の紛争が多発するようになった。

中野麻美は、各国の規制緩和策には「労働者の配置や労働時間のフレキシビリティ、労働契約の多様化、労働市場の流動化、労使関係の集団から個人へのシフト、すなわち個別化」という「一貫した共通性がある」と指摘している[16]。そうであれば、規制緩和が進めば個別化もまた進むことになる。個別的な労使紛争が多発するようになるのも当然であろう。

個別紛争の最終的解決手段としては裁判があるが、それには多くの時間と費用がかかる。また、対立することなく、職場慣行を踏まえて円満に解決したいという要求もある。こうして、公的な紛争解決システムの必要性が高まり、都道府県労働局などが無料で個別労働紛争の解決援助サービスを提供し、紛争の未然防止と迅速な解決を促進することを目的に、二〇〇一年一〇月に「個別労働紛争の解決の促進に関する法律」が施行された[17]。

図３－１は個別労働関係紛争解決制度の概要を図示したものである。解雇や懲戒処分、同意その他根拠が無く実施された出向・配置転換、有期労働契約を自動更新または何度も更新された後の更

図３－１　個別労働関係紛争解決制度の概要

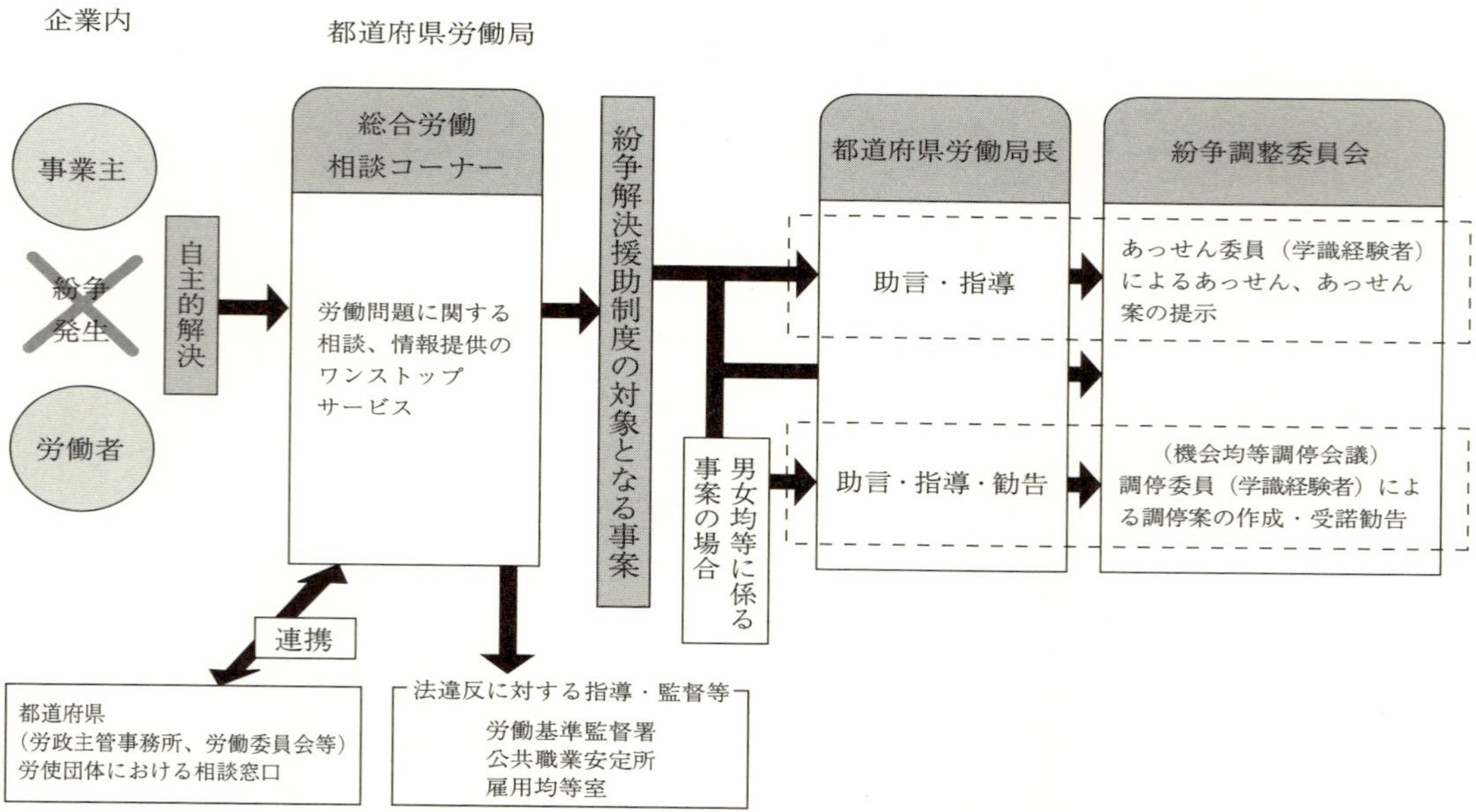

出典）厚生労働大臣官房地方課労働紛争処理業務室編『個別労働紛争解決促進法ハンドブック』（労働調査会、2001年）４～５頁。

新拒否（いわゆる雇い止め）、差別的待遇などの問題を扱っている。

まず、総合労働相談コーナーにおいて情報提供・相談を受け付け、次いで、都道府県労働局長による助言・指導を行い、紛争調整委員会によるあっせんへと進む。双方がこれを受け入れれば問題は解決するが、どちらかが拒否すれば、あっせんは打ち切られ、裁判などへと進むことになる。

二〇〇五年度において、総合労働相談件数は九〇万八〇〇〇件、民事上の個別労働紛争相談件数は一七万六〇〇〇件、助言・指導申出受付件数は六〇〇〇件、あっせん申請受理件数は七〇〇〇件となっている[18]。いずれも制度創設以来増え続けており、今後も増加すると予想されている。

次に問題となるのが、気軽に提訴でき、短時間で問題の効果的な解決が図られる裁判制度の充実である。二〇〇四年五月に労働審判法が公布され、新しい労働紛争解決制度としての労働審判制度が一九〇六年四月からスタートし、この面でも一歩前進が図られた[19]。

労働審判制度の手続の流れは図3－2のとおりである。労使の専門家が審理・判断に加わることで、通常の裁判所での訴訟よりも短い期間で紛争の柔軟な解決を図ることを目的としている。司法制度改革の一環として導入された。

労働審判官（裁判官）一人と労働関係に関する専門的な知識や経験を持つ労働審判員二人の合計三人で構成する労働審判委員会が労働審判手続を行い、決定は多数決による。労働審判員は労働組合の役員や企業の人事・労務の担当者など、実際に労働紛争の処理に携わった経験などがある人から選任される。

図３－２　労働審判制度の流れ

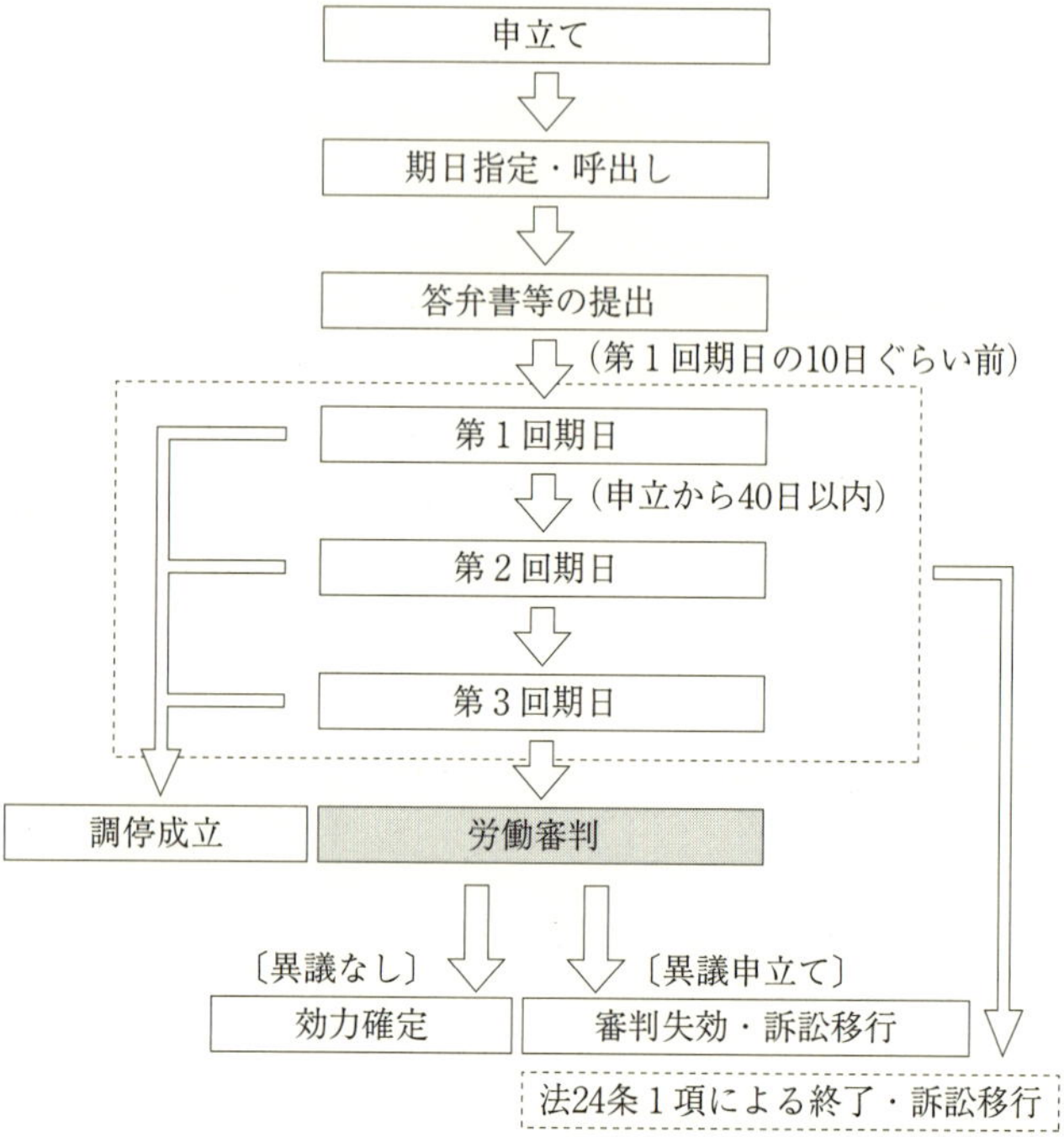

出典）http://www.courts.go.jp/saiban/wadai/1803_02_roudousinpan.html

労働審判委員会は三回以内に双方の言い分を聴き、争点を整理し、証拠調べを行う。話し合いによる解決の見込みがあれば調停を行い、調停が成立しなければ労働審判を行うことになる。労働審判が確定すれば、それに基づいて強制執行することが可能になる。

当事者が労働審判の内容に納得できず一定の期間内に異議申立てをした場合、労働審判はその効力を失って訴訟に移行する。事案が複雑で労働審判手続きを行うことが適当でないと判断した場合にも、訴訟に移行させることができる。

こうして導入された労働審判制は、有効に機能しているようである。最高裁判所によれば、二〇〇六年四月の制度発足から一年間の全国の申立て件数は一一六三件で、うち九一九件は手続きが終わった。完了までの平均日数は七四・二日である。九一九件の内訳は、地位確認四五四件と解雇事件が約半数を占めていた。調停は六六四件、審判一六二件で、八割以上が解決している[20]。

しかし、いくつか問題も残されている。弁護士以外の代理人や相談の受け皿などの点で労働組合の関与を増やし、サポート体制を充実すること、現在は禁止されている証拠書類のコピーの郵送やそれを審理中でも見ることができるようにすることなど[21]、実状に合わせた改善を図っていく必要があろう。

集団的労使関係と労働組合の役割

労働者が一人で解決できない問題は、集団的に解決されなければならない。労働処遇の個別化を反映して個別の労働紛争が増えているが、本来、労働者の処遇や労使紛争の問題は個別ではなく、集団で解決されるべきものである。

すでに述べたように、個人としての労働者は使用者に対抗できない。保存不能という労働力商品の特性によって、もともと使用者と労働者は不平等な関係にある。労働者間の競争もある。これを是正し、対等な関係にするために、労働組合が結成される。これで初めて、労働者は使用者との対等な交渉が可能になる。労働組合の結成と活動の自由の保障、団結と連帯の力による競争の抑制と自主的な交渉力の強化こそが、個々の労働者にとって、本来は強力な〝援軍〟なのである。

労働組合の役割としては、①賃金・一時金・退職金・労働時間などの労働条件を向上させること（経済的機能）、②相互扶助や共済活動などを通じて組合員の福利厚生を高めること（相互扶助機能）、③労働立法や雇用政策形成などへの影響力を行使すること（政治的機能）、④労働者の不満や苦情などを集約して経営者に伝達すること（コミュニケーション機能）、⑤解雇への抵抗や組合員への職業紹介などによって雇用を安定させること（雇用安定機能）、⑥経営のあり方を監視し発言することによってチェック機能を発揮すること（経営参加機能）、⑦組合員の文化・スポーツなどへの要求に応え、独自の取り組みを行うこと（文化的機能）、⑧社会的な影響力の増大や社会貢献をめざしてボランティア活動や平和運動などに取り組むこと（社会的機能）などがある。労使双方へのアンケート調査をもとにした研究でも、「労働組合の結成によって労働条件が向上し、労務管理制度が整備され、さらには労使間のコミュニケーションが改善されたこと」、「労使関係や労務管理の整備や民主化に貢献する」こと、「従業員の権利意識を喚起し、さらには、職場内や従業員内部のコミュニケーション改善にも寄与している」ことが確認されている。[22]

なお、ここで久米郁男によって主張されている労働組合についての誤った理論を批判しておきたい。これらはいずれも、久米の著書『労働政治』の中で展開されているものである。[23]

第一に、「労働組合は労働者の利益を守るために組織される利益団体である」として、労働組合と利益団体とを同一視している点である。確かに両者は、特定の要求に基づいて結成され、その実現をめざして政治に圧力をかけるという点で共通している。

しかし、生産活動に従事する人々を組織する労働組合は、その活動をストップさせることによって要求の実現を図るストライキという強力な闘争手段を持っている。利益団体はこのような手段を持たない。両者には、このような基本的な違いがあるにもかかわらず、ストライキという闘争手段を軽視した結果、この相違が見過ごされている。

第二に、ストライキだけでなく、労働組合における「統一と団結」もまた軽視されている。久米は労働組合における「統一と団結」は、「信念」(24)や「呪縛」(25)であるかのように述べている。「信念」というのは、「統一と団結」は、実はそれほど必要ではないがそう思いこんでいるということであり、「呪縛」というのは、活動を阻害するものであってない方がよいという意味であろう。

これも大きな間違いである。職場における交渉主体として労働組合は法的に代表性を問われる場合がある。「統一」によって過半数以上の労働者を組織することは、極めて大きな意味を持つ(26)。労働組合の持つ最強の闘争手段であるストライキの効果をあげるためには、何よりも「団結」が必要である。職場における代表性やストライキの効果からすれば、「統一と団結」は労働組合の本質的機能を保障する条件にほかならず、必要不可欠なものだといえる。久米においてそれが軽視されているのは、先に見たように、労働組合と利益団体との違いが理解されていないからである。

第三に、久米の主張する経済合理主義路線も誤りである。これは、「経済効率を向上させて、その成果を自分たちのものにもする」[27]という「路線」だが、基本的に「パイの理論」の変形にすぎない。

「経済効率を向上させて、その成果を」増大させるということであれば、生産性向上のための従業員団体があれば済むのであって、労働組合は必要ない。よしんば存在していても、それは労使協力して「経済効率」や生産性の向上をめざす会社組合[28]に変質してしまうにちがいない。久米の主張する経済合理主義路線は、従業員団体にすぎない会社組合への労働組合の変質を誘う極めて有害な理論だと言えよう。

不当労働行為の禁止と団交応諾義務

現代の集団的労働紛争に関する労使関係政策として最も重要な法理は、不当労働行為の禁止と団体交渉（団交）応諾義務である。これらは憲法第二八条で保障された「労働者の団結権ないし労働基本権を具体的に保障するための制度[29]」であり、労使対等性は、このような制度によってはじめて確保される。

ここで重要なことは、第一に、団結権の保障は憲法に基づいており、不当労働行為は労働組合法第七条に違反するだけでなく、憲法違反だということである。したがって、組合運営に対する妨害排除については裁判で争うことができ、司法的救済の道が開かれている。

第二に、このような救済制度は、もともと弱い立場にある労働者を使用者と対等にするためのものであって、不当労働行為が禁止されたり団交への応諾が義務づけられているからといって、使用者の立場を不利にするものではないということである。たとえ司法的救済がなされても、労使の対等性が回復されるだけであって労働者側に有利になるわけではない。

したがって第三に、このような制度は、主として使用者に対して向けられたものであり、このような法理の侵害についての有無は、労働者ではなく使用者側が明らかにするべきだということである。基本的に問題とされるのは、使用者の行為であって労働者の行為ではない。

とりわけ日本の場合、企業別組合という組織形態をとっているため、使用者の介入や干渉を受けやすく、自主性や自立性を欠いた労働組合になりやすいという傾向がある。これを防止するうえで、不当労働行為の禁止が持っている意味は大きい。しかし、現状では不当労働行為は日常茶飯事であり、現行の労働組合法第七条が有効な機能を発揮しているとは言いがたい[30]。これを是正し、効果を高めるためには、以下の点が重要であろう。

第一に、不当労働行為自体を違法とし、それを行った使用者に対して刑罰などの制裁を加える直罰主義と、不当労働行為に対する救済命令によって元の状態の回復をめざす原状回復主義とを併用することである。現状の労働組合法は後者の原状回復主義をとっており、労働者の事後的救済という点では効果を上げているが、不当労働行為自体を反社会的行為として予防する点で十分ではない。不当労働行為の繰り返しや目に余る組合介入に対しては、それ自体を犯罪として取り締まり、直罰主義を部分的に導入することが必要であろう。

第二に、不当労働行為の認定に当たっては、できるだけ幅広く解釈するべきである。労働組合活動に対する干渉や妨害、団結権などを侵害する使用者の行為の一切が不当労働行為である。

第三に、このような行為を行う使用者概念についても、できるだけ幅広く解釈しなければならない。職制による反組合的行為については使用者との意思疎通などが客観的事実によって推定される場合には、職制個人の誤りではなく使用者による不当労働行為となる。また、親会社が子会社の組合に行った干渉や介入に対しても、親会社が実質的に使用者的地位に立つ場合には、不当労働行為についての責任を免れることはできず、団交にも誠実に応じなければならない。(31)

第四に、日本企業の合併・買収に乗り出してきている外資系投資ファンド(32)についても団交に応じる義務を課すべきである。この問題について検討した厚生労働省の研究会は「株式の保有割合等で一律に判断できるものではなく、ケースバイケースと言わざるを得ない」(33)との見解を出しているが、投資ファンドに対する規制強化を求める動きもあり、労働者の権利保護の観点から「使用者性」を広く認めるようにする必要があろう。

以上について簡単に言えば、労働組合の自由な活動を阻害するような干渉はすべて禁止されているということであり、実質的に使用者責任を負うべき者はいかなる形でも責任を免れることはできないということである。(34)このように厳格に解釈することは、労働組合の活動を保障し、その自主性や自立性を守り、企業の健全性を保障する。労働組合を弱めることで会社を支配しようなどと考える無能で邪悪な経営者を排除することは、結局は当該企業を救うことになろう。(35)このことを、司法的救済に当たる裁判官も使用者自身も、きちんと理解しなければならない。

なお、労働組合と使用者との関係では、団交拒否が最大の不当労働行為となる。団交は労働組合の中心的機能であり、それを拒否することは労働組合の基本的任務を否認することを意味し、団結自体の否定に結びつくからである。

労働組合に団交を求められたら、使用者は誠実に応じなければならない。団交に応ずることを拒んだり、初めから合意に達する意思がなかったり、協定や協約の締結を拒否することは許されない。団交当事者については幅広く解釈されるべきであり、当事者能力のない者、交渉代表者としての資格を持たない者、交渉権限の範囲を明らかにしない者以外であれば、交渉当事者としての資格がある。また、労働条件と全く関係のない事項以外、経営や管理運営に関するものであっても、それが労働条件に関連する限り、交渉事項とすることができることはいうまでもない。

2　労働者の組織と活動

日本的労使関係の特徴

日本の労使関係については、年功制、終身雇用制、企業別労働組合の三点によって特徴づけられてきた。いわゆる「三種の神器」である。

しかし、年功制と終身雇用制は、第二次世界大戦以前では財閥系などの限られた企業で当初は幹部職員などにしか認められなかった。その後、しだいに基幹熟練労働者層などに拡大されたとはいえ労働者全体にまでは及ばず、戦後でも小・零細企業には当てはまらない。

最近では、選択定年制の導入や能力給の比重の増大など、リストラと雇用の柔軟化、成果主義や業績主義の導入によって終身雇用や年功制は大きな変容を被っている。「三種の神器」のうちの二つは、もはや主要な流れだとは言い難い。

これに対して、「企業別組合の存在は、中小企業までも含めた日本労使関係の無視しえない特徴をなしている。今後かりに年功制や終身雇用制が解体した場合でも、企業別労働組合が自動的に崩壊することはない[36]」と見られている。この点に諸外国との大きな違いがある。

このような企業別組合は、敗戦直後においては「職場単位、事業所単位」に組織されており、一九六〇年代以降、「文字どおりの企業別組合とな」[37]る。また、戦後日本の労働組合のもう一つの特徴は、「ブルーカラーとホワイトカラーが同一の組合に組織された点」、つまり「工職混合」組合だった点にある。

欧米の場合、企業横断的な職能別や産業別組合が一般的である。これとは異なって、戦後日本の労働組合は企業別組織となったのは、何故だろうか。二村一夫に従って説明すれば、以下のとおりになる[38]。

それは第一に、働き生活する場である職場や事業所の仲間と労働組合を結成することこそ、自然であるということである。戦後日本の場合、急速に労働運動が発展したという事情があり、近くの仲間と語らって職場や事業所単位で組合が結成された[39]。また、戦時中の産業報国会が職場や事業所単位で組織されており、それが組合結成の母体になる場合もあった[40]。このように、特別の事情がない限り、企業単位での労働組合の結成は珍しいことではなく、中南米やアジア諸国でも企業別組合は存在している。

第二に、欧米においてこのような企業別組合が一般化しなかったのは、特別の事情があったからである。それは、中世からのクラフト・ギルド、クラフト・ユニオニズムの伝統であった。このような企業の枠をこえて労働条件を規制する伝統と組織が引き継がれ、職能別や産業別の労働組合が結成された。欧米の労働組合における新技術導入への激しい抵抗や職務配置への組合規制、「工職分離」組合などは、クラフト・ユニオニズムの伝統が今日も受け継がれていることを示している。

このように、企業別に組織された日本の労働組合は、企業からの自立性が弱く、労使協調に傾きがちであるという弱点を免れなかった。それは、労使対等原則の弱さ、社会的影響力の弱さに起因する労使自治の弱さ、産業民主主義の立ち後れ、とりわけ公共部門で際だっている労使関係の後進性などの「現在の日本における労使関係の特徴」を生み出しているのである[41]。

集団的労使関係の法的枠組み

戦後日本における集団的労使関係の法的枠組みとして最も重要なのは、労働組合法（旧労組法）である[42]。この法律は一九四五年一二月に成立し、翌一九四六年三月に施行されている。この法律によって、労働組合は日本の歴史上初めて法認され、団結権、団体交渉権、争議権などの労働基本権が、警察、消防、監獄勤務者を除いて認められた。ということは、警察官や消防職員などは労働組合を結成できないということである。ここにすでに、先に指摘した労使関係の後進性が示されている。

一九四六年一〇月には、労働関係調整法も制定された。ここでも注目すべきことは、運輸、郵便、電信・電話、水道、電気・ガス、医療・公衆衛生などの公益事業の争議行為について、関係当事者の調停申請による三〇日間の冷却期間を設け、警察官、消防職員、監獄勤務者、その他の行政・司法の事務に従事する官公庁職員の争議行為を禁止したことである。ここにもまた、労働基本権に対する制限という後進性が示されている。

一九四七年二月のマッカーサー元帥による「二・一ゼネスト」(43)の禁止、同年秋の地域人民闘争(44)から一九四八年の「三月闘争」(45)など、戦後労働運動は高揚を続けた。とりわけ官公労の闘争が盛り上がりを示したその時、七月になって突如として「マッカーサー書簡」が日本政府に示され、これを受けた「政令二〇一号」と一二月の国家公務員法の改定によって、公務員の争議権や団体交渉権が剥奪された(46)。一二月には公共企業体労働関係法（公労法）も制定され、国鉄、専売など公共企業体の争議権が否認され、一九五〇年の地方公務員法制定によって地方公務員の労働基本権も制限された。

このような官公部門における労使関係政策の大変更とともに、一九四九年六月には改正労働組合法と改正労働関係調整法が公布される。[47] その主な内容は、①組合の届出主義を自由設立主義に変更し、労働委員会による資格審査制度を導入すること、②不当労働行為の救済を直罰主義から原状回復主義に改め、労働協約の自動延長条項排除の規定を設けることなどであった。労調法の改正では、調停案受諾後の争議行為の制限等も追加された。

このような改定に対しては、社会党の大矢省三議員が「各条に非常に反動的にして、さらに憲法に違反のおそれのある個所が各所に見うけられるのであります。さらに労働組合にとって重要な、組合の自主性に対してこれらに非常に干渉し、さらに非組合員の資格を拡大致しまして著しく組合の弱体化をねらっているのであります。さらにまたこれが一種の取締り法であるのであります」と批判した。また、共産党の春日正一議員も「この二つの法案に対して絶対反対」を表明した。[48]

以上のような官公労使関係法制の転換と新労働法の制定によって、戦後労使関係法制の基本的な枠組みが形成される。その後、一九五二年四月の占領体制終結にともなって、労働組合法と労働関係調整法の改定があった。また、同年秋の電産争議での電源ストなどを契機として、一九五三年八月に「電気事業及び石炭鉱業における争議行為の方法の規制に関する法律」（スト規正法）が制定されるという変化もあった。

一九八〇年代に入って、さらに大きな変化が生じた。行政改革にともなって、官公労働法制が再編されたからである。一九八五年四月からの電電、専売の民営化、一九八七年四月からの国鉄の分割・民営化、アルコール専売の廃止によって、三公社一現業が廃止された。このため、公労法は国営企業労働関係法となり、公労委は国労委となった後、中労委に統合された。また、二〇〇一年一月の中央省庁の再編にともなって、関連する研究所などが独立行政法人となり、そこで働く人々も国家公務員法の適用外となった。

＊コラム①　「二・一ゼネスト」の中止命令

「二・一ゼネスト」については、中止を伝える井伊弥四郎のラジオ放送が有名である。とりわけ、最後の「わたくしは今、一歩退却、二歩前進の言葉を思い出します。わたくしは声を大にして、日本の働く労働者・農民のためのバンザイをとなえて、放送を終わることにします。労働者、農民、バンザイ!! われわれは団結せねばならない」という言葉は、よく知られている。しかし、この部分は、検閲された原稿にはなく、とっさに付け加えたものであった（井伊弥四郎『回想の二・一スト』新日本出版社、一九七七年、一五一頁）。

この「二・一ゼネスト」に対する中止命令は、ＧＨＱの労働政策の転換点であった。労働運動の促進から抑制へと変化したからである。鹿内信隆サンケイ新聞社長・元日経連専務理事は、「保守反動けしからんということが、ＧＨＱの労働政策の基本でありましたが、その基本傾向が大きく変化し始めたターニング・ポイントは、二十二年一月三十一日のゼネスト中止という指令が出たときからです。ＧＨＱの労働政策というものは、非常に急カーブで変更してきた」と、証言している（「日経連の生い立ちと歩みを語る（座談会）」日経連三十年史刊行会『日経連三十年史』日本経営者団体連盟、一九八一年、七〇八頁）。

公務員の労働基本権問題

米占領軍の指示で一九四八年に公務員のスト権がはく奪されて以来、団結権や団体交渉権が厳しく制限されてきた。このような公務員に対する労働政策はＩＬＯ第八七号の「結社の自由および団結権の保護」条約に反し、一九六五年にドライヤー調査団が報告を行うなど国際的にもたびたび問題になってきた。

こうして、公務員の労働基本権問題は、その後も繰り返し浮上しては消えていった。しかし、二〇〇〇年以降、公務員制度改革が再び取り上げられ、公務員の採用、昇進、処遇、再就職問題とともに、労働基本権の回復問題が浮上してきている。ＩＬＯが三度目の労働基本権付与の勧告にもかかわらず日本政府は現状維持に固執してきたが、成果主義の導入や「官民交流」の拡大を進める中で、これ以上、労働基本権をはく奪することができなくなったとの判断が生まれているためである。

二〇〇七年六月、改正国家公務員法が委員会での採決を省略して本会議で直接採決されるという異例の形で成立し、「官民人材交流センター」での再就職あっせんが導入された。一一月には、政府の有識者会議「公務員制度の総合的な改革に関する懇談会」が報告書の「骨格案」をまとめ、キャリア制度を廃止し、新たな全国異動を想定した総合職（企画職）試験と地域ブロック内の一般職（執行職）試験など「幹部候補育成課程」を導入することなどを提言した。

このような公務員改革の動きと並行して、政府の行政改革推進本部専門調査会は二〇〇七年一〇月に非現業公務員に労働協約締結権を付与することを明記した報告書をまとめた。これは戦後六〇年にわたる労働運動の焦点となってきた労働基本権回復の面で重要な一歩となるものだったが、労働協約締結権と一体不可分の関係にある争議権について両論併記にとどめるなどの不十分さもあった。

争議権が保障されてこそ、団体交渉権も有効に機能する。消防職員や監獄職員への団結権付与を見送ったことも、国際的流れに反するものである。労働協約締結権を早期に具体化するとともに、両論併記となった課題でも公務員労働者の労働基本権を全面的に回復することが必要であろう。

＊コラム② 消防士の労働組合とストライキ

私は二〇〇〇年九月から二〇〇一年八月末までの一年間、アメリカのハーバード大学ライシャワー日本研究所に客員研究員として留学したことがある。その機会に、「ハーバード・ユニオン・プログラム」と呼ばれる六週間の労働組合幹部教育コースにオブザーバーとして参加した。この「プログラム」は、日本との戦争が続いていた一九四五年以前から始まっており、アメリカの「底力」を感じたものである。

このときの「同級生」は、日本から参加した六人を含む約四〇人だった。ほとんどがアメリカとカナダからだったが、なかにはカナダの消防士もいたし、初日に私の隣の席に座って自己紹介したのはニューヨークの刑事だった。いずれも、労働組合の中堅幹部である。消防士も警察官も、団結権を行使して組合を結成できるだけではない。団体行動権も持っていて、ストを行うこともある。

この後、イギリスでは実際に消防士がストに突入するということがあった。二〇〇二年一一月一三日、イギリスの消防士組合五万人が大幅賃上げを求めて四八時間のストライキに突入し、一一月二二日には第二波のストに入ったのである。全国的な消防士のストは二五年ぶりだというから、それ以前にもストがあったことになる。

戦前の労働運動

日本における労働運動は、一八九七年に高野房太郎・片山潜らによって結成された労働組合期成会を起源にしている。これは、労働組合そのものではなく労働組合を結成することをめざす団体であった。この働きかけで、日本最初の労働組合として鉄工組合が結成される。したがって、日本における労働組合と労働運動の歴史は、すでに一世紀以上の長きに渡っているのである[49]。

しかし、戦前における労働運動は、天皇制政府の敵意と弾圧の下で、苦難の歩みを強いられる。一九〇〇年には治安警察法が制定され、団結権、団体交渉権、争議権は全面的に禁止され、労働組合期成会も一九〇二年ごろには自然消滅した。

しかし、それでも労働運動の火は消えず、一九一二年には鈴木文治などによって「友愛会」が結成された。これは次第に労働組合化して日本労働総同盟となり、後の「日本労働組合総同盟」の母体となる[50]。一九二〇年五月二日（日曜日）にはわが国最初のメーデーが上野公園で開催され、一九二一年には川崎・三菱争議団による戦前最大の三万五〇〇〇人による神戸市内デモが行われた。

一九一七年のロシア革命の後、労働運動を危険視した政府の弾圧は激化し、一九二二年には日本共産党が創立されたが、一九四五年までは非合法状態に置かれた。翌一九二三年九月の関東大震災直後には労働組合の指導者が虐殺される亀戸事件も勃発した。また、一九二五年には、普通選挙法とともに治安維持法が制定される。

一九二〇年代の後半から一九三〇年代にかけて、戦前の労働運動は大きな盛り上がりを示し、一九三一年の労働争議件数は二四五六件と戦前の最高を記録した。一九二五年には左派の日本労働組合評議会（評議会）[51]が結成され、一九二八年には治安警察法によって解散させられるものの、日本労働組合全国協議会（全協）として再建された。しかし、それでも労働組合組織率は一九三一年に七・九%、組織労働者数は一九三六年に四二万人となったのが最高である。結局、戦前の労働運動は大衆的な広がりを獲得するには至らず、一九四〇年には総同盟をはじめ全ての労働組合が解散に追い込まれた。

戦後の労働運動

一九四五年の敗戦を機に、日本の労働運動をめぐる環境は激変した[52]。労働組合の結成と自由な活動が奨励されたからである。労働組合は職場や事業所単位に結成され、一九四六年の組織率は約四〇%、組合員数も約四〇〇〇万人を数える。ストライキが頻発し、しばしば激しい行動を伴った。

当初の労働運動の主導権を握ったのは、右派の日本労働総同盟(総同盟)ではなく、左派の全日本産業別労働組合会議(産別会議)である[53]。その運動のピークは一九四七年二月一日に計画された「二・一ゼネスト」で、官民合わせて数百万人が参加する予定だった。しかし、前述のように、GHQによって禁止され、以後、労働運動に対する取り締まりも強まっていく。この政策転換によって右派・中道系の組合が力を強め、産別会議内でも共産党の影響を排除しようとする産別民主化同盟(民同)の活動が始まる。

その結果、一九五〇年には民同勢力と右派勢力、中道勢力が合同して日本労働組合総評議会(総評)が結成された[54]。当初は中道的・労使協調的な傾向を持っていた総評は、朝鮮戦争や旧日米安全保障条約の締結を機に盛り上がった反戦・平和運動などに影響されて左傾化し、「ニワトリからアヒルへ」といわれるような転換を遂げた。

　一九五二年のサンフランシスコ講和条約の発効によって占領状態は終わり、経済の拡大と産業合理化が進み、炭労や電産などによる大規模ストが頻発する。総評を中心とする労働運動は先鋭化し、「昔陸軍、今総評」といわれるような状況が生まれた。一九五五年ごろからの神武景気で高度経済成長が始まり、春に賃金引き上げをめざして運動を集中する「春闘」も開始される。当初は総評と中立労連傘下の労働組合が中心だったが、一九六〇年ごろになると全日本労働組合会議（全労会議）[55]や全国産業別労働組合連合（新産別）[56]からの参加も相次いだ。

　一九五九年から一九六〇年にかけての三池争議と安保闘争は労働運動にとっても大きな転換点となった[57]。とりわけ、「総労働対総資本の闘い」と言われた三池争議は、死者も出る激しい闘争が展開されたが、組合側の敗北に終わる。一九六〇年代を通じて経済は急速な成長を遂げ、次第に労使の協力をめざす「協調的労働運動」が主流となる。一九六四年には全日本労働総同盟（同盟）が結成され[58]、一九六八年には民間労働組合の組織率で同盟が総評を上回った。高度経済成長と春闘の定着で労働者の賃金は上がり、雇用も安定していく。

　しかし、一九七三年の第一次オイルショックによって高度経済成長は終わり、経済は戦後初のマイナス成長となった。雇用情勢は悪化し、賃上げ闘争に代わって生活防衛闘争が始まる。七五年のスト権ストの敗北によって、公務労働運動も守勢にまわる。労働運動は争議よりも労使交渉を重視するようになり、労使関係の安定化は進んだが、労働者の組合離れを生むことになった。一九四九年に五五・八％という最高を記録した労働組合組織率は、その後急激に減少し、一九五三年以降、一九七五年まで三五％前後で上下を繰り返す。

このようななかで、右派労働組合を中心に労働戦線統一の動きが生じ、一九八二年に全日本民間労働組合協議会（全民労協）が発足する。これを母体に、一九八七年には全日本民間労働組合連合会（民間連合）が誕生し、その二年後の一九八九年には官公労組も合流して日本労働組合総連合会（連合）が結成された。[59] 同時に、これを右翼的統一と批判する総評内左派組合によって、全国労働組合総連合（全労連）と全国労働組合連絡協議会（全労協）が生まれる。[60] このように、労働戦線統一運動は、新たな分裂を生む結果となった。[61]

一九九〇年の冷戦終結やソ連・東欧の消滅とともに日本の労働運動も力を弱めていく。バブル崩壊によって「失われた一〇年」と呼ばれる長期不況に突入し、企業の倒産やリストラが相次ぎ、終身雇用や年功序列などが見直されていった。しかし、連合は効果的な運動を展開できず、組合員の減少も食い止められなかった。成果・業績主義の導入や非正規雇用者の増加などに対しても対応できず、労働組合組織率は二〇〇五年に初めて二割を割り、二〇〇七年現在では一八・一％にまで低下した。[62] 労働争議も壊滅状態で、労働組合の政治的・社会的影響力も弱まっている。

このようななかで、フリーターや派遣社員、非正規社員は過酷な労働環境の下におかれ、正規雇用者だけを組合員としてきた労働組合も、非正規雇用者の組織化に乗り出した。「反貧困」の運動が始まり、社会運動と提携した社会的労働運動や個人加盟の地域ユニオン、職業別ユニオンなどのユニオン運動という新しい芽も生まれてきている。このような新たな動きがどのように成長し、花を咲かせて実をつけることができるのか。今後の展開が注目される。

現代日本の労働組合

日本の労働組合は、すでに述べたように、通常、各企業ごとに組織されており、企業別組合（単組）と呼ばれる。大企業では、関連会社の組合が集まって、企業連（企連）を形成する。このような企業別組合や企連が産業別に集まれば単位産業別組合（単産）となる。そして、この産業別組合の連合体が労働組合全国組織（ナショナルセンター）である。

戦後労働組合中央組織の変遷は、図3－3のようになっている[63]。現在は、連合[64]と全労連[65]という二つのナショナルセンターと全国労働組合連絡協議会（全労協[66]）という「連絡・共闘組織」がある。連合は民主党[67]を基軸に社会民主党（社民党[68]）とも提携し、全労連は「政党からの独立」を掲げて特定の政党支持を打ち出していないが、日本共産党[69]と友好関係にある。全労協は社民党とともに新社会党[70]との関係が深い。

連合は、総評、同盟、中立労連、新産別の「労働四団体」が合流して一九八九年一一月に結成された。結成時は七四単産、四友好組織、七九八万人が加盟し、二〇〇六年一二月現在では、五三単産、一オブザーバー加盟単産、二友好組織や地域ユニオンなど六六三万人となっている[71]。各都道府県には地方連合会があり、その下部組織は地域協議会（地協）である。二〇〇六年一二月現在、四

図3－3　戦後労働組合中央組織の変遷

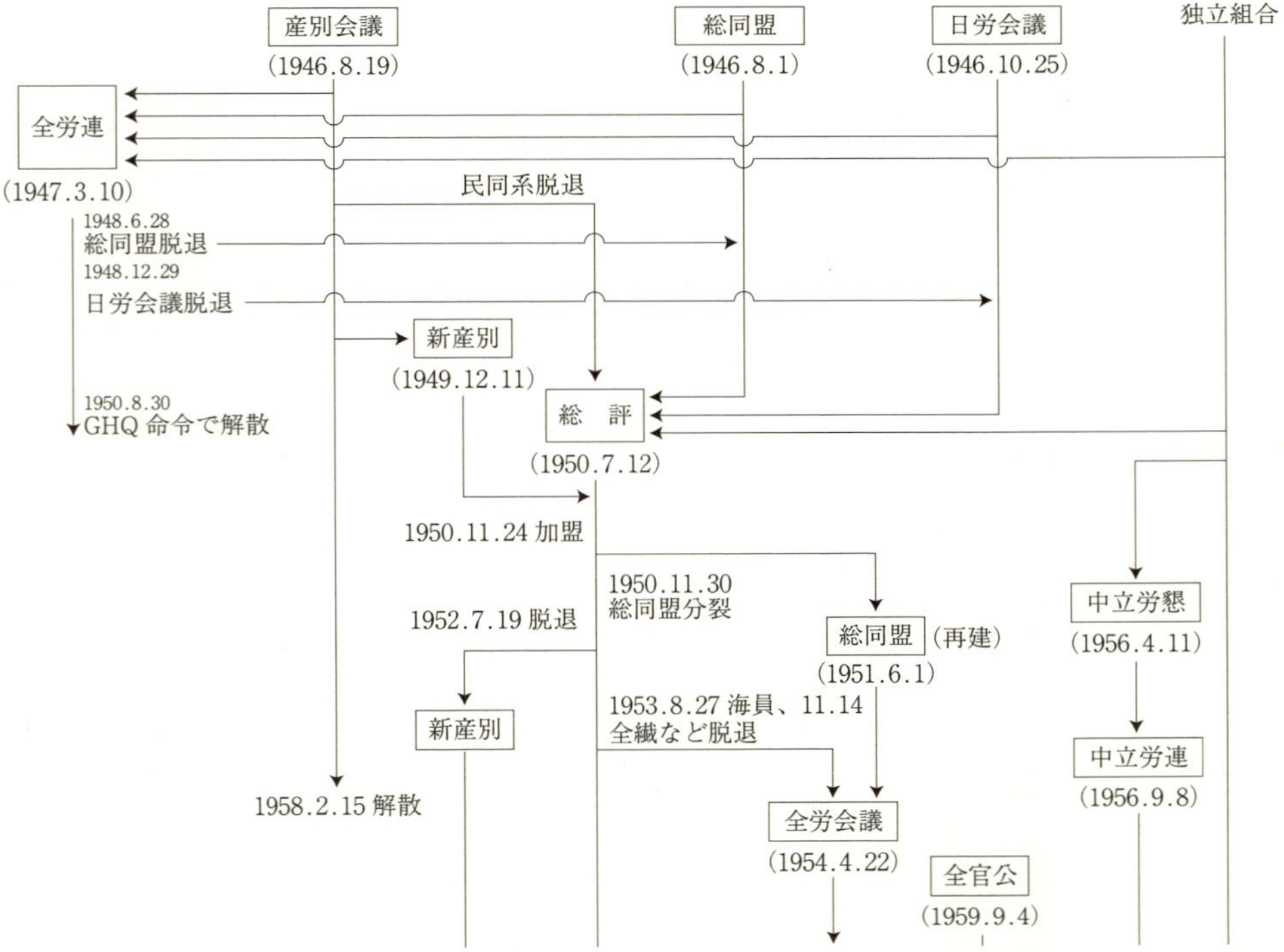

産別会議
(1946.8.19)
総同盟
(1946.8.1)
日労会議
(1946.10.25)
独立組合
全労連
(1947.3.10)
民同系脱退
1948.6.28
総同盟脱退
1948.12.29
日労会議脱退
新産別
(1949.12.11)
1950.8.30
GHQ 命令で解散
総　評
(1950.7.12)
1950.11.24 加盟
1950.11.30
総同盟分裂
1952.7.19 脱退
総同盟（再建）
(1951.6.1)
中立労懇
(1956.4.11)
1953.8.27 海員、11.14
全繊など脱退
新産別
中立労連
(1956.9.8)
1958.2.15 解散
全労会議
(1954.4.22)
全官公
(1959.9.4)

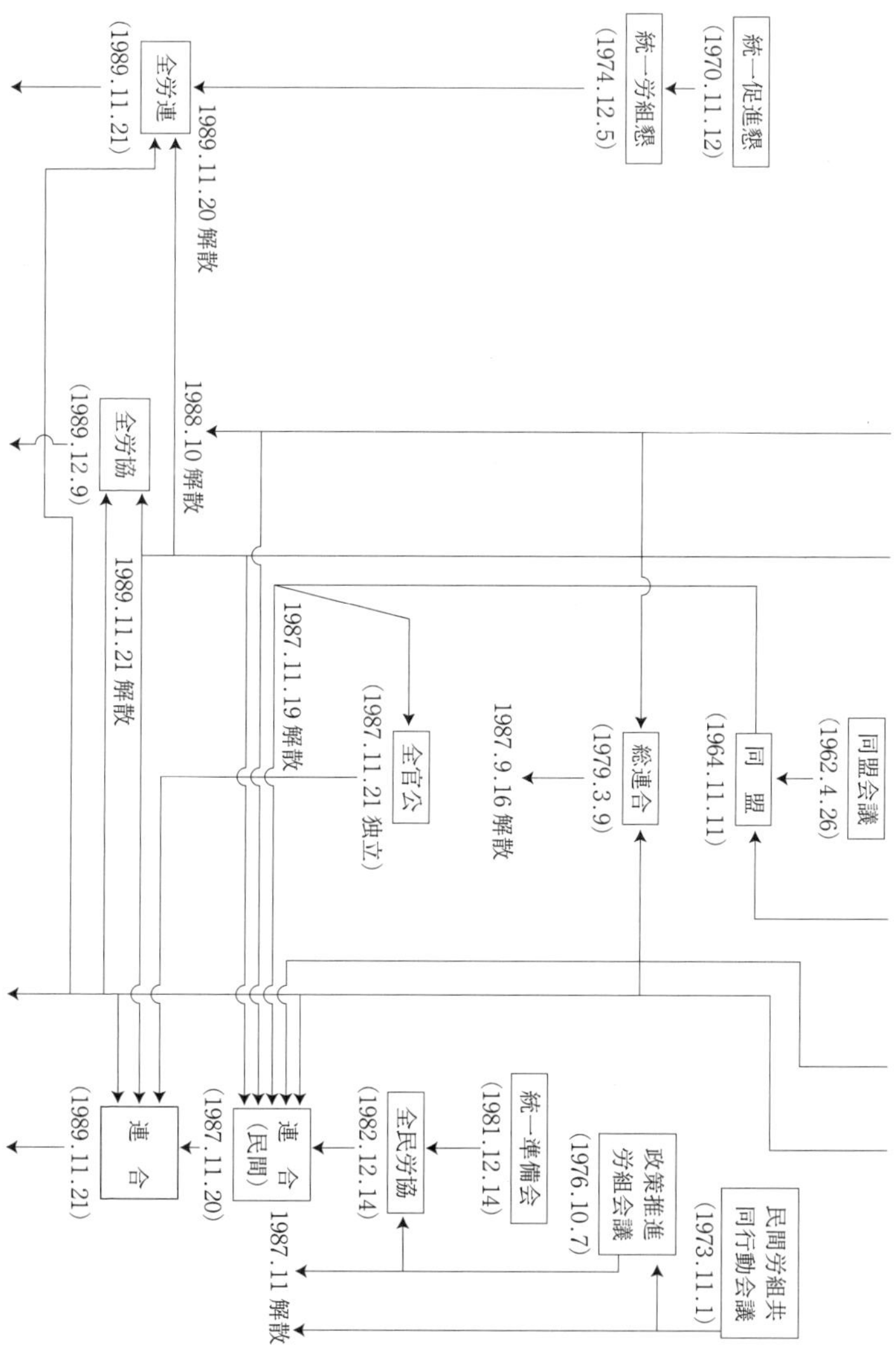

出典）法政大学社会問題研究所編『日本労働運動資料集成』別巻（旬報社、2007年）214頁。

〇三地協が結成されている。

全労連は、連合結成と同じ日に誕生し、自治労から脱退した自治労連、日教組から脱退した全教が加わった。二〇〇六年現在、二一単産、一オブザーバー単産、一二六万人が加盟し、地方組織は四七都道府県に設置されている。

全労協は、労働組合のナショナルセンターではなく「連絡・共闘組織」とされ、太田薫元議長・岩井章元事務局長・市川誠元議長の「総評三顧問」が作った労働運動研究センターが母体である。都労連や国労などを中心に二五万人が加盟している。

このほか、次に述べるグローバル労連の日本国内の組織として、金属関係単産で構成する全日本金属産業労働組合協議会（金属労協、ＩＭＦ－ＪＣ）[72]、化学関連単産が加盟する日本化学エネルギー鉱山労働組合協議会（ＩＣＥＭ－ＪＡＦ）、商業労連・自動車労連・ゼンセン同盟・損保労連の四単産による国際商業事務専門職技術労連日本加盟組織連絡協議会（ＦＩＥＴ－ＪＬＣ）がある。

労働組合の国際組織

労働組合は各国にあり、国際的な中央組織も存在している。[73]二〇〇六年まで、国際自由労連（ＩＣＦＴＵ）と国際労連（ＷＣＬ）という二つの国際的中央組織が存在していたが、これらの組合と中立系の組合が糾合し、二〇〇六年一一月の大会で国際労働組合総連合[74]（ＩＴＵＣ：International Trade Union Confederation）という新たな国際的な中央組織が誕生した。[75]ここに至る国際労働組合組織の変遷は図３－４のようになっている。

新たに誕生したＩＴＵＣは、国際自由労連（ＩＣＦＴＵ）の後継組織というわけではない。その解散・新設という形をとっているだけでなく、ＩＣＦＴＵとは「階級的視点・立場の有無という点での原則的相違、掲げた諸目標に向けて闘う、闘争するという戦闘的・実践的組織を自任するのか、加盟諸組織の取り組みや闘いに関して協議、支持、連帯することに限定するのかという、質的な違い」がある。また、「国際自由労連の規約前文と目標で強調されていた『全体主義』反対（闘争）――事実上の反共主義条項――が、国際労働組合総連合の文書では、姿を消したのも大きな変化」であった。(76)

このＩＴＵＣは、グローバル労連（ＧＵＦ：Global Union Federations）と提携関係にある。ＧＵＦは、かつての産業別書記局（ＩＴＳ）で、国際建設・林産労組連盟（ＢＷＩ）、教育インターナショナル（ＥＩ）、国際化学・エネルギー・鉱山一般労連（ＩＣＥＭ）、国際ジャーナリスト連盟（ＩＦＪ）、国際金属労連（ＩＭＦ）、国際運輸労連（ＩＴＦ）、国際繊維被服皮革同盟（ＩＴＧＬＷＦ）、ユニオン・ネットワーク・インターナショナル（ＵＮＩ）、国際公務労連（ＰＳＩ）、国際食品関連産業労働組合連合会（ＩＵＦ）の一〇組織で構成されている。

このほか、ＩＣＦＴＵ、ＧＵＦ、ＯＥＣＤ－ＴＵＡＣ（Trade Union Advisory Committee to the OECD：経済協力開発機構労働組合諮問委員会）(77)の三組織によるグローバルユニオンという組織も存在している。急速なグローバル化が進む中で、協力関係を一層強化して国際労働運動を強めること

組合組織の変遷

各分野の産業別国際組織

↓

ICFTU 系国際産業別組織（GUF）

（ITS を2000年、グローバルユニオン評議会の設立により GUF と改称）

両者、相互協力協定

（ミラノ協定1951年）

- 国際建設・林産労組連盟　(BWI)
- 教育インターナショナル（EI）
- 国際化学・エネルギー・鉱山一般労連（ICEM）
- 国際ジャーナリスト連盟（IFJ）
- 国際金属労連（IMF）
- 国際運輸労連（ITF）
- 国際繊維被服皮革同盟（ITGLWF）
- ユニオン・ネットワークインターナショナル（UNI）
- 国際公務労連（PSI）
- 国際食品関連産業労働組合連合会（IUF）

↓

ITUC は GUF の評議会設立を承認し、自主性と責任を認め連携強化の方法を GUF と協議決定へ

国際労連（WCL）

（1920年結成、旧称国際キリスト教労連）

↓

WCL系国際産業別組織

- 国際建築・木材労働者連盟（WFBWU）
- 国際産業労働者連盟（WFIW）
- 国際農業、食料、ホテル、旅行業労働者連盟（WFAFW）
- 国際公務従業員連盟（INFEDOP）
- 国際運輸労連（FLOST）
- 国際繊維被服労連（IFTC)
- 国際教員連盟（WCT）
- 国際事務労働者連盟（WFCW）
- 国際プロスポーツ選手連盟（AICPRO-SPORTA）

234頁。

図3－4　国際労働

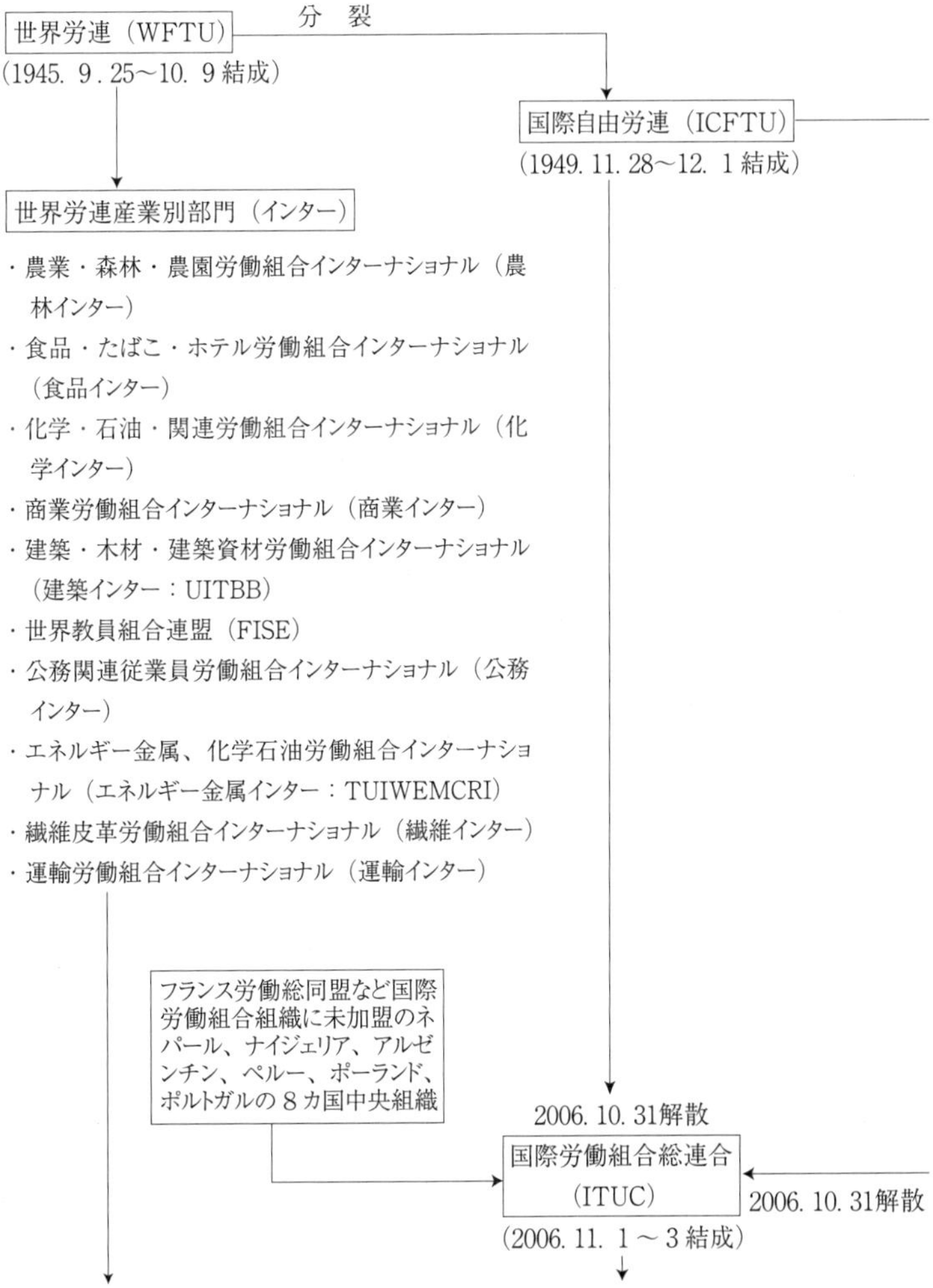
分　裂
世界労連（WFTU）
（1945. 9 . 25～10. 9 結成）
国際自由労連（ICFTU）
（1949. 11. 28～12. 1 結成）
世界労連産業別部門（インター）
・農業・森林・農園労働組合インターナショナル（農林インター）
・食品・たばこ・ホテル労働組合インターナショナル（食品インター）
・化学・石油・関連労働組合インターナショナル（化学インター）
・商業労働組合インターナショナル（商業インター）
・建築・木材・建築資材労働組合インターナショナル（建築インター：UITBB）
・世界教員組合連盟（FISE）
・公務関連従業員労働組合インターナショナル（公務インター）
・エネルギー金属、化学石油労働組合インターナショナル（エネルギー金属インター：TUIWEMCRI）
・繊維皮革労働組合インターナショナル（繊維インター）
・運輸労働組合インターナショナル（運輸インター）
フランス労働総同盟など国際労働組合組織に未加盟のネパール、ナイジェリア、アルゼンチン、ペルー、ポーランド、ポルトガルの８カ国中央組織
2006. 10. 31解散
国際労働組合総連合
（ITUC）
2006. 10. 31解散
（2006. 11. 1～3 結成）

出典）法政大学大原社会問題研究所編『日本労働運動資料集成』別巻（旬報社、2007年）

を目的とし、ＩＬＯや経済協力開発機構などでの国際労働基準の設定や世界レベルの労働問題の解決のために大きな役割を果たしている。

このグローバルユニオンは、二〇〇〇年に南アフリカで開催された第一七回ＩＣＦＴＵ世界大会で生まれ、二〇〇四年に日本の宮崎で開催されたＩＣＦＴＵ第一八回世界大会は、新たに「国際労働運動の共通のアイデンティティの下で、ＧＵＦ、ＯＥＣＤ－ＴＵＡＣとの共同行動を発展、強化すること」を「目標」とした。

その後、二〇〇六年のＩＴＵＣ結成大会で、グローバルユニオンを更に発展させた枠組みとしての「グローバルユニオン評議会（Global Union Council）」の結成が確認され、二〇〇七年一月に結成総会が開催された。これには、ＩＴＵＣ、ＧＵＦから国際金属労連（ＩＭＦ）を除いた九組織、国際産業別労働組合組織の国際芸術・エンターテインメント連盟（ＩＡＥＡ）、ＯＥＣＤ－ＴＵＡＣが加わっている。

なお、このほかにも世界労連(78)（ＷＦＴＵ）という国際的な中央組織も存在している。これには主に旧社会主義国や第三世界の労働組合が参加しており、一九九〇年前後のソ連・東欧の崩壊以降、急速に力を弱めている。

使用者にとっての労働組合の有用性

労働者と使用者との利害は対立している。しかし、一方は他方を必要とし、一方の衰退は他方の衰退をもたらすという関係にある。労働組合と使用者（企業経営者）との関係も同様である。

したがって、経営者にとって労働組合は煩わしく、うるさい存在かもしれないが、かといって、なければよいというわけではない。労働組合の不在は健全な企業経営を阻害するのであり、経営者にとっても労働組合の存在は有用なのである。

第一に、労働組合の活動によって経営者は労働者の不満や要求を知ることができる。問題が深刻化し、労使関係が悪化する以前に、労働組合との交渉を通じて、これらの不満や要求を解決することも可能である。そのことによって労働者の働く意欲を高めることができれば、生産性を向上させ、ひいては企業業績を高めることに結びつくだろう。

第二に、もし労働組合がなければ、このような不満や要求に対して、経営者は個別に対応しなければならない。労働組合の存在は、このような手間を省き、問題を一挙に解決してくれる。個別的な労働紛争の解決より、制度化された集団的労使関係による紛争解決の方が容易であり、手間暇を節約することができる。

第三に、労働組合の問題指摘や要求活動によって企業経営の問題点や過ちを事前に回避することができる。とりわけ、創業者一族によるワンマン経営などの場合、このような経営に対する労働組合のチェック機能は重要な意味を持つ。強力な経営陣による専制的構造が懸念されるような場合にも、労働組合の存在と発言は企業内部の権力構造を多元化し、風通しの良さを生み出すうえで大きな意味を持つだろう。

第四に、労働組合の活動によって、企業内部の問題が深刻化する前に解決できるようなシステムが確立していれば、結局は、社会の統合と安定にも役立つことになろう。このような社会のあり方は順調な企業活動の前提であり、究極的には企業の利益となる。

第五に、このようにして働く人々が希望に満ち、生き甲斐を感じて働き生活することができれば、消費活動も活発になるだろう。不安が少なければ、将来に対して蓄える必要も減少する。労働組合の活動による雇用や収入の安定は、豊かな国内市場の形成に役立つのである。

したがって、使用者（経営者）が労働組合を敵視するのは、大きな誤りである。その存在は、資本主義社会においては内在的要因として前提されている。このような経済制度の下では、労使は経営と生産における同等の自立したパートナーとして、お互いを尊重する態度が必要なのである。

注

（1）熊沢誠『民主主義は工場の門前で立ちすくむ』（田畑書店、一九八三年）参照。

（2）たとえば、金子雅臣『パワーハラスメントなんでも相談――職場のいじめ・いやがらせで困っていませんか』（日本評論社、二〇〇五年）、岡田康子『上司殿！ それは、パワハラです』（日本経済新聞社、二〇〇五年）、金子雅臣『職場いじめ――あなたの上司はなぜキレる』（平凡社新書、二〇〇七年）などを参照。

（3）青木孝監修『セクシュアルハラスメントをしない、させないための防止マニュアル』（小学館、二〇〇七年）一一六頁。

（4）たとえば、鐘ケ江晴彦・広瀬裕子編著『セクシュアル・ハラスメントはなぜ問題か――現状分析と理論的アプローチ』（明石書店、一九九四年）、福島瑞穂ほか『セクシュアル・ハラスメント 新版』（有斐閣選書、一九九八年）、奥山明良『職場のセクシュアル・ハラスメント』（有斐閣叢書、一九九九年）、日経連広報部編『セクシュアル・ハラスメント』（日経連広報部、一九九九年）などを参照。

（5）青木孝監修、前掲書、一二頁。

（6）小笠原信之『塀のなかの民主主義』（潮出版社、一九九一年）六〇～六一頁。

（7）このような裁判については、中電人権侵害・思想差別撤廃の闘いを支援する会『黄色いゼッケン――中電人権裁判闘争の九年』（一九八四年）、関西電力人権裁判争議団・松井繁明『思想の自由は奪えない　関電人権裁判闘争の記録』（新日本出版社、一九九六年）、東京電力差別撤廃闘争支援共闘会議中央連絡会議『きりひらこうあしたを　東京電力と一九年二カ月　東京電力思想差別撤廃闘争総括集　一九七六・一〇・一三～一九九五・一二・二五』（一九九六年）、東京電力人権裁判統一弁護団『闘ってこそ自由勝利して本当の自由――東京電力人権裁判闘争の総括』（一九九六年）、浜崎豊子『花、風にひらく――人権裁判と家族たち』（中部電力人権裁判争議団家族会、一九九七年）、中部電力人権争議支援共闘会議『光は束となって――中部電力人権裁判闘争の二二年』（一九九九年）、関西電力争議全関西連絡会議『良心の灯燃やしつづけて　職場に憲法の風を　関西電力人権・賃金差別争議報告集』（関西電力争議団支援東京連絡会議、二〇〇〇年）、日立争議支援中央連絡会・日立共同要求提出争議団『日立争議総括集』（二〇〇一年）、安川電機争議支援共闘会議ほか『職場に自由と民主主義の旗をかかげて――安川差別争議報告』（二〇〇一年）などを参照。

（8）増田弘『公職追放論』（岩波書店、一九九八年）三三六頁。

（9）このレッドパージによって、「一九五〇年のみで、一万三〇〇〇人を超す人々」が職場から追い出された（三宅明正『レッドパージとは何か――日本占領の影』大月書店、一九九四年、vi頁）。このほか、塩田庄兵衛『レッドパージ』（新日本新書、一九八四年）、宮本和雄『レッド・パージ――忘れてならぬ歴史の教訓』（レッド・パージ国家賠償要求同盟、一九九二年）、平田哲男『レッド・パージの史的究明』

（新日本出版社、二〇〇二年）なども参照。

(10)　一九五〇年一月六日付のコミンフォルム機関誌『恒久平和と人民民主主義のために』に掲載された論文「日本の情勢について」が野坂参三共産党政治局員を名指しで批判したことをきっかけに、共産党は徳田球一らの「所感派」と宮本顕治らの「国際派」とに分かれて分裂状態に陥った。前者は「山村工作隊」や「中核自衛隊」などの非公然組織を作って「火炎瓶闘争」を行うなどの「極左冒険主義」に走るという誤りを犯した。この分裂は一九五五年の第六回全国協議会で克服された（日本共産党中央委員会『日本共産党の八十年』日本共産党中央委員会出版局、二〇〇三年、一〇〇頁以降、参照）。

(11)　一九六四年四月一七日に予定されていた春闘のストライキに対し、共産党はアメリカがたくらむ「挑発スト」だとして反対するという誤りを犯した。共産党は七月の中央委員会総会と一一月の第九回党大会でこれを自己批判した（同前、一六八〜一六九頁、参照）。

(12)　これについて詳しくは、木下武男「産業別全国組織の分裂・再編と民間『連合』への道のり」大原社会問題研究所編『〈連合時代〉の労働運動——再編の道程と新展開』（総合労働研究所、一九九二年）参照。

(13)　ただし、二〇〇七年の臨時国会で成立した労働契約法によって、使用者は就業規則の作成または変更について、その事業場に労働者の過半数で組織する労働組合がある場合には労働組合の、労働者の過半数で組織する労働組合がない場合には労働者の過半数を代表する者の意見を聴くことと定められた。これによって、労働組合などの賛成が得られれば、就業規則の不利益変更もできるようになった。

(14)　民法第六二五条第一項［労務に関する権利義務の非融通性］には、「使用者ハ労務者ノ承諾アルニ非サレハ其権利ヲ第三者ニ譲渡スルコトヲ得ス」とある。

(15)　以上のような「労働のルール」と「暴走するリストラ」の下での状況について、詳しくは、坂本修『暴走するリストラと労働のルール』（新日本出版社、二〇〇二年）参照。

(16)　中野麻美『労働ダンピング——雇用の多様化の果てに』（岩波新書、二〇〇六年）三六頁。

(17) これについては、厚生労働省大臣官房地方課労働紛争処理業務室編『個別労働紛争解決促進法』（労務行政研究所、二〇〇一年）、厚生労働省大臣官房地方課労働紛争処理業務室編『個別労働紛争解決促進法ハンドブック』（労働調査会、二〇〇一年）などを参照。
(18) 厚生労働省発表（二〇〇六年五月二五日）、「平成一七年度個別労働紛争解決制度施行状況」http://www.mhlw.go.jp/houdou/2006/05/h0525-1.html による。
(19) 鴨田哲郎・君和田伸仁・棗一郎『労働審判制度――その仕組みと活用の実際』（日本法令、二〇〇五年）、菅野和夫ほか『労働審判制度――基本趣旨と法令解説』（弘文堂、二〇〇五年）、清田冨士夫『労働分野の紛争解決制度早わかり――労働審判制度の解説』（労働調査会、二〇〇七年）、などを参照。
(20) 「労働審判制度一年『解決』八割、小さな紛争に威力」（『朝日新聞』二〇〇七年六月二一日付）。
(21) 名古屋地裁など、裁判所によっては、すでにこのようなことが可能になっているという（『日本経済新聞』二〇〇七年七月二三日付）。
(22) 中村圭介・佐藤博樹・神谷拓平『労働組合は本当に役に立っているのか』（総合労働研究所、一九八八年）八八頁。
(23) 久米郁男『労働政治――戦後政治のなかの労働組合』（中公新書、二〇〇五年）二四頁。
(24) 同前、二五四頁。
(25) 同前、二五七頁。
(26) 労働基準法では、たとえば、第一八条二項、第二四条一項、第三六条、第三九条四項などで、「労働者の過半数で組織する労働組合があるときはその労働組合、労働者の過半数で組織する労働組合がないときは労働者の過半数を代表するものとの書面による協定」が定められている。
(27) 久米、前掲書、iv頁。
(28) 「会社組合」とはアメリカなどで見られるカンパニーユニオンのことで、戦闘的労働組合の結成を阻むために会社によって組織される御用組合をいう。

(29) 本多淳亮『労働組合法講話』（青林書院、一九八八年）六七頁。以下の記述は、基本的に本書に拠っている。

(30) 都留康は、不当労働行為の「新規申立・雇用者比率」の推移を検討して「組織率が低下しはじめた一九七五年以降」の減少を指摘し、「少なくとも不当労働行為に表れるかぎりでは、日本で経営側の反組合主義が強まったとはいえないように思われる」と述べている（都留康『労使関係のノンユニオン化――ミクロ的・制度的分析』東洋経済新報社、二〇〇二年、六七頁）。しかし、これは申立件数の推移であって不当労働行為自体の件数を示すものではないこと、申立件数の減少は組合の弱体化や抵抗力の低下を示している可能性もあることを考慮する必要があろう。都留とは逆に、田端博邦は「日本の産業社会には、意外に、アメリカについてみたような組合を忌避する土壌が強いのかもしれない」と指摘している（田端博邦『グローバリゼーションと労働世界の変容――労使関係の国際比較』旬報社、二〇〇七年、二五〇頁）。

(31) たとえば、二〇〇五年三月三一日、高見沢電機信州工場のリストラ問題で、長野地方労働委員会は親会社である富士通の使用者責任を明確に認め、団交に応じなければならないとして不当労働行為に謝罪する文書を労組側に手渡すよう命じた（『しんぶん赤旗』二〇〇五年四月二日付）。

(32) 外資系投資会社による日本企業の買収案件は、「二〇〇七年一～九月で一二七件（合併・買収仲介会社レコフ調べ）と過去最高に上る」という（『朝日新聞』二〇〇七年一〇月一一日付）。

(33) 厚生労働省「投資ファンド等により買収された企業の労使関係に関する研究会報告書」http://www.mhlw.go.jp/shingi/2006/05/s0526-2.html を参照。

(34) 労働組合法上の「使用者性」について、直接の雇用関係がない会社であっても「基本的な労働条件等について、雇用主と部分的とはいえ同視できる程度に現実的かつ具体的に支配、決定することができる地位」にあれば認められるとした朝日放送事件最高裁判決（一九九五年年二月二八日）を参照。

(35) たとえば、秘密労務組織によって戦闘的な労働組合を破壊し、歪んだ労使関係を生み出して企業を腐らせ、ついには牛肉偽装詐欺事件などによって解散に追い込まれた雪印食品の例（吉村宗夫『会社がなくなるとき――雪印食品の企業破壊を許さず』シーアンドシー出版、二〇〇二年）などを参照。

（36）二村一夫「日本労使関係の歴史的特質」『二村一夫著作集』http://oohara.mt.tama.hosei.ac.jp/nk/hstr-lctr.htm を参照。

（37）同前。

（38）二村一夫「第1章　企業別組合の歴史的背景」「日本労使関係の歴史的特質」「戦後社会の起点における労働組合運動」http://oohara.mt.tama.hosei.ac.jp/nk/lhcontents.html#vol.2 などを参照。

（39）これについて、桜田武日経連会長は「当時、GHQのレーバー・セクションが組合を早く設立しろってひどく急いでくるんですよ。ところがなかなかこれができない。……ところで、われわれは昭和の初めごろイギリスへ行ってみて、イギリスの労働組合がいかにストが多いかわかっていた。……一つの工場へ行くと組合が大体一四から一五あるんですよ、業種別ですから。あんなことをしたらとてもだめだと思った。……そういうふうなことをやったんではたまらんから、職種はいくらあっても雇い主が一つなら一つの組合をつくろうじゃないかというのが、そのときの合意でした。

従業員のほうも、それは当然じゃないかというのが企業別組合の設立の初めなんです。松岡さんもこれに非常に同意されて、じゃ、それでいきましょうということになった。それからポンポンポンとできて、登録も早くいった。……

これが企業別労働組合というものができた初めです」と語っている（「日経連の生い立ちと歩みを語る（座談会）」日経連三十年史刊行会編『日経連三十年史』日本経営者団体連盟、一九八一年、七〇三～七〇四頁）。イギリスのようになるのを避けるために、意識的に企業別での組織化を進めたというのである。

（40）これについて、鹿内信隆サンケイ新聞社長は、「私は日本の労働組合は、よその国の労働運動に比して組合の結成率は短時間にいったと思います。その一番大きな原因は、戦時体制のときに産業報国会というものがあって、これが全国の工場を単位にして、完ぺきに近く整備された形があったからだと思います。……思想的にじゃなくて、形式的にはそれが非常に利用されたということがあって、日本の企業別労働組合の結成ができたわけですね。産報組織というものが非常にある意味において影響があったというふうに考えるべきで、これは日本特有の現象じゃないか」と述べている（同前、七〇六頁）。

(41) 早川征一郎「労使関係と社会政策」石畑良太郎・牧野富夫編著『新版 社会政策――構造改革の新展開とセーフティネット』（ミネルヴァ書房、二〇〇三年）一五六頁。

(42) 労働組合法については、山口浩一郎『労働組合法 第2版』（有斐閣法学叢書、一九九六年）、本多淳亮『労働組合法講話』（青林書院、一九九八年）、小林康二編著『活かそう労働組合法――すぐに役立つ組合活動の手引き』（連合通信社、二〇〇〇年）、西谷敏『労働組合法 第二版』（有斐閣、二〇〇六年）、脇田滋『労働法を考える』（新日本出版社、二〇〇七年）などを参照。

(43) 能勢岩吉編著『二・一ゼネスト』（労務行政研究所、一九五三年）、斉藤一郎『二・一スト前後』（青木文庫、一九五六年）、井伊弥四郎『回想の二・一スト』（新日本出版社、一九七七年）、鈴木市蔵『証言 二・一ゼネスト』（亜紀書房、一九七九年）などを参照。

(44) 地域人民闘争は、「実は戦後最大のストライキ闘争、職場闘争、地域闘争として闘われたもの」であった（成島道官「地域人民闘争」佐藤浩一編『戦後日本労働運動史 上』社会評論社、一九七六年、一〇四頁）。篠藤光行「戦略なき戦術の混乱――二・一闘争の挫折から地域人民闘争へ」御園生等・篠藤光行編『日本労働者運動史 五』（河出書房新社、一九七五年）も参照。

(45)「三月闘争」における共産党の労組指導のあり方について、長谷川浩は「本来、このような戦術指導は、共産党員、共産主義者が当然やるべき任務だとしても、それは労働組合の中で、労働組合員として、党外の幹部とともに組合機関の活動としてやるべきものです。組合外から党が指導するということ、指導せざるをえなかったというところに、組合の弱さというよりも党の弱さ、運動全体の未熟さがあったと思います」と指摘している（長谷川浩「一九四八年 全逓・全官公の三月闘争――占領下のストライキ」

『労働運動研究』第二七巻、一九七二年一月、三五頁)。全電通労働組合全電通史編纂委員会・全逓信労働組合全逓史編纂委員会編『全逓・全電通労働運動史資料 第九集 第五回臨時全国大会(金沢)迄の経過(一)(三月闘争)』(一九六四年)も参照。

(46) 詳しくは、竹澤哲夫「政令二〇一号五〇周年と権利闘争の課題一〜四」(『国公労調査時報』第四三一〜四三四巻、一九九八年一一〜一九九九年二月)、早川征一郎「マッカーサー書簡、政令二〇一号の今日的再検討試論」労働運動史研究会編『労働運動史研究』第五五・五六号(労働旬報社、一九七三年)などを参照。

(47) この改定に先んじて、一九四九年二月二日に労働次官から各都道府県知事に「労働組合の資格審査基準について」という通牒が発せられ、厳格な審査を行うべきことを指示し、その際の審査基準が示された。その目的は、「組合を一部少数者及び使用者の支配から守り、組合の自主性、民主性を確立」するためとされていたが、その重点が前者の「一部少数者」による組合支配の防止にあったことは明らかである。

(48) 法政大学大原社会問題研究所『日本労働年鑑』第二三集(一九五一年版)七五五〜七五八頁。

(49) 一八九七年からの日本の労働運動の歴史については、法政大学大原社会問題研究所編『日本の労働組合一〇〇年』(旬報社、一九九九年)で概観できる。そのほか、大河内一男・松尾洋『日本労働組合物語 明治・大正・昭和』(筑摩書房、一九六五年)、犬丸義一・中村新太郎『物語日本労働運動史』上・下(新日本出版社、一九七四・七七年)、樋口篤三『日本労働運動――歴史と教訓』(第三書館、一九九〇年)なども参照。

(50) 詳しくは、刊行委員会編『総同盟五十年史』第一巻〜第三巻(一九六四年・六六・六八年)、天池清次『友愛会・総同盟運動史――源流をたずねて』(民社党教宣局、一九九〇年)などを参照。

(51) 伊藤晃『日本労働組合評議会の研究――一九二〇年代労働運動の光芒』(社会評論社、二〇〇一年)参照。

(52) 戦後日本の労働運動史については、塩田庄兵衛・中林賢二郎・田沼肇『戦後労働組合運動の歴史』(新日本新書、一九八二年)、大河内一男・松尾洋『日本労働組合物語』戦後一・二(筑摩書房、一九七三年)、刊行委員会編『ものがたり戦後労働運動史』一〜一〇(教育文化協会、一九九七年〜二〇〇〇年)、などを参照。

(53) 産別会議結成の経緯については、法政大学大原社会問題研究所編『証言 産別会議の誕生』(総合労働研究所、一九九六年)参照。

(54) 総評については、労働運動史編纂委員会編『総評労働運動の歩み』(総評資料頒布会、一九七五年)、総評四十年編集委員会『総評四十年』(総評資料頒布会、一九八九年)、編纂委員会編『総評四十年史』第一〜三巻(第一書林、一九九三年)、などを参照。

(55) 全日本労働組合会議編『全労会議一〇年のあゆみ』(一九六四年)参照。

(56) 新産別二十年史編纂委員会編『新産別の二十年』一〜二(一九六九〜七〇年)、全国産業別労働組合連合編著『新産別の二十年 続』(続・新産別の二十年刊行会、一九八八年)などを参照。

(57) この点については、清水慎三「三池争議小論――八〇年代からの再論」清水慎三編著『戦後労働組合運動史論――企業社会超克の視座』(日本評論社、一九八二年)参照。

(58) 同盟については、同盟史刊行委員会『同盟二十三年史』上巻・下巻(同盟史刊行委員会、一九九三年)を参照。

(59) 詳しくは、連合運動史刊行委員会『連合運動史』第一〜三巻(教育文化協会、一九九七・二〇〇〇・二〇〇五年)、連合『「力と政策」から「力と行動」へ――連合政策・制度一〇年の歩み』(日本労働組合総連合会、一九九九年)、高梨昌・鷲尾悦也・加藤敏幸編『「連合」のすべて』(エイデル研究所、一九九〇年)、藁科満治『連合築城――労働戦線統一はなぜ成功したか』(日本評論社、一九九二年)などを参照。

(60) 詳しくは、全国労働組合総連合『全労連資料史――誕生から二一世紀へ』(二〇〇〇年)、猿橋真『全労連とはどういう労働組合か――その結成の意義と展望』（学習の友社、一九九〇年）、全国労働組合総連合『全労連の政策と要求』（一九九〇年）などを参照。

(61) 拙稿「新たな分裂」『週刊金曜日』編『この国のゆくえ――殺される側からの現代史』（週刊金曜日、二〇〇六年）、法政大学大原社会問題研究所編『〈連合時代〉の労働運動――再編の道程と新展開』（総合労働研究所、一九九二年）などを参照。

(62) 厚生労働省「労働組合基礎調査」によると、二〇〇七年六月現在の労働組合組織率は、前年を〇・一ポイント下回り、低下傾向に変わりなかったが、労働組合員数は一〇〇八万人で前年比三万九〇〇〇人（〇・四％）増となって一三年ぶりに増加に転じ、注目された。

(63)「戦後日本の労働組合」について、概括的には、拙著『政党政治と労働組合運動』（御茶の水書房、一九九八年）二三五頁以降を参照。

(64) 連合のホームページ http://www.jtuc-rengo.or.jp/index.html を参照。

(65) 全労連のホームページ http://www.zenroren.gr.jp/jp/index.html を参照。

(66) 全労協のホームページ http://www.zenrokyo.org/index.htm を参照。

(67) 民主党のホームページ http://www.dpj.or.jp/ を参照。

(68) 社会民主党のホームページ http://www5.sdp.or.jp/ を参照。

(69) 日本共産党のホームページ http://www.jcp.or.jp/index.html を参照。

(70) 新社会党のホームページ http://www.sinsyakai.or.jp/ を参照。

(71) 前掲、『日本労働年鑑』第七七集（二〇〇七年版）二二八頁。

(72) 全日本金属産業労働組合協議会（ＩＭＦ・ＪＣ）『ＥＮＥＲＧＹ――全日本金属産業労働組合協議会（ＩＭＦ・ＪＣ）結成四〇周年記念誌』（二〇〇四年）を参照。

(73) 世界の労働組合の概観については、堀田芳朗編著『新版　世界の労働組合――歴史と組織』（日本労働研究機構、二〇〇二年）を参照。

(74) 国際労働組合総連合のホームページ http://www.ituc-csi.org/ を参照。なお、ITUCについて説明した日本語版のパンフレットは、http://www.jtuc-rengo.or.jp/kokusai/data/ituc_outline.pdf で読むことができる。

(75) 浅田信幸「国際労働組合総連合(ITUC)の結成」(『経済』第一三六号、二〇〇七年一月)、新井力「ITUC(国際労働組合総連合)の概要」(『世界の労働』第五七巻第一号、二〇〇七年一月)を参照。

(76) 宮前忠夫「EUにおける最近の労働政策と労働組合運動の特徴」法政大学大原社会問題研究所ワーキングペーパー N0. 27『国際労働基準と日本の労働政策』(二〇〇七年)一二一～一二三頁。

(77) OECDの労働組合諮問委員会のホームページ http://www.tuac.org/ を参照。

(78) 世界労連のホームページ http://www.wftucentral.org/ を参照。

第4章　規制緩和と労働政策

1　規制緩和の始まり

規制緩和の三段階

グローバル化が進み、働き方が多様化するなかで、厳しすぎる規制が雇用の流動化・多様化を阻んでいるという主張が強まってきた。個人の自由な働き方を実現するためには、従来の規制を見直す必要があるというのである。こうして、労働分野においても、規制緩和がめざされることになった。

このような規制緩和をめざす新自由主義的改革は、早くも一九八一年の第二次臨時行政調査会（第二臨調）の発足から始まっている。それ以降、二〇〇六年の行政改革の推進に関する法律（行政改革推進法）の成立に至る過程は、表4－1に示すとおりである。

表４－１　行政改革・規制改革の推移

年	事　　項
1981年	第２次臨時行政調査会（第２臨調）発足
	第２臨調、第１次答申発表
1982年	第２臨調、第２次答申、第３次（基本）答申発表
1983年	第２臨調、第４次答申、最終答申発表
	第１次臨時行政改革推進審議会（第１次行革審）発足
1987年	第２次臨時行政改革推進審議会（第２次行革審）発足
1990年	第３次臨時行政改革推進審議会（第３次行革審）発足
1993年	第３次行革審、最終答申発表
1994年	行政改革委員会発足
1996年	行政改革委員会、「当面の行政改革の推進について」発表
	行政改革会議発足
1997年	行政改革会議、「最終報告」発表
1998年	中央省庁等改革基本法成立
2000年	「行政改革大綱」閣議決定
2001年	中央省庁等改革基本法に基づく省庁再編で１府12省庁に移行
	経済財政諮問会議発足（方針等については表４－２参照）
	総合規制改革会議発足
2004年	閣議、「今後の行政改革の方針」決定
	総合規制改革会議、規制改革・民間開放推進３カ年計画を答申
	規制改革・民間開放推進会議発足、規制改革・民間開放の推進に関する第１次答申
2005年	規制改革・民間開放の推進に関する第２次答申
2006年	行政改革の推進に関する法律（行政改革推進法）成立
	規制改革・民間開放の推進に関する第３次答申
2007年	規制改革会議発足
	規制改革推進のための第１次答申、規制改革推進のための第２次答申

出典）著者作成。

表4－2　経済財政諮問会議による方針など

年　月	方　針　な　ど
2001年6月	骨太の方針～今後の経済財政運営及び経済社会の構造改革に関する基本方針（構造改革の起点）
2002年1月	（中期展望）改革と展望（民需主導の成長と財政バランスの回復）
6月	（骨太の方針第2弾）基本方針2002（経済活性化戦略、税制改革、歳出改革等）
2003年1月	改革と展望—2002年度改定
3月	構造改革の成果と進捗状況について（構造改革レビュー）
6月	基本方針2003（経済活性化、国民の「安心」の確保、将来世代に責任が持てる財政の確立）（骨太の方針第3弾）
2004年1月	改革と展望—2003年度改定
6月	基本方針2004（集中調整期間の仕上げと重点強化期間）（骨太の方針第4弾）
2005年1月	改革と展望—2004年度改定
6月	（骨太の方針第5弾）基本方針2005（「小さくて効率的な政府」のための3つの改革）
2006年1月	改革と展望—2005年度改定
6月	（骨太の方針第6弾）基本方針2006（成長力・競争力強化、財政健全化、安全・安心で柔軟かつ多様な社会の実現）
2007年1月	（新中期方針）日本経済の進路と戦略～新たな「創造と成長」への道筋
6月	（骨太の方針第7弾）経済財政の基本方針2007～「美しい国」へのシナリオ
2008年1月	（中期方針）日本経済の進路と戦略——開かれた国、全員参加の成長、環境との共生

出典）経済財政諮問会議ホームページ http://www.keizai-shimon.go.jp/about/activity.html より作成。

日本における規制緩和は、主に三つの段階を経て、今日に至っている。第一段階は中曽根内閣による臨調・行革路線であり[1]、第二段階は橋本内閣による「六大改革」であり、第三段階は小泉内閣による「構造改革」である。したがって、小泉「構造改革」に至る「改革」の流れは一連のもので、それは鈴木善幸内閣から小泉純一郎内閣までの二五年の歴史を持っている。

日本における新自由主義的改革も、アメリカにおけるレーガノミクスやイギリスのサッチャーリズム[2]と共通する背景と内容をもって出発した。それは、「先進国病」への対策としての民営化による民間活力の発揮と規制緩和をめざすものであった。

ただし、レーガノミクスやサッチャーリズムに比べて、中曽根「臨調・行革」路線は部分的かつ予防的性格の強いもので、中曽根首相の退場にともなって勢いを失った[3]。一九九〇年ごろまでには、臨調・行革路線が目標としていた財政再建は「バブル経済」の下で達成され、「先進国病」は過去のものになったと見られたからである。

したがって、第一段階と第二段階とは、ある意味では切れている。これに比べれば、第二段階と第三段階との連続性は明確である。橋本内閣と小泉内閣との間には、新自由主義的改革の停滞がみられるが、それは後景に退いただけで消滅したわけではなかった。

労働分野での規制緩和策も、中曽根内閣の下で始まっている。一九八六年に労働者派遣法が施行され、一九八七年の労働基準法の改定によって裁量労働制が導入された。まず初めに、労働市場政策と労働時間政策に手が付けられた点が注目される。労働の規制緩和にかかわる政策変更の推移

（表4－3）にも見られるように、この後に進められる規制緩和策における二大領域が最初から狙われていたということになるからである。

先取りとしての国鉄分割・民営化

中曽根内閣の臨調・行革路線の「目玉」とされたのは、国鉄の分割・民営化問題であった。第二臨調は分割・民営化方針を打ち出し、国鉄再建監理委員会は分割・民営化を明示した第二次提言を発表した。これに基づいて、一九八七年四月一日、国鉄はＪＲとされ、六つの地域別の旅客鉄道会社（ＪＲ東日本・ＪＲ東海・ＪＲ西日本・ＪＲ北海道・ＪＲ四国・ＪＲ九州）と一つの貨物鉄道会社（ＪＲ貨物）などに分割され、民営化される。この「国鉄改革」は、その後の新自由主義的政策を先取りする意味を持っていた。

第一に、国営企業体の民営化である。このようなやり方は、その後の電電公社の民営化や政府関係諸機関の独立行政法人化などにも応用され、やがては郵政民営化に繋がることになる。国鉄の分割・民営化はこのような民営化路線の嚆矢であった。

第二に、不当労働行為による労働組合の抵抗の排除である。国鉄をＪＲとして別会社化を装い、国労など戦闘的な労働組合の組合員一〇四七人の採用を拒否した。二〇〇五年一一月二〇日に放送されたＮＨＫのテレビ番組で、中曽根元首相が国労を崩壊させるために国鉄の分割・民営化を計画し、実行したと発言したように、これは「国家的不当労働行為」ともいうべきものであった。その

	長、企画業務型裁量労働制の要件を緩和)
2004年3月	閣議、「規制改革・民間開放3か年計画」決定
5月	日本経団連、「多様化する雇用・就労形態における人材活性化と人事・賃金管理」発表
2005年3月	閣議、「規制改革・民間開放3か年計画〔第2次〕」決定
6月	日本経団連、「ホワイトカラーエグゼンプションに関する提言」発表(年収400万円以上の労働者を対象に新制度の導入を提案)
2006年3月	閣議、「規制改革・民間開放3か年計画〔第3次〕」決定
6月	「日米投資イニシアティブ報告書」(確定拠出年金制度の拠出限度額の引き上げ、金銭による解雇紛争の解決、ホワイトカラー・エグゼンプション制度の導入、労働者派遣法の緩和)
10月	経済財政諮問会議で民間4議員、資料「『創造と成長』に向けて」を提出(「労働ビッグバン」を提起)
12月	在日米国商工会議所、意見書「労働時間法制の見直しおよび自律的な労働時間制度の創設を」厚労省に提出
	労働政策審議会、最終報告「今後の労働契約法制および労働時間制度の在り方について」答申(ホワイトカラー・エグゼンプションの導入について両論併記)
2007年5月	規制改革会議労働専門グループ、「脱格差と活力をもたらす労働市場へ——労働法制の抜本的見直しを」を公表(労働時間や派遣労働の全面的な規制撤廃、最低賃金の引き上げ反対など)
11月	改正最低賃金法と労働契約法が成立
12月	規制改革会議、「規制改革の推進のための第2次答申」(解雇規制の見直しと金銭的解決の検討、派遣可能期間の制限・派遣業種の限定の撤廃、事前面接の解禁、雇用契約申し込み義務の見直し、三者構成による政策立案の再検討)
	厚生労働省、「規制改革会議「第2次答申」に対する厚生労働省の考え方」発表(「基本的な考え方と見解を異にする部分が少なくない」)

出典)著者作成。

表４－３　労働の規制緩和に関わる政策変更の推移

年　月	法律・提言・方針など
1985年６月	労働者派遣法成立（1986年７月施行、対象は13業務）
1987年９月	労働基準法改正（1988年４月施行、変形労働時間制の拡大、フレックスタイム制・裁量労働制を導入）
1993年６月	労働基準法改正（1994年４月施行、週40時間制実施、１年単位の変形労働時間制導入）
	パートタイム労働法成立（12月施行、適正な労働条件確保の努力義務）
1994年11月	経団連、「規制緩和の経済効果に関する分析と雇用対策」を発表
1995年３月	閣議、「規制緩和推進計画について」決定
５月	日経連、「新時代の『日本的経営』」発表
1996年６月	日経連、「政府規制の撤廃・緩和要望について」発表（裁量労働制の拡大、女子保護規定撤廃、有料職業紹介事業の制限撤廃、労働者派遣の自由化など
	労働者派遣法改正（12月施行、対象業務が16業務から26業務に拡大）
1997年３月	閣議、「規制緩和推進計画（再改定）」決定（労働時間法制の規制緩和、女子保護規定の撤廃、労働者派遣事業の全面見直し、有料職業紹介事業の規制緩和など）
６月	男女雇用機会均等法改正（1999年４月施行、女子保護規定を撤廃）
1998年３月	閣議、「規制緩和推進３か年計画」決定（労働者派遣事業対象業務のネガティブリスト化）
９月	労働基準法改正（12月施行、裁量労働制のホワイトカラーへの拡大、１年変形労働時間制の要件緩和）
1999年６月	職業安定法改正（12月施行、民間職業紹介の自由化）
	労働者派遣法改正（12月施行、ネガティブリスト方式による対象業務の原則自由化）
2000年５月	労働契約承継法成立（2001年４月施行、分割会社への強制的転籍の容認）
12月	日経連、「経営のグローバル化に対応した日本型人事システムの革新」発表
2001年４月	雇用対策法改正（10月施行、「雇用の流動化」を明記、再就職支援に助成金支給）
６月	閣議、「今後の経済財政運営及び経済社会の構造改革に関する基本方針」（骨太の方針）決定（特に、医療、労働、教育、環境等の分野での規制改革
2003年６月	労働者派遣法改正（2004年３月施行、製造業務への派遣解禁、専門的26業務への派遣可能期間の制限なし、それ以外は最長３年に延長）
	労働基準法改正（2004年１月施行、有期労働契約期間を３～５年に延

結果、総評労働運動は弱体化し、労働組合は規制緩和に対する抵抗力を失っていく。

第三に、地方コミュニティの破壊である。国鉄の分割・民営化による赤字ローカル線の廃止によって住民は「足」を失い、駅がなくなったためにコミュニティの「臍」も消えた。このときから始まった地方の崩壊は、その後の「平成の大合併」による地方政治の中心地の整理・統合、小泉「構造改革」や郵政民営化による地方切り捨てによってさらに深刻になっている。

国鉄の分割・民営化は、このような問題を抱えていた。しかし、それまでの累積赤字による債務を切り離し、最終的には税金で処理することにしたため、毎年のように繰り返されてきた運賃の値上げはぴたりと止み、都市部のJRは便利になった。これが「国鉄改革の成功」と宣伝され、一種の「民営化神話」が生まれる。こうして、国鉄の分割・民営化は新自由主義的な改革や規制緩和が受け入れられる受容の構造を生み出すことになるのである。

2 規制緩和第二段階の開始

「ワシントン・コンセンサス」に基づく新自由主義的政策の「輸出」

現在に至る政策転換は、一九九〇年代前半に始まった。規制緩和第二段階の開始である。それ以前の日本は、経済的には〝ジャパン・アズ・ナンバーワン〟(4)と言われて日本的経営がお手本とされた。

しかし、このような状況は一九九〇年ごろに大きく揺らぐ。「バブル経済」の破綻によって「失われた一〇年」が始まり、日本的経営への自信と信頼が失われたからである。ロナルド・ドーアも「自信喪失、そしてその半面にあった元気なアメリカをモデルと仰ぐ傾向が、日本におけるコーポレート・ガバナンス・システム改変の動きの根本的な原動力だった」と指摘している。[5]

しかもこのとき、アメリカは新たな対外攻勢に向けての準備を行っていた。一九八〇年代から一九九〇年代にかけて形成された「ワシントン・コンセンサス」[6]に基づく新自由主義的政策の「輸出」である。「新自由主義の道をとらせるために、日本やヨーロッパにさえ（世界の他の部分は言うまでもない）、かなりの圧力がかけられた」[7]とハーヴェイが言うように、その相手国には、当然、日本も含まれていた。

こうして一九九〇年代前半には、大陸ヨーロッパ諸国やEUにおいても労働政策の見直しが始まる。しかしそれは、基本的には新自由主義的政策を受け入れるものではなく、一種の「応戦」であった。一面では労働市場の柔軟性（フレキシビリティ）を進めつつも、他面では労働者の雇用と生活の安定性（セキュリティ）を維持することで、柔軟性と安定性を両立させようとしたからである。これが、EUにおける「フレキシキュリティ・モデル」であった。

しかし、日本の対応は異なっていた。このとき、日本は大きな間違いを犯したように思われる。第一に、それまでの過去を精算主義的に総括してしまったことである。日本的なあり方を否定し、それとは異なった新たな路線を模索した。第二に、その路線はグローバリズムを受け入れることだ

と勘違いしたことである。しかも、それが事実上、アメリカ化にすぎないということに気がつかなかった。(8)

そのうえ、このとき「グローバル化の美名のもとで、自分たちに押しつけられた市場経済のバージョンは、アメリカ国内のバージョンに比べても、極端に産業界の利益を反映しやすくなっている」(9)という、ダブル・スタンダードに基づくものだったことにも気づいていなかった。それに、「日本では冷たい社会だと思われているアメリカは、実は日本よりもっと温かい」(10)ということも知らなかった。こうして、日本はグローバル化への対応を急ぎ、「ワシントン・コンセンサス」を飲み込んでしまったのである。新自由主義による市場原理主義と規制緩和の路線を……。

スティグリッツは「ワシントン・コンセンサスによる改革は、各国を大きなリスクにさらした。そして、そのリスクは不公平なほど、それに最も対処できない人々ばかりに負わされた。この改革のペースと順序は、多くの国で雇用創出を上回る雇用破壊をもたらした。国が有効なセーフティネットなどの制度を確立する間もなく、それを上回るリスクをもたらした」(11)と指摘している。日本もその例外ではなかったのである。

「規制緩和」政策推進の始まり

日本に対するアメリカからの働きかけも、一九九〇年を前後するころから変わりつつあった。それまでの個別分野での注文から日本全体の「改造」を求めるようになったからである。アメリカ流の大幅な規制緩和と自由化をめざす方向は一九八六年の「前川レポート」[12]でも示されていたが、それがアメリカから本格的に要求されるようになる「起点」は、「政策実行計画案」として二四〇項目の対日要求リストが出された日米構造協議（一九八九〜九〇年）であった。[13]このような形での「外圧」は、「日米規制改革および競争政策イニシアティブに基づく要望書」（年次改革要望書）に受け継がれる。[14]これは、一九九三年七月の日米首脳会談で合意され、一九九四年一〇月から毎年実行されてきた。その内容はかなり包括的だが、直接、労働分野に対する要望はなされていない。[15]労働分野についてては、対日要求としての優先順位は高くなかったのかもしれないが、規制緩和全般については強い要望が示されていた。

このような要望に応える形で、一九九二年から一九九五年にかけて、次第に規制緩和の政策順位が高まっていく。一九九二年一月の宮沢首相の施政方針演説では行政改革や規制緩和という言葉はなく、「生活大国への前進」や「国民一人ひとりが豊かさとゆとりを日々の生活の中で実感でき、多様な価値観を実現できる、努力をすれば報われる公正な社会」が目標とされていた。一一月の所信表明演説では「今後とも規制緩和や地方分権などを積極的に進めてまいります」との文章が入り、一九九三年一月の施政方針演説では、行政改革、地方分権、規制緩和がこの順番で触れられている。[16]また、ここでは「年間総労働時間一八〇〇時間の達成に向けて」の「労働時間の短縮」や「男女共同参画型社会の形成」が掲げられていたが、以後、首相演説からこのような文言は姿を消す。

一九九三年の細川連立内閣樹立は、新自由主義路線への転換を防ぐチャンスだった。政治路線から言えば、この政権は細川・小沢・武村の新自由主義路線と社会党の社会民主主義路線との連立政権だったからである。

もし、後者が優位になれば新自由主義的政策を拒否することも可能だったが、そうはならなかった。細川政権の下で、政治改革を旗印に小選挙区制が導入され、村山首相が安保条約と自衛隊の堅持を表明した時点で、社会民主主義路線の可能性は潰えた。

細川首相は一九九三年八月の所信表明演説で、行政改革、規制緩和、地方分権について触れたが、それはこの順番であり[17]、一九九四年三月の施政方針演説でも順番に変わりはなかった[18]。一九九四年五月の羽田首相の所信表明演説は、行政改革の一環としての「規制・保護行政からの脱却」を打ち出したにすぎない。

ところが、一九九四年七月の自民・社会・さきがけ連立の村山首相の所信表明演説になると、新たに「規制緩和と行政、財政、税制改革」という項目が立てられる。規制緩和が重視され、行政改革から分離して独立の課題として追求されている。前述のように、一九九四年からは「年次改革要望書」がアメリカからやってくる。村山首相はこれに応える形で、一九九五年三月には「規制緩和推進計画について」の閣議決定を行い[19]、規制緩和方針を明らかにした。

さらに、一九九五年九月の所信表明演説では「規制緩和の推進」と「行財政改革の断行」が別の項目として掲げられ、「まず第一になすべきは、経済社会の活力の妨げになっている諸規制の緩和や慣行の是正である」とされた。この時点で、規制緩和の位置づけが高まったことをはっきりと読み取ることができる。[20]

「改革」メニューと舞台装置の形成

村山首相の後継となった橋本首相の下で、新自由主義的路線は前面に浮上した。一九九六年一月の橋本首相の施政方針演説で行財政改革は四つの最重要課題の一つとして掲げられ、「行政の改革の第一は、規制の緩和」だとされている。また、一九九六年一一月の橋本首相の所信表明演説では、行政改革は五大改革の一つとされた。[21]そして、翌一九九七年一月の施政方針演説で、これに教育改革が付け加わって、六大改革として打ち出されるのである。[22]

このとき橋本首相は、「行政、財政、社会保障、経済、金融システムに教育を加えた六つの改革を一体的に断行しなければならない」として、「この目的に照らし、国や地方公共団体が規制などによって民間活動に関与していることを廃止できないか、国の現業や特殊法人などの公的部門が提供しているサービスを民間にゆだねられないか、行政が関与する場合であってもその主体を国から地方にゆだねられないか、の三つの観点から、一切の聖域を設けず行政のあり方を総点検いたします」と述べている。

また、「官民の役割分担に関しては、市場競争の原理を尊重し、行政改革委員会がまとめた判断基準を最大限活用して見直しを進めます。公的規制に関しては、規制緩和推進計画を三月末までに再度改定し、さらに、経済的規制の原則排除、社会的規制の白地からの見直しによって必要最小限に絞り込んでまいります」との方針を明らかにした。

こうして、「一切の聖域を設けず」「市場競争の原理を尊重」することが、明確に打ち出されるのである。このとき、橋本の主張は規制緩和批判[23]から規制緩和推進へと転換した。しかし、「これは橋本氏個人の問題ではなく、自民党そのものの大きな転換を示してい[24]」たのである。[25]

このような政府方針を背景に、一九九六年一二月には、労働者派遣法の改正によって、派遣対象業務が一六業種から二六業種に拡大され、一九九七年には、裁量労働制の対象業務への六業務の追加、労働者派遣事業の全面見直しなどを含む「規制緩和推進計画（再改定）」の閣議決定、民営職業紹介事業の原則自由化など労働省政令の改正、女子保護規定を撤廃する労基法改正などが相次いだ。

一九九八年には、裁量労働制のホワイトカラーへの拡大などの労基法改正がなされ、一九九九年には、ネガティブリスト方式による対象業務の原則自由化を盛り込んだ労働者派遣法の改正が行われる。これが、その後の非正規労働者の増大を招く直接の要因となっている。

他方で、リストラを進め、外資導入や企業分割をスムースにするための独占禁止法の改正（一九九七年）、金融持ち株会社の解禁（一九九八年）、商法の改正（一九九九年、二〇〇〇年）、産業再生法の成立（一九九九年）、民事再生法の成立（一九九九年）、労働契約承継法の成立（二〇〇〇年）なども相次いだ。いずれも、新自由主義的政策の本格的な具体化であった。

経営者団体からの働きかけ

村山首相や橋本首相の対応の背後には、アメリカからの要望とともに経営者団体からの強い働きかけが存在した。早くも一九九四年一一月、経団連は「規制緩和の経済効果に関する分析と雇用対策」という提言を発表し、「雇用の円滑な流動化」や雇用保険制度の拡充、企業年金の見直し、労働者派遣事業の見直しなどを求めた。(26) 財界団体からする、労働市場政策転換に向けての攻勢の始りである。

これをさらに明確に定式化したのが、一九九五年五月に発表された日経連の「新時代の『日本的経営』」であった。(27) ここでは、雇用の類型として、長期蓄積能力活用型、高度専門能力活用型とともに、雇用柔軟型が打ち出され、雇用の流動化がめざされていたのである。

これらの動きに呼応する形で、前述のような一九九五年三月閣議決定の「規制緩和推進計画について」が発表され、一二月には「行政改革委員会規制緩和小委員会」の報告が出された。そこで取り上げられたのは、労働者派遣、職業紹介、女子保護規定、裁量労働、有期雇用、持ち株会社などの問題で、有料職業紹介と派遣事業については「不適切なものを列挙」し、その他は原則自由とする「ネガティブリスト」方式を支持する内容となっていた。(28)

なお、一九九八年三月閣議決定の「規制緩和推進三か年計画」では、「労働者派遣事業について、平成七年一二月一四日及び九年一二月一二日の行政改革委員会における意見を尊重し、対象業務の範囲のネガティブリスト化、派遣期間、労働者保護のための措置等を中心に中央職業安定審議会の結論を得て、以下の事項を含め、その具体化を図る」[29]と明記されている。「中央職業安定審議会の結論」が出る前に、「行政改革委員会における意見を尊重」することとされ、「今通常国会に改正法案提出」が予定されていたのである。すでにこの時点で、審議会を経る通常の政策形成のルートではなく、「行政改革委員会」による指導性が発揮されていたことが分かる。

また、一九九九年一月の「労働省の所管行政に係る規制緩和要望及びその検討状況」によれば、「労働者派遣事業の適用対象業務の拡大」についての「要望元」は、「規制緩和委、経団連、EUほか」であり、「有料職業紹介事業の取扱職業の更なる拡大」についても同様であった[30]。ここでも、規制緩和委員会や経団連からの働きかけがあったことを確認することができる。

こうして、一九九〇年代中葉に、政治改革、「橋本六大改革」、行政改革が着手され、改革メニューと舞台装置が揃った。これに続いて、「官邸主導」による改革推進のための中央省庁の再編や戦略的政策形成システムなどの陣立てが整う。

しかし、それらはまだ紆余曲折を免れず、一九九七年参院選での大敗によって橋本首相は退陣し、その後の小渕・森内閣において「改革」は徹底されなかった。抵抗したのは、利益誘導型の派閥政治という自民党の支配システムであり、自らの権限と既得権益を守ろうとした官僚であった[31]。これらの構造を打ち破ることなしに、「改革」を完全に実行することは不可能だったのである。

＊コラム③　労働者派遣法の「つまみ食い」

労働者派遣法制定の中心になったのは、高梨昌元日本労働研究機構会長であった。高梨によれば、それまで無法状態だった派遣事業に法の網をかぶせ、対象業務を限定して一定の規制の下に派遣事業を解禁するという構想だった。許可される業種のリストを明らかにしたところから、これは「ポジティブ・リスト」方式と呼ばれる。ところが、一九九九年の法改正によって、一部の業種だけを例外として、他は全て派遣可能とされるようになる。これが「ネガティブ・リスト」方式への転換であり、派遣法の意味は変質した。これについて大橋範雄は「派遣法の規制緩和の第一歩」であり、「派遣労働の自由化の出発点となった」と指摘している（大橋範雄『派遣労働と人間の尊厳――使用者責任と均等待遇原則を中心に』法律文化社、二〇〇七年、一七頁）。

これ以降、労働の規制緩和が進み、これを高梨は「ますます日本の『労働の世界』は荒涼たる焼け野原にされてしまった」（『東京新聞』二〇〇七年五月二二日付夕刊）と厳しく批判するようになる。二〇〇七年の社会政策学会で、私は直接ご本人に質問する機会があった。すると、一九九五年から九六年にかけて「高梨はずし」の動きがあり、労働法制関係の審議会の委員から外されたという。一九九六年からは財界主導になったというのが、高梨の説明だった。

一九九五年五月には日経連の「新時代の『日本的経営』」が出される。「責任者として直接、討議や概念整理に参加し、執筆指導を行」った福岡道生は、「幸いこの報告書は、変革の時代の実践的な指針として会員企業を初めとして、大変な評価をいただき、社会的にも大きな反響がありました」と高く評価している（福岡道生『人を活かす！――現場からの経営労務史』日本経団連出版、二〇〇二年、三〇〇頁）。

しかし、この報告書を書いた小柳勝二郎賃金部長は、「雇用の柔軟化、流動化は人中心の経営を守る手段として出てきた。これが派遣社員などを増やす低コスト経営の口実としてつまみ食いされた気がする」（『朝日新聞』二〇〇七年五月一九日付）と話している。派遣法そのものも、当初の構想からすれば「つまみ食い」され、質的に異なったものにされたということなのかもしれない。その後の規制緩和に対する高梨の厳しい批判は、このような美味しいところだけ「つまみ食い」されたことに対する強い憤りを含んでいるように思われるのである。

3　頂点としての小泉「構造改革」

小泉「構造改革」の推進

小渕・森内閣の後、規制緩和の「チャンピオン」として、「構造改革」を掲げて登場したのが小泉首相であった。「自民党をぶっ壊す」「官僚政治を打破する」「痛みに耐えて構造改革を断行する」というのが、このときのスローガンである。

政治改革、行政改革と進められてきた「改革」の波は、小泉「構造改革」に合流して頂点に達する。小泉首相は、政治改革によって導入された小選挙区制(32)の効果（派閥構造の弱体化、総裁権限の強化、候補者選定と資金配分による自民党支配）を熟知しており、行政改革による「官邸主導(33)」（首相の支配力強化、経済財政諮問会議による権限の簒奪、官僚の押さえ込み）と併せて、強力な指導力を発揮した。いわゆる「首相支配(34)」の確立である。

経済財政諮問会議の下におかれた「サービス部門における雇用拡大を戦略とする経済の活性化に関する専門調査会」に参加していた大田弘子は、小泉内閣になってから開かれた最初の会合に「途中から入ってきた牛尾議員が、『調査会で検討している間に政権が交代し、たいへんな変化の時代に入った。小泉内閣は大きなチャンスだ』と満面の笑顔で話されたことをよく記憶している」と述べている。「四名の民間議員は、小泉首相というメッセージの明確さとわかりやすさを重視する議長に出会って、その本領を存分に発揮するようになった」のであり、「たしかに政策形成の現場は、それ以前と大きく変わった」のである。[35]

それればかりではない。その他の点でも、小泉内閣の五年間で日本は大きく変わった。作家の高杉良は、「小泉改革の実態」について、「小泉政権下で始まった景気拡大の間に、企業の経常利益は五年間で一・八倍に増え、役員賞与も二・七倍、株主への配当金も二・八倍という伸びを見せた。しかし、労働者への報酬はこの間に三・八％減少したうえ、過労による精神障害などの労災認定件数は二〇〇六年度に過去最高を記録している」と書いている。[36]

新自由主義は全盛となり、郵政民営化と三角合併によって日本の資産はアメリカなどの外資に売り渡されるようになった。新自由主義によるアメリカ化は、それが始まった一九九〇年代前半には予想もできなかった水準に達した。郵政が民営化されるなどとは、誰も予想していなかっただろう。反面、「ホリエモン」や村上ファンドの事件、ＪＲ西日本福知山線の事故など、小泉内閣の後半で構造改革や民営化路線の問題点もかなり明らかになっていく。

小泉政権のもとで、労働政策の規制緩和も急速に進んだ。「雇用の流動化」を明記して再就職支援に力点を置いた雇用対策法の改正（二〇〇一年）、製造業務への派遣労働を解禁し、専門的二六業種への派遣期間の制限を取り払い、それ以外は最長三年とした労働者派遣法の改正（二〇〇三年）、有期雇用の契約期間を三～五年とし、企画業務型裁量労働制の要件を緩和した労働基準法の改正（二〇〇三年）などである。

労働政策形成過程の変容

このようななかで、労働政策形成過程の変容も頂点に達した。「官邸主導」や「首相支配」などといわれるトップダウン型の政策形成が労働政策にも及んできたのである。

第一に、小泉首相とブッシュ大統領との間で、二〇〇一年に「成長のための日米経済パートナーシップ」についての合意がなされ[37]、日米規制改革イニシアティブと日米投資イニシアティブが開始された。後者においては、労働関係についての言及もなされている[38]。また、このような動きを背景に、二〇〇四年八月には在日米国商工会議所[39]が「労働の可動性を高める」ことを提言し、労働者派遣法の規制緩和や裁量労働制の要件撤廃を求めた[40]。

第二に、内閣府の権限強化と戦略的会議の設置がなされ、トップダウン型の政策形成が強化された。二〇〇一年一月には経済財政諮問会議が内閣府の下に置かれ、二〇〇一年四月からは総合規制改革会議も内閣府に設置された。後者は二〇〇四年四月に規制改革・民間開放推進会議へと再編されている。とりわけ、「経済財政諮問会議の存在は絶対に避けて通れないもの」であった。それは「構造改革の司令塔としての機能を果たし、日本における『政策の決定プロセス』を大きく改革する原動力となったから」である[41]。

これらの戦略型の政策形成機関は、新自由主義的構造改革路線の具体化に向けて様々な政策決定を行ったが、その中には労働政策に関わるものも存在していた。たとえば、経済財政諮問会議での検討に基づいて二〇〇一年六月二六日に閣議決定された「今後の経済財政運営及び経済社会の構造改革に関する基本方針」（骨太の方針）では、「特に、医療、労働、教育、環境等の分野での規制改革は、サービス部門における今後の雇用創出のためにも重要である」とされ、「労働市場の構造改革」では、「派遣、有期雇用、裁量労働、フレックス就業等の多様な就労形態を選択することが可能になるような制度改革」が「なかでも重要」なものとしてあげられている。[42] その結果、特定の労働政策形成における主要舞台が変化し、労働分野に関わる政策形成の一部は厚生労働省から戦略的政策形成の場へと移行することになる。[43]

第三に、その結果としての経済政策・労働政策形成プロセスからの労働側の排除である。たとえば、二〇〇一年一月に内閣府に設置された経済財政諮問会議の構成は政治家六人、官僚一人、経済界二人、[44] 学者一人となっていた。二〇〇一年四月に発足した総合規制改革会議も経済界一〇人、学者五人という構成で、一二月には「規制改革の推進に関する第一次答申」を発表している。[45] この答申は、「第一章　重点六分野について」の「三　人材（労働）」で今後の「規制改革」の方向を打ち出したが、その内容は、能力開発プログラムの充実、職業紹介規制の抜本的緩和、労働者募集に係る規制緩和、募集・採用における制限の緩和・差別撤廃など円滑な労働移動を可能とする規制改革、派遣労働者の拡大、有期労働契約の拡大、裁量労働制の拡大など就労形態の多様化を可能とする規制改革、労働基準法の改正等、社会保険制度の改革等、新しい労働者像に応じた制度改革などである。

二〇〇四年四月にこれを引き継いだ規制改革・民間開放推進会議も経済界八人、[46] 学者五人で構成されていた。しかも、総合規制改革会議の場合、経済界から加わっていた委員のうち、三人は人材開発・派遣・人材情報についての業務を行う企業の経営者だったのである。[47] 二〇〇七年一二月二一日、リクルートは人材派遣最大手のスタッフサービス・ホールディングス（HD）の買収を発表した。派遣事業の売上高は五〇〇〇億円を超え、派遣分野では二位以下を大きく引き離す巨大グループの誕生であり、総合規制改革会議に河野会長を送り込んだリクルートとしては、規制緩和の恩恵を一身に受ける形になったのである。

「労働ビッグバン」の提起と挫折

安倍政権は小泉「構造改革」路線を部分的には修正しつつも、基本的には継承した。[48] そのために、労働政策形成過程の変化は続いた。最も重要な変化は、規制緩和の範囲が拡大し始めたことである。それまでの法改正は、基本的には、雇用の多様化、労働の柔軟化、非正規雇用の拡大をめざすもので、それはビジネスチャンスを拡大しようとする人材関連企業の利益に沿うものであった。

さらに、これ以降の法改正は、ホワイトカラー・エグゼンプションの導入[49]などの労働時間制度や労働契約法制の整備などにも及ぶ。このような政策展開は「労働ビッグバン」と呼ばれるが、それは労働政策全般の広範囲の見直しを含んでいたからである。これについて牧野富夫は、「①雇用の流動化・多様化を通じて、②格段のコスト削減・効率化を図るため、③各種の『規制改革』（規制の緩和・撤廃だけでなく強化・新設も含む）を断行すること」と定義している。[50]

安倍内閣成立後最初となる二〇〇六年一〇月一三日の第二二回経済財政諮問会議で民間四議員は「『創造と成長』に向けて」[51]との資料を提出し、「労働市場の効率化（労働ビッグバン）」を打ち出した。第二七回経済財政諮問会議では、その目的として、①働き方の多様性、②労働市場での移動やステップアップのしやすさ、③不公正な格差の是正が掲げられた[52]。

このようななかで、「横からの入力」も強まった。二〇〇六年に在日米国商工会議所は意見書「労働契約法による契約の自由と労働可動性の推進を」[53]と「労働時間法制の見直しおよび自律的な労働時間制度の創設を」[54]を発表して圧力をかけた。また、二〇〇六年六月には「二〇〇六年日米投資イニシアティブ報告書」[55]（経産省）が明らかにされ、確定拠出年金制度の拠出限度額の引き上げ、金銭による解雇紛争の解決、ホワイトカラー・エグゼンプション制度の導入、労働者派遣法の緩和などを要求した。

これらの問題については、労働契約法の制定準備とも関連して、すでに前年から厚生労働省の労働政策審議会（労政審）で審議が始まっていた。労使の委員が真っ向から対立するなか、二〇〇六年一二月に労働政策審議会はホワイトカラー・エグゼンプションの導入について賛否両論を併記する。

これを含めて、通常国会に向けて多くの労働関連法案が準備され、「労働国会」になるかと見られたが、そうはならなかった。世論の批判が高まり、「政治とカネ」の問題などもあって、「労働ビッグバン」に取り組む余裕がなくなったからである。また、官邸主導に対する官僚や自民党の巻き

返しも強まり、首相の指導性は後退していった。(56)

このようななかで迎えた七月の参院選で安倍首相は惨敗し、結局、後継を福田首相に託すことになる。「官邸崩壊」(57)から「党政復古」に向けて小泉・安倍路線からの転換を図る福田首相の下で、労働政策の形成プロセスもさらなる変容を遂げようとしている。それが労働の規制緩和にストップをかけ、三者構成の伝統的な政策形成に復帰することを意味することになるのかどうか。今後の推移が注目されるところである。(58)

4　「負」の側面の顕在化

「ワシントン・コンセンサス」の行き着いた先

「ワシントン・コンセンサス」に基づくアメリカからの圧力に屈して、市場原理主義に基づく規制緩和が進められ、日本の政策形成過程も変容した。その下で労働政策形成における主要な舞台も大きく変化した。厚生労働省から、内閣府の下に設置された戦略的会議に主導権が移ったのである。

このような変化について、高梨昌元日本労働研究機構会長は「今いちばん端的な例だと、労働政策審議会はまるっきり機能していないんです。総合規制改革委員会や経済財政諮問会議とか上の方で決まって下りてくる。厚生労働省の頭越しです。……トップダウンで降りてくるわけです。そうすると、それをいかに消化するかだけしかない。それをはねのける力がないわけです。ですから、労働政策審議会会長の西川俊作君は会うと年中『やりたくない』といってこぼすんです。しかも彼の後輩に使われるわけですから[59]」と証言していた。

こうして、アメリカからの要求とその影響を強く受けた経営者団体の主導によって、トップダウンによる政策形成システムが成立する。その結果、三者構成原則は無視されて労働政策形成の場から労働代表は完全に排除され、労働の規制緩和が進んだ。その行き着いた先が、大量の非正規雇用労働者の堆積、多様ではあるが不安定な雇用の拡大、そして「格差社会」の形成と貧困問題の深刻化であった。

その結果、財界人ですら、「冷静に考えてみれば、日本も含め世界全体にワシントン・コンセンサスの影響が強すぎたのではないだろうかと反省せざるを得ない。……少なくとも、民営化に反対すると〝抵抗勢力〟とみなして押さえ込もうとするような、〝もの言えば唇寒し〟という状況があってはならない[60]」という反省の弁を述べるようになった。注目すべき変化だと言えよう。

「労働三法」をめぐるせめぎ合い

政府の規制改革会議の労働専門グループは、二〇〇七年五月二一日、「脱格差と活力をもたらす労働市場へ――労働法制の抜本的見直しを[61]」を公表した。この意見書は、労働者の権利を強めるという考え方を「誤っている」と述べ、最低賃金の引き上げを否定し、不当な解雇であっても金銭を払えば解雇できる制度の導入、派遣労働における業種の拡大、派遣期間の制限の撤廃などを盛り込んでいる。さらなる規制緩和に向けての意図を明らかにするものだと言える。

このようななかで、二〇〇七年の通常国会に、改正労働基準法案、改正最低賃金法案、労働契約法案の「労働三法」が提出され、継続審議となった後、改正最低賃金法と労働契約法の二法が一一月二八日の参院本会議で、自民、公明、民主などの賛成多数で可決・成立した。これらの法律は、最低賃金の引き上げや労働契約の導入など人間らしく働けるルールの確立を課題としつつも、その内容は極めて不十分なものであった。

第一に、成立しなかった改正労働基準法案は、時間外労働の割増率の引き上げを盛り込んでいるが、長時間労働を是正するために最も肝心な残業時間そのものを法的に規制していない。現行法では二五％以上五〇％以下と定められている割増率について、改定案は月八〇時間を超える残業について五〇％以上とすることなどが柱となっており、中小企業には適用を当面猶予する。月八〇時間は「過労死ライン」とされており、そこまで割増率を引き上げないというのでは、長時間労働の歯止めにはならない。残業代割増率は諸外国並みの五〇％まで引き上げるべきであろう。

日本の長時間労働の原因は、残業時間を法的に規制していない点にある。残業割増率が低いため、「人を新たに雇うより残業をさせたほうが得」なのである。残業の上限は現在、月四五時間、年三六〇時間となっているが、これは「目安」にすぎず、罰則もない。「特別協定」を結べばこれを超えて働かせることができる。このような「抜け穴」を禁止し、残業時間の上限を法的に規制しなければならない。

第二に、改正最低賃金法案は、最低賃金が生活保護水準を下回らないよう、「労働者が健康で文化的な最低限度の生活を営むことができるよう、生活保護との整合性に配慮する」との文言を加えただけで、このままでは大幅引き上げや格差解消につながる保障はない。また、地域別最低賃金（最賃）を必ず定めるとしており地域格差を固定しかねない。

現在の最低賃金は、年収二〇〇万円にもならない低水準で、しかも大きな地域格差がある。地域別最低賃金を導入しているのは世界で九カ国にすぎず、圧倒的多数は全国一律最低賃金となっている。地域別ではなく全国一律とし、減税策など中小企業への支援を強める必要がある。また、最低賃金決定の際に事業者の支払い能力を考慮に入れているのはＯＥＣＤ三〇カ国中メキシコと日本だけであり、支払い能力基準を削除するべきであろう。

第三に、新たにつくられる労働契約法案は、労働契約の締結や変更について「労働者と使用者が対等な立場で合意する」として「労使対等」原則を定めている。同時に、使用者が一方的に定める就業規則の変更が労働者に不利益をもたらすものであっても、労働者の合意は必要ないとした。また、非正規労働者の雇用を安定させる「雇い止め規制」などは盛り込まれていない。

労働条件の変更については、労働者の合意がなければ、使用者が一方的に定める「就業規則」で変更できないとしたが、「労働者の不利益変更の程度」などから変更が「合理的」なものであれば、就業規則で変更できるとしている。労使が対等の立場で結ぶ労働契約法に、使用者の一方的な変更を認める条項が盛り込まれたのは問題であろう。

厚生労働省は、合理性がなければ就業規則による労働契約変更は無効だとしているが、合理性の有無は裁判で決着をつけるしかない。裁判は手間と費用と時間がかかり、多くの労働者は泣き寝入りせざるをえないだろう。労働条件の不利益変更を可能にするような法律を作ってはならない。

「規制緩和」の問題点

本章の最後に、「規制緩和」の問題点をまとめておくことにしたい。

第一に、「規制改革」は、部分的には規制の強化を含む場合もあるが、基本的には規制の緩和や廃止がその中身になっているということである。規制の「改革」であれば別の形での規制がのこる。しかし、「緩和」では規制は弱まり、「撤廃」ではなくなってしまう。したがって、「規制改革」の名による労働政策の見直しは、実際には労働政策の弱体化と消滅を意味することにならざるを得ない。

第二に、このような規制の緩和や廃止は、弱肉強食の世界を作り出すということである。「規制改革」は、市場優位の自由な競争を生み出す。しかし、労使間でも労働者間でも資源は偏在しており、力関係は不平等である。このような偏在や不平等と自由競争とが結びつけば、力の強いものが優位に立つことは自明であろう。「勝ち組」と「負け組」の二極化や格差の拡大は、その必然的な結果にほかならない。

第三に、労働における「規制改革」の目的として唱えられている労働力流動化論は、好況の下での完全雇用ならともかく、多くの失業者が存在する下では雇用の不安定化を招かざるを得ないということである。また、日本のように、外部労働市場が十分に成熟していない状況の下では、再就職自体が難しく、よしんば再就職できたとしても、より条件の悪い職に就く例がほとんどである。労働者が条件の良い職を得られないのは、労働力が流動化していないからでも「規制」があるからでもない。雇用の崩壊と劣化をもたらす根本原因は規制緩和にある。

第四に、大きな問題になっている非正規雇用の増大や消費の低迷は、「規制改革」の結果として生じているということである。規制の緩和と撤廃によって雇用は不安定化・劣悪化し、将来への不安が消費者の心理を冷え込ませている。その結果としての非正規雇用の増大であり、消費不況である。したがって、「規制改革」が進めば進むほど、このような問題は解決されるのではなく、さらに拡大していくことになろう。

そもそも労働政策というものは、労働力の基本的なあり方から必要とされている。何度も言及しているように、労働者は、一人ひとりばらばらであっては雇用者・経営者と対等に交渉することはできない。しかも、労働力商品は保存することのできない生身の人間である。厳しい競争が存在するという条件や労働力商品の性質からして、販売する側が圧倒的に不利な立場に立つことになる。それをどのような形で規制し、対等の契約関係にもっていくかというところから労働政策は始まっている。

このような規制力は労働組合によっても担われるが、日本のように組織率が低い国においては、労働政策の役割はますます大きくなる。したがって、労働の規制緩和、あるいは規制撤廃は、労働政策の存在意義そのものを問うことを意味することにならざるを得ない。

雇用の弾力化と規制緩和について検討した伍賀一道は、「規制緩和か、労働基準の引き上げか」と問題を提起し、日本の労働基準の引き上げ、多国籍企業の活動の規制と国際労働基準の引き上げ、公的職業紹介事業の役割の拡大、解雇規制法の制定、福祉充実型の地域経済への転換、国民経済保全を主眼においた中小企業や商店の活性化を提言している。[62] 規制緩和に対する対抗策として、今も変わらぬ重要な課題であると言えよう。

注

(1) 中曽根内閣の役割とそれに対する批判については、拙著『戦後保守政治の転換――「八六年体制」とは何か』(ゆぴてる社、一九八七年)を参照。

(2) レーガノミクスとはレーガン米大統領による経済政策、サッチャーリズムとはサッチャー英首相による経済政策を指す。両者共に新自由主義に基づいて市場原理を重視し、福祉・公共サービスの縮小や大幅な規制緩和を特徴とした。

(3) 渡辺治も、「第二臨調の行政改革」について、「新自由主義改革の日本版」と捉えた以前の見解を修正し、「中曽根政権の新自由主義は日本の新自由主義改革の始期ではなかった。せいぜいのところ、それは早熟的な新自由主義改革の試み」で「予防的なもの」であり、「景気の回復と成長による税収増によって財政赤字が解消されると、その起動力を失い、失速した」と指摘している(渡辺治「日本の新自由主義――ハーヴェイ『新自由主義』に寄せて」デヴィット・ハーヴェイ〔渡辺治監訳〕『新自由主義

――その歴史的展開と現在』作品社、二〇〇七年、二九六～二九七頁）。

（4）エズラ・ヴォーゲル〔広中和歌子訳〕『ジャパン・アズ・ナンバーワン』（TBSブリタニカ、一九七九年）参照。

（5）ロナルド・ドーア『誰のための会社にするのか』（岩波新書、二〇〇六年）六〇頁。そして、ドーアは、これに続けて「その改変が果たして必要であったのか、企業の効率性を大きく改善したのか、そしてその改変が最近の景気回復に貢献したのかどうかというと、私は非常に懐疑的である」と書いている。

（6）国際経済研究所の研究員であるジョン・ウィリアムソンが一九八九年に発表した論文の中で定式化したもので、ワシントンを本拠とするアメリカ政府、IMF（国際通貨基金）、世界銀行などの間で成立した「意見の一致（コンセンサス）」を指す。その内容は、①財政赤字の是正、②補助金カットなど財政支出の変更、③税制改革、④金利の自由化、⑤競争力ある為替レート、⑥貿易の自由化、⑦直接投資の受け入れ促進、⑧国営企業の民営化、⑨規制緩和、⑩所有権法の確立である。当時、IMFや世銀はこのような改革を融資の条件としていた。

（7）デヴィット・ハーヴェイ、前掲書、一三三頁。

（8）経済財政諮問会議の民間議員の一人である丹羽宇一郎伊藤忠商事会長（経済同友会政治委員会委員長）は、「ワシントン・コンセンサス」は、「米国主導の資本主義を押し広げようとするもの」で「日本もその標的となっている」と指摘し、「世界中で『ワシントン・コンセンサス』に基づく政策によって格差が拡大しているのだ」と批判している（丹羽宇一郎「財界だって格差社会は『ノー』」『文藝春秋』二〇〇七年三月号、一四六頁）。

（9）ジョセフ・E・スティグリッツ〔楡井浩一訳〕『世界に格差をバラ撒いたグローバリズムを正す』（徳間書店、二〇〇六年）四四頁。

（10）マルガリータ・エステベス・アベ「市場化の先に個人尊重の旗を掲げよ」（『朝日新聞』二〇〇八年一月一〇日付）。ここで、米ハーバード大学のアベ准教授は「アメリカ社会には、いったん市場で失敗した人を排除しない余裕がきちんと残されている。古典的経済学が想定する純粋な市場は、こういった『社会』や国家の福祉機能抜きでは存在しないのだ」と指摘している。

(11) ジョセフ・E・スティグリッツ〔鈴木主税訳〕『世界を不幸にしたグローバリズムの正体』(徳間書店、二〇〇二年)一三二頁。

(12) 「前川レポート」とは国際協調のための経済構造調整研究会報告書のことで、一九八六年四月七日に中曽根康弘首相に提出された。報告書を取りまとめた研究会は日米経済摩擦によるアメリカの対日圧力を打開するために設置され、その座長であった前川春雄元日銀総裁の名前を取ってこのように呼ばれる。主な内容は、内需拡大、市場開放、金融自由化などである。このレポートについて、『日本経済新聞』(二〇〇八年二月二七日付)は「八六年の提言 規制緩和は実現せず」と報じている。

(13) 「証言でたどる同時代史」(『朝日新聞』二〇〇七年六月一六日付)。

(14) この年次改革要望書は「アメリカが日本に外圧を加えるための新しい武器として、クリントン政権が考え出したもの」(関岡英之『拒否できない日本――アメリカの日本改造が進んでいる』文春新書、二〇〇四年、五二頁)で、その内容と意味について、詳しくは同書を参照。また、関岡英之『奪われる日本』(講談社現代新書、二〇〇六年)も参照。

(15) 二〇〇七年一〇月一八日付の「日米規制改革および競争政策イニシティブに基づく日本国政府への米国政府要望書」では、通信、情報技術(IT)、医療機器・医薬品、金融サービス、競争政策、商法および司法制度改革、透明性、その他の政府慣行、民営化という項目になっている。順番の変化はあるが、項目については当初からほとんど変わっていない。http://tokyo.usembassy.gov/pdfs/wwwfj-20071018-regref.pdf を参照。

(16) 具体的には、「簡素で効率的な行政の実現という基本に立って、これまで進めてきた地方への権限委譲、規制緩和の推進」という文言である。

(17) 具体的には、「行政の面でも、より一層柔軟性や機動性を高めていくことが不可欠であります。規制緩和や地方分権の推進、縦割り行政の弊害是正などの課題」となっている。

(18)　具体的には、「行政改革は避けて通れない緊急の課題」「規制緩和といった官民の接点」「幅広く、官民の役割分担、中央と地方の関係、縦割り行政の弊害是正などについて改革を進める」というものであった。

(19)　このとき閣議決定された「規制緩和推進計画」では、労働省関連の施策は六五件に上るが、「有料職業紹介事業の許可制の廃止」や「フレックスタイム制の労働時間精算期間の延長等」などは、再検討の結果、見送られることになった（『週刊労働ニュース』第一六二三号、一九九五年四月一〇日付）。

(20)　村山元首相は「自由化の時代のなかで、これからは規制が障害になる」と規制緩和の必要性を語っていた（金森和行『村山富市が語る「天命」の五六一日』ＫＫベストセラーズ、一九九六年、七二頁）。

(21)　具体的には、「私は、国民一人一人が将来に夢や目標を抱き、創造性とチャレンジ精神を存分に発揮できる社会を目標とします。その実現のために、行政改革、経済構造改革、金融システム改革、社会保障構造改革、財政構造改革の五つの改革を本内閣の最重要課題といたします」と述べている。この行政改革の「中核」は、「中央省庁の再編」であった。

(22)　日米構造協議で対日要求の原案をまとめたチャールズ・レイク元ＵＳＴＲ日本部長も、「日本の構造改革が大きく進んだのは、六大改革に取り組んだ橋本政権からではないでしょうか」と述べている（『朝日新聞』二〇〇七年六月一六日付）。

(23)　首相になる前の橋本は、「政府の規制緩和の掛け声には、『規制緩和＝善』というイメージばかりが先行しているように思えてならない。これは大変危険なことだ。ともすれば、規制緩和の大合唱の中で、雇用という切実な問題が見落とされがちになることを、私は本当に心配しているのだ」と述べ、「規制緩和＝善」論を批判していた（橋本龍太郎『政権奪回論』講談社、一九九四年、二〇五頁）。その後の雇用状況は、この橋本の「心配」どおりになったのである。

(24)　後藤道夫『反「構造改革」』青木書店、二〇〇二年、九九頁。ただし、この時点での自民党がどの程度「転換」したのかについては、慎重な判断が必要である。

(25) 民主党結成の際に党名選定に当たった簗瀬進は、「当時の自民党は、橋本首相が金融ビッグバンを始め、非常に新自由主義的な色彩が出てきた。それが後に小泉首相で頂点に達するわけだが、新自由主義に対する一種のアンチ、新自由主義にはなり得ないという点を党名に込めたかった。それで民主党という名前を提案した」と述べている（塩田潮『民主党の研究』平凡社新書、二〇〇七年、九三頁）。もしそうであるなら、党名だけでなく政策においても、「新自由主義に対する一種のアンチ」を明確に打ち出すべきではないだろうか。

(26) 経済団体連合会「規制緩和の経済効果に関する分析と雇用対策」一九九四年一一月一五日。http://www.keidanren.or.jp/japanese/policy/pol017.html を参照。この二年前、盛田昭夫ソニー会長は「〝日本型経営〟が危ない」（『文芸春秋』一九九二年二月号）で「日本型経営」の見直しを主張していた。この時点では、ヨーロッパ型も一つの選択肢であったように思われるが、一九九四年にはアメリカ型の新自由主義路線に向けて大きく舵を切ったことになる。

(27) 『日経連タイムス』（第二三〇二号、一九九五年五月一八日付）。

(28) 『週刊労働ニュース』（第一六五五号、一九九五年一二月一八日付）。

(29) 一九九八（平成一〇）年三月三一日閣議決定「規制緩和推進三か年計画」の「分野別措置事項」の「九雇用・労働関係」。http://www.soumu.go.jp/gyoukan/kanri/kisei910.htm を参照。

(30) 一九九九（平成一一）年一月一八日労働大臣官房総務課発表「労働省の所管行政に係る規制緩和要望及びその検討状況について」の「三　主な検討事項」。http://www.jil.go.jp/kisya/daijin/990118_02_d/990118_02_d_jikou.html を参照。

(31) この時期を含めて、自民党の転換をどう見るかというのは大きな論点である。後藤道夫は、自民党内の「抵抗を引きずったまま」であることを認めつつも、「争いは改革のスピードをめぐるもの」で小渕・森内閣は「漸進的な改革路線を選択した」とし、「自民党全体の基本的なスタンスが『構造改革』推進へとすでに変わっていたことは明白だ」と述べている（後藤道夫、前掲書、一〇七頁）。しかし、自民党内の抵抗はもっと強いもので、私は必ずしも「すでに変わっていた」とは考えていない。

(32) 政治改革と小選挙区制に対する私の見解については、拙著『一目でわかる小選挙区比例代表並立制』（労働旬報社、一九九三年）、および拙著『徹底検証 政治改革神話』（労働旬報社、一九九七年）を参照。

(33) 清水真人『官邸主導――小泉純一郎の革命』（日本経済新聞社、二〇〇五年）参照。

(34) 竹中治堅『首相支配――日本政治の変貌』（中公新書、二〇〇六年）参照。

(35) 大田弘子『経済財政諮問会議の戦い』（東洋経済新報社、二〇〇六年）二〜四頁。

(36) 高杉良『亡国から再生へ――経済成長か幸福追求か』（光文社、二〇〇七年）七九頁。

(37) 「成長のための日米経済パートナーシップ」の概要については、http://www.mofa.go.jp/mofaj/area/usa/keizai/partner2.html、「成長のための日米経済パートナーシップ」そのものについては http://www.kantei.go.jp/jp/koizumispeech/2001/0630keizai.html を参照。

(38) たとえば、「二〇〇二年日米投資イニシアティブ報告書」では、「具体的な取り組み」のうち、「改革の進捗があった分野」の一つとして、「労働の流動化」があげられている。http://www.meti.go.jp/kohosys/press/0002901/1/020626houkokusyo.pdf を参照。

(39) 在日米国商工会議所（ACCJ, American Chamber of Commerce in Japan）は一九四八年に米国企業四〇社によって設立され、東京、名古屋、大阪に事務所を置いている。詳しくは、http://www.accj.or.jp/content/about/Jpage を参照。

(40) 在日米国商工会議所対日直接投資タスクフォース「政策提言書(7)：労働の可動性」http://www.accj.or.jp/document_library/PolicyRecs/SPPLaborJ.pdf を参照。

(41) 竹中平蔵『構造改革の真実――竹中平蔵大臣日誌』（日本経済新聞出版社、二〇〇六年）二四六頁。

(42) 「今後の経済財政運営及び経済社会の構造改革に関する基本方針」（二〇〇一年六月二六日閣議決定）http://www.kantei.go.jp/jp/kakugikettei/2001/0626keizaizaisei-ho.htm を参照。

(43) 旧労働省の職業安定局長の私的諮問機関である「労働者派遣事業問題調査会」から始まる労働者派遣法の制定過程を検討した篠田徹は、「なかでも私的諮問機関が政策の方向づけと合意形成に重要な役割を果たしている点は審議会の任務を一部肩代わりしていると考えられ、近年の審議会の機能の変化をみる上で注目すべき点であろう」（篠田徹「審議会」中野実編著『日本型政策決定の変容』東洋経済新報社、一九八六年、一〇六～一〇七頁）と指摘している。この時すでに、「審議会の任務を一部肩代わり」する事例が生まれていたのであり、それが労働者派遣法の制定という問題であったことは極めて興味深い。

(44) 牛尾治朗ウシオ電機株式会社代表取締役会長と奥田碩トヨタ自動車株式会社取締役会長の二人。

(45) 総合規制改革会議「規制改革の推進に関する第一次答申」。http://www8.cao.go.jp/kisei/siryo/011211/を参照。

(46) 宮内義彦オリックス株式会社取締役兼代表執行役会長・グループCEO（議長）、鈴木良男旭リサーチセンター取締役会長（議長代理）、草刈隆郎日本郵船株式会社代表取締役会長（総括主査）、志太勤シダックス株式会社代表取締役会長、南場智子ディー・エヌ・エー代表取締役、本田桂子マッキンゼー・アンド・カンパニー・インク・ジャパン プリンシパル、矢崎裕彦矢崎総業株式会社代表取締役会長、安居祥策帝人株式会社相談役の八人。

(47) 奥谷禮子ザ・アール代表取締役社長、佐々木かをりイー・ウーマン代表取締役社長、河野栄子リクルート代表取締役会長兼CEOの三人。

(48) 小泉「構造改革」の修正がいつから始まっていたかという問題も興味深い論点である。竹中平蔵は「私が経済財政担当相を離れた最後の一年で、諮問会議の役割が大きく変化したことも否定しがたい事実である」（竹中平蔵、前掲書、二四六頁）として、「重要課題を議論する舞台が、実質的に党に移った」ことを指摘し、「諮問会議の変質に警告を与えるために」あえて「諮問会議は、エンジンからアリーナに移った」、「改革の勢い（モメンタム）が落ちた」などと発言したと書いている（同前、三一八頁）。つまり、竹中が総務大臣となった〇五年一〇月以降、「構造改革」の修正が始まっていたというのである。

(49)　ホワイトカラー・エグゼンプションの導入については、〇一年七月の総合規制改革会議による「重点六分野に関する重点とりまとめ」において「いわゆるホワイトカラー・イグザ《ママ》ンプションなどの考え方も考慮しながら制度改革を検討するべきである」として初めて提起され、一二月の第一次答申を経て、〇二年三月の「規制改革推進三カ年計画」で「中長期的には、米国のホワイトカラーエグゼンプションの制度を参考にしつつ、裁量性の高い業務については適用除外方式を採用することを検討する」との文言が盛り込まれ、閣議決定された。

(50)　牧野富夫編著『労働ビッグバン――これ以上、使い捨てにされていいのか』（新日本出版社、二〇〇七年）一六頁。

(51)　http://www.keizai-shimon.go.jp/minutes/2006/1013/item1.pdf を参照。

(52)　「経済財政諮問会議（平成一八年第二七回）議事次第」。http://www.keizai-shimon.go.jp/minutes/2006/1130/item0.pdf を参照。

(53)　在日米国商工会議所意見書「労働契約法による契約の自由と労働可動性の推進を」二〇〇七年二月まで有効。http://www.accj.or.jp/document_library/Viewpoints/VP_Labor.pdf を参照。

(54)　在日米国商工会議所意見書「労働時間法制の見直しおよび自律的な労働時間法制の創設を」二〇〇七年一一月まで有効。http://www.accj.or.jp/document_library/Viewpoints/VP_WhiteCollar.pdf を参照。

(55)　「二〇〇六年日米投資イニシアティブ報告書」二〇〇六年六月。http://www.meti.go.jp/press/20060629012/houkokusho.pdf を参照。

(56)　これについて、広報担当の首相補佐官だった世耕弘成参院議員は、「本気で政治主導の体制を作ろうとして、官と官と組んだ党内勢力と摩擦が起きた。闘って、最終的には負けた」と述べている（『日本経済新聞』二〇〇七年一二月二四日付）。

(57)　上杉隆『官邸崩壊――安倍政権迷走の一年』（新潮社、二〇〇七年）参照。

(58)　牧野富夫は、二〇〇七年になって政府・財界は「労働ビッグバン」という言葉を使わなくなり、「ワーク・ライフ・バランス」というソフトな言い方に変わっているが、これは「所期の目的や内実を隠そうとしている」にすぎず、「表現は変わっても『労働ビッグバン』の内実・正体に変わりはない」と指摘している（牧野富夫、前掲書、一六頁）。

(59) 高梨昌「労働政策形成過程における問題点——派遣法・パート法を素材にして」（法政大学大原社会問題研究所ワーキングペーパー No. 24『労働政策と経営者団体』法政大学大原社会問題研究所、二〇〇五年一〇月）二一頁。

(60) 丹羽宇一郎、前掲稿、一五一頁。

(61) 規制改革会議再チャレンジワーキンググループ労働タスクフォース「脱格差と活力をもたらす労働市場へ——労働法制の抜本的見直しを」。http://www8.cao.go.jp/kisei-kaikaku/publication/2007/0521/item070521_01.pdf を参照。

(62) 伍賀一道『雇用の弾力化と労働者派遣・職業紹介事業』大月書店、一九九九年、三五五〜三五九頁。

第5章　財界と労働政策

1　政策形成の主体としての財界

財界とは何か

財界とは、企業が加わっている経済団体や経営者たちによって構成され、個別企業や業界の意思をまとめて政治や経済を動かすために活動するグループである。財界は、個別企業の意思を調整し、個々の企業・業界の利害や思惑を離れて経済団体や経営者全体の利益のために行動する。そのために「総資本」の意思を代表するものとみられているが、実際には、有力な大企業の利害が反映されている場合が多い。

財界は、政治家による「政界」や官僚による「官界」とともに政治を動かす主要なアクターであり、「政官財」と並び称せられて権力構造の一角を担っている。この三者の関係については、融合し一体化していると見る「三位一体説」、それぞれが相対的に自立しつつ協力していると見る「三頭制説」、財界は政界に強いが官界に弱く、政界は官界に強いが財界に弱く、官界は財界に強いが政界に弱いという、「グー・チョキ・パー」のような関係になっていると見る「三すくみ説」などの捉え方がある。(1)

いずれにせよ、「あらゆる日本の政策決定には『財界』が深く関わっている」ことは確かである。それどころか、「『政界』、『官界』とならんで戦後日本の政治や経済を決定づけてきた主要なアクター」であり、「ほとんどの場合、『財界』の意向こそが主導因だった」とする見方もある。(2)

このように、戦後日本における政策形成にとって財界の占める位置と役割は大きい。とりわけ、企業経営にとって深い関わりを持つ労働政策の形成にとって、財界は常に深い関心を払い、強い発言権を行使してきた。労働政策の形成は、通常、政労使の三者構成で行われるが、ここにも使用者（経営者）団体の代表が登場する。また、日常的な労働政策をめぐる交渉は、労働組合と経営者との間で行われている。したがって、労働政策の検討において、財界の存在と活動を無視することはできないのである。

日本の経営者団体を代表するのは、かつての日本経営者団体連合会（日経連）と経済団体連合会（経団連）とが統合して誕生した日本経済団体連合会（日本経団連）である。このほか、日本商工会議所（日商）と経済同友会（同友会）があり、これらを合わせて「経済三団体」とされるが、日本経団連の結成までは「経済四団体」であった。これらの団体の系譜は図5－1のようになっている。(3)
以下、それぞれの団体の歴史を簡単にたどってみることにしよう。

図5－1　「経済三団体」の系譜

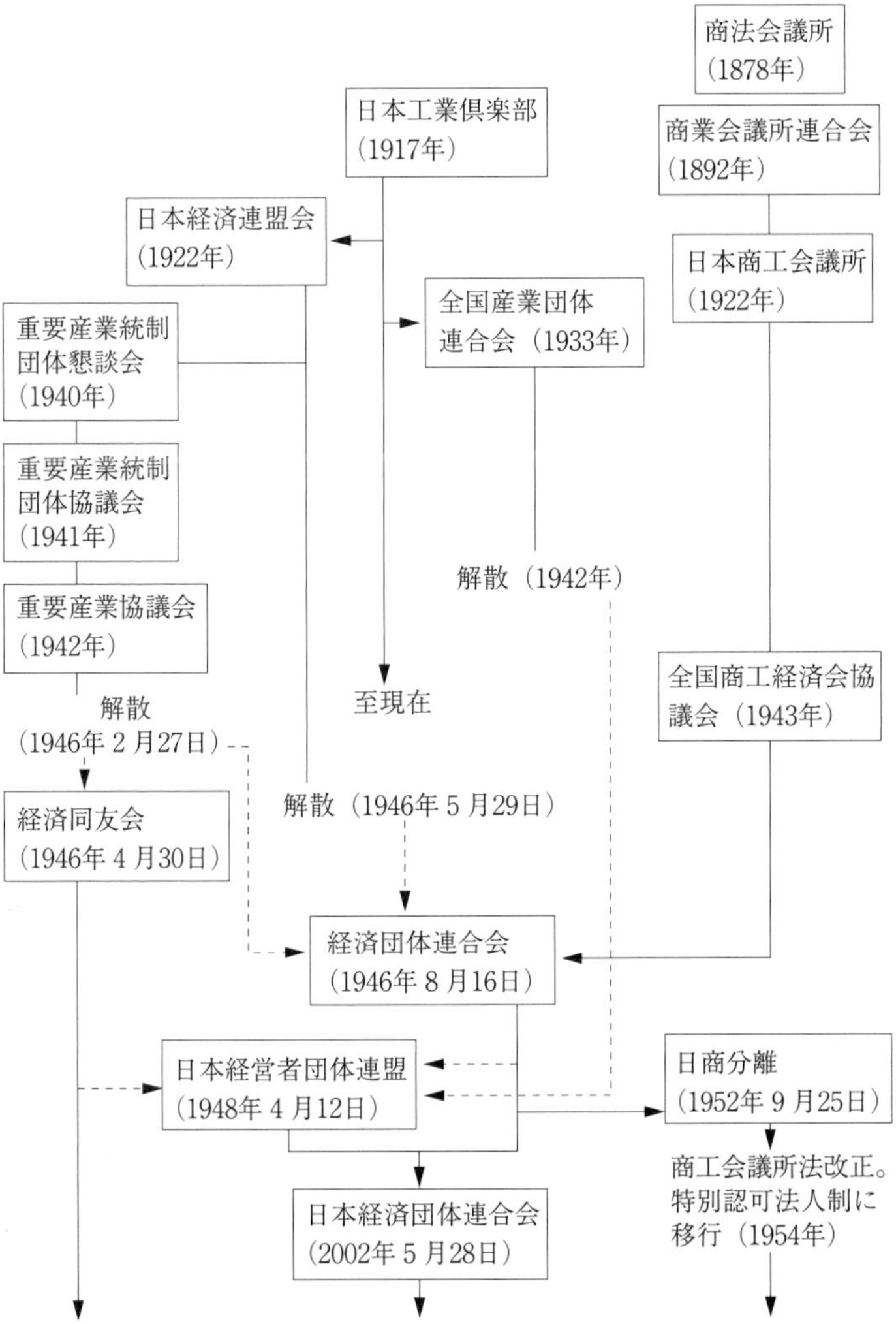

出典）菊池信輝『財界とは何か』（平凡社、2005年）20頁に一部加筆。

日商の結成

「経済四団体」のうち、最も古いのが日本商工会議所(4)(日商)である。日本最初の商工会議所である「商法会議所」は一八七八年に東京、大阪、神戸で設立された。(5)一八九二年に一五の商業会議所によって「商業会議所連合会」が結成される。

一九二二年にこれが改編され、常設の機構・事務局を持つ「日本商工会議所」となる。その後、名称や組織の変更などの変遷があったが、戦後の一九五四年に現行の「商工会議所法」に基づいて特別認可法人として改編され、今日に至っている。

二〇〇七年四月現在、全国で五一七の商工会議所が、それぞれの地域で活動している。会員数は中小企業を中心に一四三万(二〇〇六年三月現在)で、二〇〇七年一一月現在の会頭は岡村正東芝会長である。

同友会の誕生

その他の団体は戦後に結成されている。最初にできたのは、経済同友会(6)(同友会)である。同友会は、終戦直後の一九四六年四月、旧財界人に代わり、経済界の「中堅層」と「二世財界人(7)」を中心に、「若い・進歩的な」経営者の「同志的結合体(8)」として誕生した。

「規約」の第一条に、「本会は経済人としての職能的立場から、日本経済の民主化並びに平和的再建に寄与し、併せて会員相互の啓発親睦を図ることを目的とする」と謳っていたように、修正資本主義の旗の下、同友会は日本経済の再建をめざして経済民主化政策にむしろ積極的に対応していこうとする有志八三人によって結成された(9)。

同友会は、企業経営者が個人として参加し、一企業や特定業種の利害を超えた幅広い視野から国内外の経済社会の諸問題について討議・調査・研究し、各政党や行政当事者、労働団体などと柔軟な対話活動を積極的に展開することをめざすとされている。そのために、「経済界の本音」や「新たな利益を先取りした」発言が出やすいという特徴が生まれる。

このような発言が「物議を醸したことは過去に何度もあった」が、それは「企業や業界団体の意見集約を経ずして意見が表明される」ためであり、「ともすればあけすけな経済界の利害の表明へとつながる」からである。「逆に言うと、同友会の提言を追っていれば、日本の『財界』が次にどんなことを要求してくるかがわかる」ということになる(10)。同友会の提言や幹部の発言が注目されるのは、そのためである。なお、二〇〇七年九月時点での代表幹事は桜井正光リコー会長である。

経団連の発足

同友会に四カ月遅れ、一九四六年八月に結成されたのが経済団体連合会（経団連）であった。当初、経済界の総意を結集するために、一九四五年九月に経済団体連合経済対策委員会が結成され、一〇月には経済団体連合委員会と改称された。

この経済団体連合委員会が経団連の前身である。これに加わった戦前からの経済団体は、日本経済連盟会、重要産業協議会、全国商工経済会協議会、商工組合中央会の四団体で、その後、全国銀行協会が加盟した。これによって、「金融から中小企業までを支配する全産業界の調整機関という性質を持った」[11]合議体になる。

その後、構成団体の解散や改組などがあり、重要産業協議会の後身である日本産業協議会（日産協）が中核となって、前述のように一九四六年八月に経団連が発足した。結成が遅れたのは、財閥の復活などを警戒するGHQの待ったがかかったり、厳しいチェックが入ったりしたからである。[12]こうして結成された経団連には、金融団体協議会、日本貿易会、日本商工経済会（日商）、商工組合中央会（日中連）も統合されたが、一九五二年に後二者が分離した。

創立総会で採択された定款の第一条は、「本会は各種経済団体相互間の連絡を緊密にすることによって、経済界の諸問題を研究し、経済人の企業心と創意を振起すると共に、産業及び金融の組織を再建し経済の安定を確保するために協力一致の精神を涵養し、以って民主主義原理の基礎のうえに国民経済の健全なる発展を促進することを目的とする」[13]ことを謳っていた。以後、経団連は日本の経済政策に対する財界からの提言及び発言力の確保を目的として活動し、[14]経団連は「財界総本山」[15]と、その会長は「財界総理」と呼ばれるようになる。

日経連の誕生

この二年後の一九四八年四月、「経営者よ 正しく強かれ」というスローガンの下に、日本経営者団体連盟（日経連）が誕生する。[16]このように遅れたのは「占領軍の干渉があって難航し多くの曲折を経た」[17]ためであり、「ＧＨＱは非常にうるさくてね、経営者の全国組織を許さないんです」[18]という事情があった。

日経連は「地域別、業種別の二段構えに整理された経営者団体の全国連合組織として結成され」[19]、「財界総本山」としての経団連の統轄のもと、労働運動と直接対決し、労働問題を大企業経営者の立場から議論・提言した。また、①会員の同志的結合を基とする経営道義の高揚、②企業内における正しい人間関係の樹立、③企業活動を通じてする国家社会への貢献という「三大使命」[20]を掲げて活動した。

労働組合対策としては、「日経連は労働組合が強い企業に『組合潰し』で名を挙げた経営者を派遣し、他方で経営側に妥協しようとする組合内の分派をそそのかして『第二組合』を作るべく工作していた」のである。一九五五年には労働組合対策や共産党対策のための「時局懇談会」という秘密組織を作って労働争議の収拾に当たり、マスコミ対策としては、植村甲午郎、水野成夫、鹿内信隆などの財界人を送り込んでフジ・サンケイグループを築いたという。[21]

「財界四団体」の違い

この「財界四団体」の違いについて、経団連は次のように説明している。[22]つまり、「経団連ならびにその系列に入る単位業種団体は原則として法律によらない自主的な団体であり、大企業中心の団体であるに対して、日商並びにその構成員である各地商工会議所は、法的権限に依存する団体であって、その地域団体である性格上当然中小企業に重きを置いた運営がなされる」。

また、「特に労働問題を専門的に取り扱う団体として、各地方経営者協議会、並びにその連合体である」日経連は、「純粋の団体連合」であって、「多くの業種別団体ならびに企業体は、経団連と日経連との両者に加盟している(23)」。

さらに、「団体あるいは企業を代表しての発言は経団連において行うが、その同じ人または別の経営者が個人としての立場で団体を組織したいという希望を持つ側面があ」り、「こうした希望、要請に応じて組織されているのが経済同友会」なのである。したがって、「経団連が原則として個人会員を認めていないのに対して、経済同友会はむしろ個人会員を建前として組織されている」のである。

2　財界の変質

一九九〇年代中葉以降の変化

経営者団体のあり方や活動は、一九九〇年代中葉以降、大きく変化した。その最大のものは、経団連と日経連の統合による日本経済団体連合会(24)（日本経団連）が発足したことである。そして第二に、経営者団体内部の構成の変化と外資系企業の影響力の増大であり、第三に、経営者団体の政治的発言権の強まりであり、第四にアメリカからの「圧力」と影響力の拡大である。

第一に、経団連と日経連が統合し、二〇〇二年五月に日本経団連が発足した。すでに指摘したように、両組織の会員企業には重なっている部分が多く、労使紛争や労働問題の沈静化によって財界の労務部としての日経連が独自に存在する意味が少なくなったための統合だと思われる[(25)]。

日本経団連の会員数は一六六二社・団体等で有力企業が多く加盟し、代表的な企業一三四三社、製造業やサービス業等の主要な業種別全国団体一三〇団体、地方別経済団体四七団体などから構成されている（二〇〇七年六月現在）。自民党や民主党に献金を行い、政界・経済界に大きな影響力を持ち、二〇〇七年一一月現在の会長は、御手洗冨士夫キヤノン会長である。

第二に、経営者団体内部の構成の変化と外資系企業の影響力の増大である。今日の日本経団連は、「巨大な規模に発展した日本型多国籍企業によって構成・主導され」るようになり、「役員構成企業の発行済株式の多くが、外資によって保有」されている[(26)]。

この点で注目されるのは、経団連役員企業（正副会長・正副議長）の発行済み株式のうち、外国法人・個人が保有する株式数の比率が、一九八〇年の二・二二％から二〇〇六年には二九・九三％と一〇倍以上に増大していること[(27)]、会長・副会長の所属企業に限定すると一九七〇年の四・四五％から二〇〇六年の三〇・七二％へと、三割を超える水準になっていること[(28)]、経団連役員企業二七社のうち株主一〇位以内に外資が入っている企業は二一社で、上位五位以内では一五社になっていること[(29)]などである。

このように、「外資による株式保有が近年飛躍的に増加」し、「日本経団連役員企業の多くは、アメリカを中心とする多国籍企業の強い影響をうけ、日本経団連は全体として日米多国籍企業の共同の利益代表としての性格をいっそう強めている」[30]。つまり、日本経団連は、日本の組織でありながら、もはや日本企業だけの利益を代表しているわけではないということなのである。

第三に、経営者団体の政治的発言権の増大である。一九九三年にリクルート事件などを契機に「経団連は、来年以降、その斡旋は行わない」[31]との考え方を明らかにして政治献金の斡旋を中止した。しかし、その一〇年後に当たる二〇〇三年、「政党へ透明度の高い資金を提供する仕組みを整備し、政策本位の政治の実現に協力していく」との方針を掲げ、「優先政策事項」に基づく政党の評価に応じて「企業・団体が寄付先や寄付額を自主的に判断し実践するよう呼びかける」方針に転じた[32]。日本経団連は翌二〇〇四年から政策評価を行い、政策評価表にある「A」の数と献金額を比例させ、経団連の言い分を聞けば聞くほど献金額が増えるという仕組みを作った。二〇〇六年には外資系企業からの献金禁止が原則的に撤廃されたが、これは会長企業のキヤノンなど日本経団連内部に外資系企業が増えてきたという事情を反映している[33]。

また、トップダウン型政策形成への変化と経済財政諮問会議への日本経団連代表の参加も、政治的発言権の増大に結びついた。小泉内閣の下での経済財政諮問会議では、日本経団連会長を含む民間の四議員が審議をリードし、これを首相がバックアップしたが、その中枢には経団連会長が座っていたのである。これについて、菊池信輝は「『財界』の文字どおりの代表が政権に入り込んだというのは、戦前の郷誠之助、池田成彬以来のこと」であり、「『経済財政諮問会議』は、『国民所得倍増計画』のころの純粋な『財界』のための審議会が復活したものといえる」と述べている[34]。

第四に、アメリカからの「圧力」と影響力の増大である。しかも、包括的系統的な圧力が目立たない形で行使された。既述のように、その中心にあったのは「年次改革要望書」であり、「日米投資イニシアチブ」など、多様な形での圧力行使がなされてきた。これに加えて、日米の財界による定期的な意見交換の場として日米財界人会議がある。これは、日米経済協議会と米日経済協議会との共催で合同総会として毎年開催され、両協議会の運営委員による日米合同運営委員会も一九七八年以降、ほぼ毎年開催されている。日本側は日本経団連、日本商工会議所、経済同友会、関西経済連合会、日本貿易会など約九〇の大企業・団体が参加しており、現在の日本側議長は氏家純一野村ホールディングス会長である[35]。

かつて、「わが国の風土に合致した人事労務管理・労使関係をいかにして構築していくかが、日本の経営者団体である日経連に課せられた使命」とされ、「わが国の独自性を踏まえて諸問題への対処を考えるというのが、日経連の姿勢であり、伝統」であった[36]。経団連との統合によって日経連が姿を消すとともに、このような「使命」「姿勢」「伝統」もまた、忘れ去られてしまったのだろうか。

異論の存在

「財界」といっても、必ずしも「一枚岩」ではない。「日本型」から「米国型」への転換をめぐって、一九九四年に一定の論争があったことが報じられている。[37]

「一九九四年二月二五日、千葉県浦安市舞浜の高級ホテル『ヒルトン東京ベイ』。大手企業のトップら一四人が新しい日本型経営を提案するため、泊まり込みで激しい議論を繰り広げた」という。この二日間にわたった「舞浜会議[38]」で論争の中心になったのが、今井敬新日鉄社長と宮内義彦オリックス社長だったため、経済界では「今井・宮内論争」と言われている。今井に同調したのが塙義一日産自動車副社長など「生産現場の和や技術伝承を重視する経営者ら」で、宮内を援護したのは牛尾治朗ウシオ電機会長や椎名武雄日本アイ・ビー・エム会長などであった。[39]

この時点で、どのような方向をめざすべきか、財界内で必ずしも意見が一致していなかったということになろう。鈴木忠雄は「日本的経営対アメリカ的経営のような[40]」議論だったと書いているが、日本対アメリカだけでなく、「雇用」対「株主価値」、「社会の論理」対「資本の論理」などの対立軸があったようにみえる。大まかにいえば、従来の関係をできるだけ維持しようとする「国内派」の経団連や日経連、日商と、アメリカ的な市場原理主義によって構造改革をめざす「国際派」の経済同友会という対立構図が存在したのではないだろうか。

別の言い方をすれば、「株主価値論」対「ステークホルダー論」の対抗である。「後者に加担する」ロナルド・ドーアは「株主価値論」を当然の前提としている「アングロ・サクソンの国でも、反体制派の学者・ジャーナリストはいる」として、彼らの「主張はさまざまだが、総じて『株主価値論』に対して、『ステークホルダー論』を対抗させる」と述べている。

ドーアによれば、この「ステークホルダー論」は「企業は公器であり、経営者は株主の利益ばかりでなく、他のステークホルダー（従業員、債権者、顧客、下請け会社、地域社会）の利害も勘案して行動すべきだ、とする」主張である。(41) 日本の財界における「国際派」は前者の「株主価値論」を主張し、「国内派」は後者の「ステークホルダー論」に近いということになろう。

ただし、その後の経過を見れば、「アメリカ型」の「株主価値論」への転換は明らかなようにみえる。(42) 一九九五年五月の「新時代の『日本的経営』」は、財界が「『構造改革』をやることで意思を統一した」結果とされ、その後の「橋本六大改革」は、「『財界』が統一した経済界の総意を橋本がトップダウンで実行したというべき」(43)と評されている。

しかし、その後も、金融システム危機などに直面して財界は動揺し、橋本首相の退陣を引き出した「経済失政」などもあって対立が再燃する。小渕内閣から森内閣にかけて「改革」路線が後景に退く背景の一つには、このような異論の存在があった。

たとえば、一九九九年五月に日経連会長に就任した奥田碩トヨタ自動車会長は、「リストラ推進派の人たちは、よく雇用の流動化などと言いますが、……これでは、社会に不安が広がって、かえってシステム改革の足を引っ張りかねない、と私は言いたいのです」と述べ(44)、安易な雇用調整をいさめている。また、一九九八年五月に経団連では今井敬会長が就任し、一九九九年四月には経済同友会の代表幹事に外資系の小林陽太郎富士ゼロックス会長が就いた。この両者の間には「対立」があり、「経団連と同友会の対立」は「二〇〇五年も続いている」とされている。[45]

ただし、同友会の中にも、今日では「改革」に対する反省がないわけではない。経済同友会政治委員会委員長であった丹羽宇一郎伊藤忠商事会長は、二〇〇六年八月の講演会で「今年は随分と『改革』という言葉があちこちで聞かれましたが、何でもかんでも改革を叫べば、それが錦の御旗のようにまかり通っているのではないか。根本的なものは何一つ変わっていないのではないか。いや、むしろ悪くなっているのではないかとすら思います」と述べている。[46]

また、新自由主義的政策を「輸出」した「ワシントン・コンセンサス」についても、「米国主導の資本主義を押し広げようとするもの」で「日本もその標的となっている」と指摘し、「世界中で『ワシントン・コンセンサス』に基づく政策によって格差が拡大しているのだ」と批判している。[47]

さらに、二〇〇六年六月に発表された日本経団連の文書「我が国におけるコーポレート・ガバナンス制度のあり方について」は、「企業は、CSRを重視した経営、とりわけ株主と同時に、従業員や顧客、地域社会等多様なステークホルダーにとっての価値の創造に配慮した経営を行っていく必要があり、それが結果的に株主価値の向上につながっていく」との見解を示し、二〇〇七年一二月の春闘向けの文書でも、「市場原理は万能でもなければ、完璧でもなく、さまざまな課題を抱えている」「環境問題への積極的な取り組みをはじめ、幅広いステークホルダーに対する企業の社会的責任（CSR）への期待・養成も高まっている」と書かれている。[48][49] これらは注目すべき変化ではあるが、それが財界全体の変化をどの程度示すものなのか、今後の推移が注目されるところである。

在日米国商工会議所

「財界三団体」以外の最近注目されている経営者の団体に、在日米国商工会議所（ＡＣＣＪ：American Chamber of Commerce in Japan）がある。ＡＣＣＪは一九四八年に米国企業四〇社によって設立され、現在、東京、名古屋、大阪に事務所を置き、会員は一四〇〇社約三二〇〇人である。

ＡＣＣＪの活動の重要な部分を占めているのが、「政策課題への取り組み」である。具体的には、日米両国の「企業利益を代弁し、メンバー企業の日本での事業の成功に影響を及ぼす、あるいはその存在を左右し得るような日米両国政府の動静を監視し、見解を発表」するなど、「日本政府へも積極的に働きかけ、市場アクセスの改善、外国直接投資受け入れ拡大、意義ある規制緩和の実行、二国間協定やイニシアチブの実施などを求め、企業の事業環境の整備に努め」ている。(50)米国企業の利益の実現のために、日本における市場開放や労働の規制緩和に向けて先兵の役割を演じているのが、このＡＣＣＪだといえよう。(51)

一九八九〜九〇年の日米構造協議は小泉「構造改革」の源流とされているが、それに向けて「政策実行計画案」と題する二四〇項目に及ぶ対日要求リストが作成された。その内容は、公共投資の国民総生産比率一〇％、大規模小売店舗法（大店法）の撤廃、独占禁止法の課徴金増額、銀行や総合商社による系列企業の株保有制限などであった。「まるで『日本改造計画』とも呼べる内容」で、

日本側の一人はそれを見て、「これじゃまるでＧＨＱ（連合国軍総司令部）の指令じゃないか」と憤ったという。(52)

この対日要求リストをまとめたのは米通商代表部（ＵＳＴＲ）であり、その「メンバーとして日本の排他的取引や系列問題の調査を担当し、二四〇項目リストなどの課題にまとめて上司に提出した」のがチャールズ・レイクという人物だった。(53) そしてそのレイクは、二〇〇七年現在、在日米国商工会議所の会頭を務めている。かつて自らが起案した「日本改造」のための対日要求を実行する先頭に立っているということになる。彼もまた、アメリカの企業・銀行や政府（コーポレートクラシー）のための経済的工作員としてグローバリズムの闇の部分を担う「エコノミック・ヒットマン（ＥＨＭ）」の一人なのだろうか。(54)

3　「希望の国」か、それとも「絶望の国」か――「御手洗ビジョン」のめざすもの

すでに破綻した「成長戦略」への拘泥

財界団体の日本経団連は、二〇〇七年一月一日、「御手洗ビジョン」を発表した。〝新しいお手洗いの提案〟というわけではない。財界の将来構想をまとめたものである。この「御手洗ビジョン」の正式の表題は『希望の国、日本――ビジョン二〇〇七』という。どこかで聞いたことがあるような気がするかもしれない。そのとおり。安倍前首相が打ち出した「美しい国、日本」の模倣である。

似ているのは表題だけではない。その中身もう〔り〕二つになっている。その結果、「財界の利益には直接に結びつかないテーマを幅広く盛り込」むこととなり、「安倍政権との関係を強化しようという思惑がはっきりと読みとれる」ものになっていた[55]。以下、ビジョンの内容について、その問題点を検討することにしよう。

「御手洗ビジョン」は「はじめに」で、「弊害が最も小さくなる道を進むことを主張するひとびと」である「弊害重視派」と区別して、自らを「成長重視派」だとしている。「改革を徹底し、成長の果実をもって弊害を克服する」というのである。安倍政権の経済政策構想であった「上げ潮」政策と同様の発想だと言える。

今日の日本経済は、「いざなぎ景気」を超える戦後最長の経済成長の下にあると言われている[56]。「御手洗ビジョン」は、この成長をさらに引き延ばそうという。それが可能なのかと問う前に、そのような「経済成長」によって何がもたらされたのかが問われなければならない。

生産活動によって得られた付加価値のうち労働者がどれだけ受け取ったかを示す指標である労働分配率を見ると、二〇〇一年度の七四・二%をピークに下がり始め、二〇〇四、二〇〇五年度は七〇・六%と低水準に落ち込んだ。この間、大企業の人件費は約六%減り、株主配当は約三倍、役員の賞与は約二倍になった。

トヨタなどの大企業は史上最高の利益を上げる一方、労働者の賃金は下がり続け、ワーキングプアや格差拡大が社会問題化した。低賃金の非正規雇用者が三割を超え、日本の労働者（雇用者）の四人に一人は年収一五〇万円未満、半分は三〇〇万円未満の生活を強いられている。生活苦のための自殺も多く、自殺者は過去九年連続で三万人を超えた。最低賃金は生活保護水準以下であり、生活保護受給世帯数は二〇〇五年に一〇〇万世帯を突破した。

つまり、景気回復によって「成長の果実」は実ったかもしれないが、それはもっぱら大企業や株主、役員などの懐に入り、労働者や庶民の手には渡らなかった。そのために、さまざまな「弊害」や問題が生じたというのが、現実の姿だったのである。二〇〇八年が始まったとき、『朝日新聞』は社説で「企業収益頼みの単発エンジン型では景気を支えられなくなった」とし、「家計の個人消費を加えて双発エンジン型にできるかどうか。それが問われている」と指摘した。(57)『読売新聞』でさえも、その前日の社説で、「企業部門と並ぶ経済のエンジンである家計部門の元気を増すこと」を主張している。(58)

それは、ある意味では当然だといえる。リストラとコスト削減によって、本来なら働く人びとにいくはずの所得を企業が横取りして蓄積にまわし、それによって業績の回復を図ってきたからである。「成長」したにもかかわらず「分配」されなかったのではない。「分配」しないことによって「成長」が可能になったのである。このような「成長路線」の維持・継続は、企業の側に「成長の果実」を実らせることがあったとしても、決して「弊害を克服する」ことにはつながらず、働く人々の側の「弊害」を拡大し、深刻にするだけだろう。

そのうえ、ビジネスチャンスを拡大し、企業活動を支援するために民営化や規制緩和が進められた。それによって、「ホリエモン事件」や村上ファンドの裁判、姉歯やアパグループの耐震偽装事件などの経済事件や企業不祥事も数多く発生した。これらの問題が、さらなる成長によって解決されるというのだろうか。

さらに拡大する貧困と格差

表通りから、「チンチン」という路面電車の音が聞こえる東京・荒川の商店街。老舗の豆腐店で先月三〇日、男性店主（五二）と母親（七九）が首をつって亡くなっているのが見つかった。チラシの裏に書かれた店主の遺書に、「収入が減り、先行きが不安」とあった。時代の移ろいとともに商店街はかつてのにぎわいを失い、「シャッター通り」と呼ばれていた。「一緒にやってきたのに」。仲間たちは無念の死を悼む。(59)

これは、『毎日新聞』に掲載された記事である。他方、「御手洗ビジョン」は、「嵐の日々は過ぎ、そここに木漏れ日が射している。眼差しを上げて行く手を望めば、明るい青空も見える」と書いていた。どちらも、日本の現実であろう。前者は一般の国民の、後者は日本経団連に加わる大企業の現実なのである。

ところが、「収入が減り、先行きが不安」との遺書を残して自殺するところまで追い込まれている人々に、「御手洗ビジョン」は新たな提案を行っている。「税制改革」によって、「二〇一一年度までの間に……消費税を二％引き上げ」、「二〇一二年度以降、……消費税率に換算して三％程度の増税」を行うというのである。現行五％の消費税率を二倍にするという大増税である。

他方、「明るい青空も見える」大企業の法人税については現行の約四〇％から「大幅に引き下げ」、一〇年後に「実効税率は三〇％程度の水準まで引き下げ」るよう提案している。このような法人税の引き下げを行わなければ消費税率を引き上げる必要はないのではないかという当然の疑問に、「御手洗ビジョン」は全く答えようとしていない。

こんにち生じている問題の多くは、大企業の儲けすぎにある。「デフレ不況」における緊急避難としてのコスト削減が長期化し、付加価値の分配構造がゆがんだ結果、労働分配率が低下した。格差が拡大し、金持ちはますます富む[60]一方で、貧困化が進んでいる[61]ことは、すでに指摘したとおりである。

サラリーマンの給与は八年連続でダウンし[62]、生活できず結婚できない若者が増大し、少子化問題も深刻になっている。とうとう、二〇〇五年からは人口減少に転じた。内需は低迷し、地方や地域の衰退は目を覆うばかりである。

一方で企業減税、他方で消費税増税というのが、「御手洗ビジョン」の「希望」だという。そうなれば、「成長」どころか格差はますます拡大し、ワーキングプアや非正規雇用はいっそう増えていくだろう。低賃金と長時間労働を解決しなければ、少子化に歯止めをかけられず、地方や地域の衰退を止めることもできない。すでに破綻した「成長路線」を何の反省もなしに継続し拡大していけば、「希望の国」どころか「絶望の国」へと日本は変わってしまうにちがいない。

「働く機械」を生み出す「労働市場改革」

「御手洗ビジョン」は「今後五年間に重点的に講じるべき方策」を一九項目掲げている。その一四番目が「労働市場改革」である。ここでは、「ワーク・ライフ・バランスを実現し、性別を問わず仕事と家庭生活の両立を支援する」「高齢者の活用を進める」「若年者が就労能力を高めることができる環境を整備する」などの項目とともに、「公的職業紹介事業への市場化テストの導入や民間事業者の積極的な活用」「労働者派遣、請負労働、確定拠出金に関する規制改革」「有期雇用契約の拡大、裁量労働制、ホワイトカラー・エグゼンプションの推進」などが打ち出されている。

財界によって主として狙われているのは、やはり労働市場と労働時間にかかわる規制緩和であり、それによって、雇いやすくクビを切りやすい、使いやすい労働力を手に入れようというのである。柳沢元厚労相は女性のことを「産む機械」と言ったが、財界は労働者を「働く機械」だと考えているのかもしれない。

キヤノンで偽装請負が発覚すると、キヤノン会長でもある御手洗日本経団連会長は「法律を遵守するのは当然だが」としつつも、「請負法制に無理があり過ぎる」と発言した(63)。偽装請負が違法なのではなく、法律のほうが悪いというのである。ホワイトカラー・エグゼンプションにしても同様で、「サービス残業」を合法化するために労働時間規制を取り払ってしまおうというのである。二〇〇六年度の「サービス残業」の額は二二七億円にも達した。ホワイトカラー・エグゼンプションを導入すれば、このような割増賃金を支払う必要はなくなるだろう。

これらは取り締まる法律があるから、問題になり罪となる。偽装請負にしてもサービス残業にしても、法律を変えてしまえば合法化され認められるようになってしまう。時間規制をなくして早く帰れる労働者がどこにいるというのだろうか。それが可能だと言いたいのなら、サービス残業を一掃してからにしてもらいたい。

このような「労働市場改革」が実行されれば、労働現場は無法状態になるだろう。それを狙っているのは、日本経団連の御手洗会長だけではない。「非正社員なりに雇用を安定させることが大事」だという八代尚宏国際基督教大学教授や「過労死は自己管理の問題だ」などという奥谷禮子ザ・アール社長のような人物も経済財政諮問会議や総合規制改革会議に入り、労働政策の策定に関与してきた。

しかし、熊沢誠が指摘するように、「日本は労働市場での弱者を支援する規制がきわめて乏しい、すなわち経営者のフリーハンドが十分すぎるほど認められている国」なのである。「日本の経営者は恵まれてい」るのであり、「これで経営者が労務に関する裁量権の制約を訴えるとすれば、ぜいたくすぎる」というほかない。(64)

「ネオコン」と一体の改憲論

「御手洗ビジョン」は、財界の提言には異例な「憲法改正」という項目をわざわざ設け、保守政界の中でも極めて特異な右寄りの意見をそのまま主張している。九条については「戦力不保持を謳った同条第二項を見直し、憲法上、自衛隊の保持を明確化する」「集団的自衛権を行使できることを明らかにする」「憲法改正要件の緩和を行う」、海外派兵のための「場当たり的な特別措置法ではなく一般法を整備する」「安全保障に関する基本法を制定」する、「安全保障会議を抜本的に強化し、日本版ＮＳＣ（国家安全保障会議）として機能」させるなどというものである。

「御手洗ビジョン」は「アジアとともに世界を支える」として、「アジア諸国の期待に応えることで、一層の信頼と共感を得ていかなければならない」と主張している。このようなアジア重視は当然のことだが、それなら、中国や韓国などの周辺諸国との関係をもっと真剣に考えるべきだろう。靖国問題で周辺諸国との間に極めて重大な問題を引き起こしてきたこの間の経験から、財界は何を学んだのか。小泉元首相の靖国参拝でどれだけ〝商売〟が邪魔されたか、もう忘れてしまったのだろうか。

この間の「景気回復」にしても、高度成長を遂げている〝中国特需〟に牽引されたものである。韓国はもとより、中国、インド、ロシア、ベトナムなどとの経済・貿易関係は、今後ますます重要なものになっていく。日本の経済・産業活動にとって、これらの国々との良好な関係は決定的な意味を持つだろう。

そのようなとき、憲法「改正」によって第九条を変え、自衛隊を本物の軍隊として集団的自衛権の行使を可能にし、米軍との一体化を強めていつでも海外派兵できるような体制を作ろうというのである。加えて、ナショナリズムの高揚と教育基本法「改正」による「愛国心教育」の強まりがある。

これで、周辺諸国の懸念が強まらないはずがない。東アジアにおいて周辺諸国の信頼を勝ち得て尊敬されるような国になるためには、憲法九条を変えたり、軍事力を強化して平和国家としてのあり方を転換してはならない。これが、この間の教訓である。平和であってこその〝商売〟だとの信念を、企業経営者も持ち続けてもらいたいものである。

経営者の「公徳心」こそが問題

この「御手洗ビジョン」で、最も驚くべきことは、「CSRの展開・企業倫理の徹底」という項目が一七番目にきているという点である。「今後五年間に重点的に講じるべき方策」の一九ある課題のうちの後ろから三番目になっている。順番が逆だろう。本来なら、一番先頭に掲げられるべき内容ではないだろうか。

もちろん、CSRの推進や企業倫理の確立、法令遵守については、日本経団連も取り組んでいないわけではない。二〇〇三年一〇月には、企業行動委員会と社会貢献推進委員会の合同部会として社会的責任経営部会が設置されている。[65] また、一九九一年には「企業行動憲章」を制定し、二〇〇四年に三度目の改定を行った(66)。それなのに、この位置づけの低さなのである。

お菓子の不二家、リンナイやパロマのガス湯沸かし器、関西テレビなどが問題を引き起こした。松下電器も石油ファンヒーターで欠陥品を出している(67)。ソニーやトヨタといった日本を代表する大企業も大規模なリコールを行った。「雪印乳業、マルハ、日本ハム、コクド、パロマ工業——。二〇〇〇年以降の不祥事企業には名門も多い(68)」と報じられているように、安全に対する意識や危機管理上の対応が不十分なのは、「名門」企業も例外ではない。

その後も、日興コーディアル証券の粉飾決算、日本・第一・住友・明治安田の大手生保四社の保険金不払い問題、大林組・鹿島・清水建設など大手ゼネコンの談合事件、関電や東電のデータ改ざん、三菱東京UFJ銀行への一部業務停止命令、NOVAの立ち入り検査などがあり、御手洗会長出身のキヤノンも違法な偽装請負が問題になった。

企業犯罪や不祥事が明るみに出て、経営幹部がそろって頭を下げるのが、今や日常の光景のようになっている(69)。しかも、その結果として多くの人が亡くなった。JR西日本の福知山線事故では一〇七人が亡くなり、三菱自動車（現在の三菱ふそう）の事故でも死者が出ている。パロマやリンナイ、北海道ガスのガス漏れ事故では、情報を明らかにしていれば救われたはずの命が失われた。ガス中毒死は、過去二〇年間で一九九人にもなる。

これらの事故や不祥事の再発防止は、企業経営者にとって何よりもまず取り組まなければならない最重要の課題だろう。「希望の国」というのであれば、まず自らが襟を正し、企業としての社会的責任をまっとうするべきである。大企業が集まっている団体の将来ビジョンなのだから、まず自分たち自身の行動をどう改めるのか、それについての考え方や方向性を示すのが当然だろう。

しかし、「御手洗ビジョン」には、このような意識は全くない。記述はとおり一遍で、人ごとのようである。「教育再生、公徳心の涵養」や「憲法改正」の項目よりも「企業倫理の徹底」の文章の方が短いのはどういうことか。教育の再生による公徳心の涵養を論ずるのであれば、まず企業経営者自らの公徳心をこそ問うべきである。

連合総合生活開発研究所が行った調査では、CSRに取り組んだ動機でもっとも回答が多かったのは「不祥事の発生を未然に防ぐ」であり、「会社の規模のいかんを問わず、『法令遵守の社員教育』が社会的責任としてもっとも取り組むべき課題とされた(70)」という。しかし、「法令遵守の教育」が必要なのは、「社員」よりも、その上に立つ「役員」であり、日本経団連に集う企業のトップではないだろうか。

企業経営者の倫理観がいかに衰退しているか。経営者団体の社会的責任に対する自覚がいかに低下しているか。このことを何よりも明瞭に示しているのが、この日本経団連の文書だといわざるをえない。財界の政策文書としては明らかに〝欠陥品〟である。そのうちリコールして、「申し訳ありませんでした」と幹部がそろって頭を下げなければならなくなるかもしれない。

日本の良さが失われてしまうのでは

さらに「ビジョン」は、国際競争力を確保するカギはイノベーションだとして「高コスト構造」の是正を謳っている。そこでは、先端技術でのイノベーションが強調されているが、これも問題である。中国や東南アジアなどの安い労働力に囲まれている日本は、コスト面で国際競争に打ち勝つことはできない。したがって、イノベーションを重視することは誤りではないが、そのカギは「先端」ではなく「底辺」にある。

戦後の日本が培ってきた競争力は、品質の高さであり製品に対する信頼性、ニーズに対する対応能力や独創性であった。このようなクオリティ（質）が確保されたのは、現場における労働力の質が高かったからであり、普通の労働者の技術や技能、いわば「現場力」によるものだった。

ところが、バブル崩壊後のコスト削減やリストラによって、これらが次々と崩れてきた。これをどう立て直すかが、企業経営者としては最も考えなければならないことではないだろうか。

日本には、国際的な面で比較優位の長所や資産がある。それは、戦後の長い時間をかけて培かわれてきたものだといえる。政治的資産でいえば憲法九条があり、「九条の体系」といわれる非核三原則、武器輸出三原則、防衛費のＧＮＰ比一パーセント枠、あるいは専守防衛という路線である。このような平和路線と「平和国家」としてのイメージを、どうして〝商売〟に生かそうとしないのだろうか。

同じように、日本が世界の中で大きな役割を果たし尊敬される国となるための〝武器〟は軍事ではなく経済であり、通商だった。このような力を生かして「現場力」を高めるためには、労働者のやる気が決定的である。働く人がそれなりに経営者を信頼し会社に愛着を持ち、いろいろ創意工夫して現場から品質を向上させることで良い製品が生まれる。イノベーションを現場から始めているところがたくさんあったのである。それを、どう維持し発展させていくかを考えるべきだろう。

このような戦後の日本が培ってきた政治的な資産や経済的・社会的な資産をみんなぶっ壊そうとしているのが、このビジョンであるように思われる。御手洗会長がめざそうとしているアメリカ・モデルは日本の風土には根付かない。「御手洗さんとは中央大学のOB同士で親しく、考え方も共通点が多い」と言う鈴木敏文セブン&アイ・ホールディングス会長は、「コーポレートガバナンス」について次のように警告している。(71)

社外取締役がボードの過半数を占めるのが米国型企業統治。御手洗さんはキヤノンUSAで社長を務め、私は米国でセブン-イレブンの再建にかかわってメリットとデメリットを肌で実感した。必ずしも日本の実情に合ったものではないように思う。

社会環境や組織風土、国民性の違いを無視して米国の手法を形だけ、一部分だけまねすると、かえって経営をゆがめる危険性がある。うのみ、ものまねの経営をトップはするべきではない。

「うのみ、ものまねの経営をトップはするべきではない」という鈴木会長の指摘は、日本の政治や社会の「経営」にもあてはまるのではないだろうか。「社会環境や組織風土、国民性の違いを無視して」、「形だけ、一部分だけまねする」ような愚かなやり方は、厳に慎むべきであろう。

実は、このようなことは、御手洗会長自身も十分承知していたはずである。かつては、「『グローバルスタンダード』（世界標準）などと言って、日本社会の価値観や文化などを無視し、例えば米国流の仕組みを無理やり入れようとすれば、混乱を起こすだけだ」とし、「米国では米国社会に合った経営をすべきだし、日本では日本の社会に合った経営をすればよい」と書いていたのだから。「いずれにしても、日本の経営者は、もう一度、日本企業が拠って立つ条件を、再評価してみてはどうか」とも書いている[72]が、それが最も必要なのは御手洗会長自身なのではないだろうか。

「御手洗ビジョン」の冒頭には、御手洗会長が二三年間米国で過ごしたと書いてある。このビジョンは、結局、アメリカに「洗脳」された人物の妄想にすぎないのではないだろうか。小泉「構造改革」をリードした竹中平蔵元経済財政・金融相にしてもこの御手洗会長にしても、日本をアメリカナイズさせ、日本の良さをなくそうとしてきたように見える[73]。

これは「大企業栄えて民滅ぶ」ビジョンだと言うべきものである。しかし、「民滅ぶ」ような社会で、企業だけが「栄える」ことができるのだろうか。

注

（1）詳しくは、拙著『概説・現代政治――その動態と理論』第三版（法律文化社、一九九九年）二一〇頁以降、参照。

（2）菊池信輝『財界とは何か』（平凡社、二〇〇五年）一〇頁。

（3）同前、二〇頁。
（4）日商のホームページ http://www.jcci.or.jp/gaiyo/index.shtml を参照。
（5）東京商法会議所設立の理由は、①「条約改正促進のための商工業者の世論機関の急設が必要であった」こと、②「殖産興業、特に外国貿易振興のために協力する商工業者の機関を必要とした」ことであった（東京商工会議所『東京商工会議所百年史』一九七九年、二七頁）。
（6）経済同友会のホームページ http://www.doyukai.or.jp/ を参照。
（7）経済同友会『経済同友会十年史』（一九五六年）二〇頁。
（8）経済同友会『経済同友会三十年史』（一九七六年）一七〜一八頁。
（9）このとき「発起人名簿」挙げられた八三人については、同前、二五〜二六頁、参照。
（10）菊池信輝、前掲書、二八〜二九頁。
（11）同前、三九頁。
（12）同前、四一〜四三頁。
（13）経済団体連合会『経済団体連合会三十年史』（日本経営史研究所、一九七八年）九頁。
（14）経団連については、秋元秀雄『経団連』（雪華社、一九六八年）、同『ドキュメント経団連――財界首脳陣のホンネ』（講談社文庫、一九九三年）、経済団体連合会編『経団連の十年』（経済団体連合会、一九五六年）、経済団体連合会編『経済団体連合会三十年史』（経済団体連合会、一九七八年）などを参照。
（15）本所次郎『経団連――財界総本山の素顔』（東洋経済新報社、一九八五年）参照。
（16）「日本における組織的パワーと強制、操作、すり替えといった手法の例証」という視点から日経連の歴史を描いたものとして、ジョン・クランプ〔渡辺雅男・洪哉信訳〕『日経連――もうひとつの戦後史』（桜井書店、二〇〇六年）を参照。
（17）日本経営者団体連盟『日経連五十年史――本編』（一九九八年）三頁。
（18）桜田武日経連会長の発言。「日経連の生い立ちと歩みを語る（座談会）」日経連三十年史刊行会編『日経連三十年史』（日本経営者団体連盟、一九八一年）七〇六頁。これについて鹿内信隆も、「非常に敵意をもったわれわれへの弾圧でした」と述べている（同前、七〇七頁）。
(19) 前掲、『日経連五十年史——本編』、三頁。
(20) 同前、五頁。
(21) 菊池信輝、前掲書、五七〜五九頁。菊池は、財界が荷担した理由として、①「認可競争が激しくなって一本化が必要になった」、②「メディアの論調の問題」、③「労組対策」という三つの理由を挙げ、「当時、左派系の影響力が強かったメディアを、『財界』がなんとか『正常化』しようとしたからである」と述べている。
(22) 以下の記述は、経済団体連合会編『経団連の十年』（経済団体連合会、一九五六年）六〜八頁、による。
(23) このような事情が、その後、両者の統合による新団体「日本経団連」の結成に結びつくのである。
(24) 日本経団連のホームページ http://www.keidanren.or.jp/indexj.html を参照。
(25) 公式の文書「経団連・日経連の統合にむけての共同宣言」は、「労働問題と経済問題を切り離して取り扱うことは次第に困難となってきた」こと、「社会保障制度改革、雇用・労働問題の解決、教育改革等は経済界にとって重要な政策課題」であり、これらについては、「総合的な観点から統一した見解と取り組みが求められている」こと、「地域の経済団体・企業との連携を強化していかなければならない」ことを、統合の理由としてあげている（http://www.keidanren.or.jp/japanese/profile/pro102.html）。
(26) 佐々木憲昭編著『変貌する財界——日本経団連の分析』（新日本出版社、二〇〇七年）八頁。
(27) 同前、五二頁。
(28) 同前、五三頁。
(29) 同前、六八〜六九頁。
(30) 同前、七八頁。
(31) 経団連会長・副会長会議（一九九三年九月二日）「企業献金に関する考え方」http://www.keidanren.

or.jp/japanese/policy/2003/122/kangaekata.html を参照。
(32) 日本経団連会長・副会長会議(二〇〇三年五月一二日)「政策本位の政治に向けた企業・団体寄付の促進について」http://www.keidanren.or.jp/japanese/policy/2003/040.html を参照。
(33) 二〇〇六年のキヤノン本体による政治資金団体への献金額は、自民党に四〇〇〇万円で、トヨタ自動車の六四四〇万円に次いで多い。キヤノングループ全体では、自民党に一一社が六一〇〇万円、民主党に二社が二〇〇万円を献金している(『朝日新聞』二〇〇五年九月一五日付)。
(34) 菊池信輝、前掲書、二六四～二六五頁。
(35) 日米経済協議会の活動状況については、http://www.jubc.gr.jp/jpn/active/index.html#act1を参照。
(36) 前掲『日経連五十年史――本編』六頁。
(37) 「証言でたどる同時代史　変転経済」(『朝日新聞』二〇〇七年五月一九日付)。
(38) 品川正治・牛尾治朗編『日本企業のコーポレート・ガバナンスを問う』(商事法務研究会、二〇〇〇年)は、この会議への参加者からのインタビューをまとめたものである。会議の座長は中村金夫経済同友会副代表幹事、副座長は牛尾治朗ウシオ電機会長で、出席者は二人が欠席して一二人だったという(同前、五頁)。
(39) 前掲、『朝日新聞』。
(40) 鈴木忠雄「舞浜会議――〝コーポレート・ガバナンス〟揺籃期に経営者は何を議論したか」品川正治・牛尾治朗編、前掲書所収、一五頁。
(41) ロナルド・ドーア『誰のための会社にするか』(岩波新書、二〇〇六年)三一頁。
(42) 菊池信輝、前掲書、二三四頁。
(43) 同前、二四〇頁。
(44) 奥田碩「経営者よ、クビ切りするなら切腹せよ」(『文藝春秋』一九九九年一〇月号)一五八頁。
(45) 菊池信輝、前掲書、二五九～二六〇頁。

(46) 丹羽宇一郎『汗出せ、知恵出せ、もっと働け！』（文藝春秋、二〇〇七年）一五五～一五六頁。
(47) 丹羽宇一郎「財界だって格差社会は『ノー』」（『文藝春秋』二〇〇七年三月号）一四六頁。
(48) 日本経団連「我が国におけるコーポレート・ガバナンス制度のあり方について」二〇〇六年六月二〇日。http://www.keidanren.or.jp/japanese/policy/2006/040.html を参照。
(49) 日本経団連『二〇〇八年版　経営労働政策委員会報告――日本型雇用システムの新展開と課題』三頁、五頁。
(50) 在日米国商工会議所のホームページ http://www.accj.or.jp/content/about/Jpage を参照。
(51) これについて、ロナルド・ドーアは「一連の会計制度改革のもっとも熱心な推進者は、Ｍ＆Ａ専門の、特にアメリカの、証券会社、およびそのスポークスマンである在日アメリカ商工会議所であった」と指摘している（ロナルド・ドーア、前掲書、一七頁）。
(52) 「証言でたどる同時代史　変転経済　五」（『朝日新聞』二〇〇七年六月一六日付）。
(53) 「証言　歌舞伎の敵役　米演じた」（『朝日新聞』二〇〇七年六月一六日付）。
(54) 「コーポレートクラシー」と「エコノミック・ヒットマン（ＥＨＭ）」について、詳しくは、ジョン・パーキンス（古草秀子訳）『エコノミック・ヒットマン』（東洋経済新報社、二〇〇七年）参照。なお、レイク会頭は、二〇〇八年一月からアラン・スミス新会頭と交代した。
(55) 「政権と関係強化へ　御手洗ビジョン、思惑鮮明」（『朝日新聞』二〇〇六年一二月一一日付夕刊）。
(56) 内閣府は二〇〇六年一一月二二日に公表した月例経済報告で、二〇〇二年二月から始まった景気拡大期は二〇〇六年一一月で戦後最長の五八カ月に達し、高度経済成長期の「いざなぎ景気」（一九六五年一一月～一九七〇年七月）を越えたとの判断を示した。経済成長はその後も続き、主要な企業は五年連続で最高収益を上げている。
(57) 「『家計』もエンジンに」（『朝日新聞』二〇〇八年一月六日付）。
(58) 「家計の元気回復を急ぎたい」（『読売新聞』二〇〇八年一月五日付）。

（59）『毎日新聞』（二〇〇七年二月一六日付）。

（60）野村総研の推計によれば、二〇〇五年時点で預貯金や株式などの純金融資産を一億円以上保有する「金持ち世帯」は八六万五〇〇〇世帯（資産総額二一三兆円）であり、純金融資産のシェアは一八・四％となって、二〇〇〇年から二ポイント増えた。他方、純資産三〇〇〇万円未満の世帯の資産全体に占める割合は四四・四％と五年間で三・九ポイント減少した（『朝日新聞』二〇〇六年九月二五日付）。

（61）雇用機会や賃金の面で地方より恵まれていると見られている首都・東京でも貧困化が進んでいる。東京都が五年ごとに実施する「福祉保健基礎調査」では、年収が五〇〇万円未満の世帯が五〇・九％と二〇〇六年度に初めて五割を超え、一九八一年度の調査開始以来、過去最多となった。三〇〇万円未満の世帯も全体の三割近くで前回調査より約一〇ポイント増加した。http://www.fukushihoken.metro.tokyo.jp/kikaku/news/presskikaku071030.html を参照。

（62）サラリーマンの平均年間給与総額は、一九九七年度には四六七万四〇〇〇円だったのが、二〇〇五年度には四三六万八〇〇〇円にまで下がっている（『東京新聞』二〇〇七年一月二三日付）。

（63）「平成一八年第二二回経済財政諮問会議議事要旨」（二〇〇六年一〇月一三日）。http://www.keizai-shimon.go.jp/minutes/2006/1013/shimon-s.pdf を参照。

（64）熊沢誠『格差社会ニッポンで働くということ――雇用と労働のゆくえをみつめて』（岩波書店、二〇〇七年）二三八頁。

（65）日本経団連のホームページ http://www.keidanren.or.jp/japanese/journal/trend/200511/p66-68.pdf を参照。

（66）二〇〇四年五月一八日に改定された「企業行動憲章」については、http://www.keidanren.or.jp/japanese/policy/cgcb/charter.html を参照。

（67）経済産業省所管の製品評価技術基盤機構（ＮＩＴＡ）によれば、製品の不具合などによる企業のリコール（無料の回収・修理）の件数が二〇〇七年は一九四件に上り、前年より二割強も増えた。これは一九八九年の調査開始以来最高で、二〇〇二年の約五倍になっている（『東京新聞』二〇〇八年一月一三日付）。

(68)『東京新聞』（二〇〇七年一月一八日付）。

(69) 企業犯罪や不祥事は決して最近になってからの現象ではない。しかし、「戦後から現在までの経済事件を通して、癒着と腐敗がどのように進んでいったかを時系列にまとめた」有森隆は、一九七〇年代以降、「政・官・財・暴の癒着は一層ひどくな」り、「経済界、政界、官界は、組織の腐食が進み、メルトダウンの危機が迫っている」と警告している（有森隆『日本企業　モラルハザード史』文春新書、二〇〇三年、二六八頁）。

(70) 稲上毅・連合総合生活開発研究所編『労働ＣＳＲ――労使コミュニケーションの現状と課題』（ＮＴＴ出版、二〇〇七年）八七頁、九一頁。

(71) 鈴木敏文「私の履歴書」（『日本経済新聞』二〇〇七年四月二七日付）。

(72) 御手洗冨士夫〔構成・街風隆雄〕『御手洗冨士夫「強いニッポン」』（朝日新書、二〇〇六年）一〇一〜一〇二頁。同様に、奥田碩元日経連会長も、「アメリカのシステムはアメリカの国民性、国情にうまく合っているからこそ強い。日本人がそのままそっくり真似をしても、同じようにうまくいく保証はどこにもない」と書いていた（奥田碩、前掲稿、一五三頁）。そのことを知っていながら、どうして「そっくり真似」しようとしたのだろうか。

(73) ロナルド・ドーアは、このような人々を「洗脳世代」と呼んでいる。「一九七〇年代、一九八〇年代に官庁や大企業の若手従業員として、アメリカに派遣留学をして、ＭＢＡやPh. D.を取得し……、官庁（特に大蔵省、通産省、法務省）、政権与党、そして民間企業、経団連などの財界団体、大新聞、大学の経済学部、政府審議会などにおいてその影響力を『臨界質量』にまで高めたのは、一九九〇年代であり、このような「アメリカ帰りの人たちの大半が、アメリカ流の社会科学を丸呑みにし」、「コーポレート・ガバナンスに関する一九九〇年代、二〇〇〇年代の法『改正』は、そういう人たちによって推進された」というのである（ロナルド・ドーア、前掲書、六二一〜六二三頁）。

第6章　国際労働機関（ＩＬＯ）と労働政策

1　ＩＬＯの役割

ＩＬＯの結成

国際労働機関[1]（ＩＬＯ：International Labour Organization）は、第一次世界大戦後に発足した国際連盟の一機関として設立された。第一回総会は、アメリカをホスト国として、一九一九年一〇月にワシントンで開催されている。ＩＬＯの目的は労働の場での社会正義の実現を通して永続する平和を追求することにあり、毎年一回開かれる総会が労働条件の改善と国際的均一化のために条約や勧告を定め、その実施を加盟各国に働きかけている。このＩＬＯの結成と活動において重要なことは、以下の点である。

第一に、ＩＬＯの結成は、それをさかのぼること一〇〇年にも及ぶ労働者保護の運動と労働運動、社会主義運動の発展の結果だったということである。空想的社会主義者の一人としてよく知られているロバート・オーエンが工場法の制定に向けて「労働時間統制案」を提案したのは一八一八年であり、[2] 一八三八年にはフランスの経済学者A・ブランキが「ある国が産業改革を実施しようとするなら、競争国と同時にこれを行わなければならないと指摘」していた。[3] 一九世紀後半には、マルクスやエンゲルスらの呼びかけで一八六四年に結成された国際労働者協会（第一インターナショナル）[4]の運動があり、一九八六年五月一日には、アメリカで八時間労働制を求めるゼネストが実施されている。[5]

その後、スイス、フランス、ドイツなどで国際労働立法を求める声が高まり、一八九〇年にはベルリンで一四カ国の会議が開催され、一九九七年にはベルギーのブリュッセルで学者や行政官らによって国際労働会議が開かれた。これらは一九〇〇年の国際労働法制会議に結実し、会議は「国際労働立法協会」を設立して常設の機関を開設した。「これが、今日のＩＬＯ事務局の直接の前身」[6]にあたる。

第二に、ＩＬＯ結成の直接的な契機となったのは、第一次世界大戦とロシア革命だったということである。一方で、未曾有の惨禍は戦争の背景に政治的隷属と貧困が存在することを痛感させ、それを防ぐためには労働者に良好な労働条件と大きな自由を与えなければならないことを教えた。他方で、ロシア革命の勃発とヨーロッパでの革命の兆しは、使用者や政府にも労働問題の重要性を認識させたのである。

加えて、戦争中における「政労使三者の関係の変化」があった。戦争遂行や軍需品生産のために政府は労使団体と密接に協力した。労働者の地位と発言権は高まり、労働組合側の要求も好意的に取り上げられた(7)。パリ講和会議は「常設機関の形式を勧告する」国際労働立法委員会の設置を決め、その委員長にはアメリカ労働総同盟（ＡＦＬ）会長のゴンパースが推されたが、その背景にはこのような事情があった。これについて、労働組合の国際会議に参加するつもりでパリに向かった鈴木文治は、次のように述べている。

……労働者は戦争の殊勲者である、労働者の力で戦争が戦はれた、殊に労働組合の力が偉大である、労働組合の協力なくして到底順調に戦はれはしなかった、……彼らは労働組合に恩義がある、況や戦後直ちに復員の問題あるをやである。若し労働組合が自由な立場からドシ〳〵最も理想的人道的な平和条件を決議し、これを携へて平和会議に乗り込まれでもしてはそれこそ大変である、どんな免倒《ママ》が起こって来ないとも限らない。そこで花を持たせる意味に於いても牽制の意味に於いても、如かずこれを政府側主催の平和会議の中に引き込むにはと、同じやうな考は、ウヰルソンの頭にも、ロイド・ヂョージの頭にも、クレマンソウの頭にも、ヴァンダーベルドの頭にも閃いたに相違ない(8)。

第三に、ＩＬＯ結成の目的は、「永続する平和（lasting peace）」の基礎としての「社会正義（social justice）」の実現だったということである。九カ国一五人で構成された国際労働立法委員会は三五回の会合を重ねて「国際労働立法の常設機関に関する条約案を内容とする第一部と、労働条項に関する第二部からなる報告書」(9)を作成し、ヴェルサイユ条約第一三編「労働」とされた。一九三四年以降、これは「ＩＬＯ憲章」と呼ばれるようになり、一九四六年の第二九回総会で多少の改正が加えられて現行憲章となった。

以上のような経緯を踏まえて、ＩＬＯ憲章の前文は次のように明記している(10)。

世界の永続する平和は、社会正義を基礎としてのみ確立することができるから、

そして、世界の平和及び協調が危くされるほど大きな社会不安を起こすような不正、困苦及び窮乏を多数の人民にもたらす労働条件が存在し、且つ、これらの労働条件を、たとえば、一日及び一週の最長労働時間の設定を含む労働時間の規制、労働力供給の調整、失業の防止、妥当な生活賃金の支給、雇用から生ずる疾病・疾患・負傷に対する労働者の保護、児童・年少者・婦人の保護、老年及び廃疾に対する給付、自国以外の国において使用される場合における労働者の利益の保護、同一価値の労働に対する同一報酬の原則の承認、結社の自由の原則の承認、職業的及び技術的教育の組織並びに他の措置によって改善することが急務であるから、

また、いずれかの国が人道的な労働条件を採用しないことは、自国における労働条件の改善を希望する他の国の障害となるから、

締約国は、正義及び人道の感情と世界の恒久平和を確保する希望とに促されて、且つ、

この前文に掲げた目的を達成するために、次の国際労働機関憲章に同意する。

このＩＬＯ憲章前文にあるように、何よりも戦争への反省と永続する平和への願いを込め、同時に、国際労働運動の高まりに促されて、ＩＬＯは結成されたのである。

戦後のＩＬＯと新たな段階

第二次世界大戦が終了して旧国際連盟が解体し、一九四五年一〇月に国際連合が成立した。これに対応して、第二七回ＩＬＯ総会は国連の発足を歓迎する決議を採択し、国連と協定を締結する。この協定は、一九四六年一〇月の第二九回ＩＬＯ総会と、一二月の国連第一回後期総会でそれぞれ承認され、ＩＬＯは国連と協定を結んだ最初の専門機関となった。

戦後の条約・勧告については、「戦前の労働者保護を中心としたものから一歩踏み出し、①基本的人権、②新たな労働問題への対処、③旧条約の改正・統合などが中心となった」という特徴がある[11]。また、一九四六年の憲章改正によって、新たに「技術協力」が事務局の活動範囲に加えられ、国際的な基準や指針の作成に加えて、技術援助や調査、訓練などへと、戦後におけるＩＬＯの活動は拡大した。

なお、終戦一年前の一九四四年にフィラデルフィアで開催された第二六回総会で採択された「国際労働機関の目的に関する宣言[12]」（フィラデルフィア宣言）は次のように述べ、基本目標と基本原則を拡大した。

総会は、この機関の基礎となっている根本原則、特に次のことを再確認する。

(a) 労働は、商品ではない。

(b) 表現及び結社の自由は、不断の進歩のために欠くことができない。

(c) 一部の貧困は、全体の繁栄にとって危険である。

(d) 欠乏に対する戦は、各国内における不屈の勇気をもって、且つ、労働者及び使用者の代表者が、政府の代表者と同等の地位において、一般の福祉を増進するために自由な討議及び民主的な決定にともに参加する継続的且つ協調的な国際的努力によって、遂行することを要する。

このフィラデルフィア宣言は、ＩＬＯ憲章とならぶ重要文書であり、ＩＬＯの第二段階を画するものであった。そしてこれに匹敵する重要文書は、一九九八年六月の第八六回総会で採択された「労働における基本的原則及び権利に関するＩＬＯ宣言[13]」である。

「フィラデルフィア宣言に続く偉業[14]」と評されるこの「宣言」は、次のように述べている。

すべての加盟国は、問題となっている条約を批准していない場合においても、まさに機関の加盟国であるという事実そのものにより、誠意をもって、憲章に従って、これらの条約の対象となっている基本的権利に関する原則、すなわち、

(a)　結社の自由及び団体交渉権の効果的な承認
(b)　あらゆる形態の強制労働の禁止
(c)　児童労働の実効的な廃止
(d)　雇用及び職業における差別の排除

を尊重し、促進し、かつ実現する義務を負うことを宣言する。

ここで示された四項目は、「問題となっている条約を批准していない場合」でも、「加盟国であるという事実そのもの」によって生ずる義務とされている。「条約を批准していないから」という言い訳は通用しない。したがって、ＩＬＯ加盟国である日本もまた、「結社の自由及び団体交渉権の効果的な承認」や「雇用及び職業における差別の排除」などを実現する義務を負っていることになる。

この一九九八年の「宣言」と、その翌年の一九九九年にソマビア新事務局長が提唱した「ディーセント・ワーク」こそ、二一世紀におけるＩＬＯの新戦略であり、ＩＬＯの活動におけるもう一つの新段階を画するものであった。

ディーセント・ワークの重要性

ディーセント・ワークとは何か。この提唱者であるソマビアＩＬＯ事務局長は、次のように説明している(15)。

これを説明するのは比較的簡単です。すなわち、子どもに教育を受けさせることができ、比較的しっかりと家族を養っていくことができ、そして、三〇～三五年ぐらい働いた後、老後生活を営んでいけるだけの年金などが受けられるような労働を意味します。……

つまり、労働は所得を得ると同時に、貧困の撲滅や経済的・社会的な進歩、あるいは自己充足にとっての基本だということです。また、労働は単なる経済活動ではないことです。働く人々は全て、労働における権利、すなわち自由・平等・安全・尊厳といったものに対する権利を持っています。これらをまとめる一つの概念が「ディーセント」です。

英語の decent とは、「まともな、適正な、そこそこの、悪くない、結構いい」などという意味になる。したがって、decent work とは、「まともな、適正な、そこそこの、悪くない、結構いい仕事、労働」ということである。これを端的に言えば、適正な人間らしい労働ということになろう。

このような仕事は、「子どもに教育を受けさせることができ、比較的しっかりと家族を養っていくことができ、そして、三〇～三五年ぐらい働いた後、老後生活を営んでいけるだけの年金などが受けられるような」ものでなければならない。これを実現することが、ＩＬＯにおける二一世紀の目標である。それはこの日本でも実現されなければならず、すなわちそれは日本における労働政策の達成目標にほかならない。

「労働は所得を得ると同時に、貧困の撲滅や経済的・社会的な進歩、あるいは自己充足にとっての基本だ」と、ソマビア事務局長は語っている。それが「ディーセント」なのだと……。

「労働」のみならず、経済活動すべてがそうなのだと、私は主張したい。限られた資源と環境の下で、利潤の追求と極大化のみを求める企業活動は「ディーセント」ではなく、働くものの人権侵害を生み出すような企業活動も「ディーセント」ではない。貧困の撲滅や経済的・社会的進歩、そして資源や環境の保全と人権擁護に資する「ディーセント」な経済活動、すなわちモラル・エコノミーによってこそ、人間社会とコミュニティーの存続は可能となる。[16]ディーセント・ワークは、そのための前提条件なのである。

堀内光子前ＩＬＯ駐日事務所代表は、ディーセント・ワークに向けた日本の課題として、①「安心して働ける仕事」を国の経済社会政策の根幹に位置づけること、②人々の活力・イニシアティヴを生かすことができるようなセーフティ・ネットの枠組みづくり、③働く人々の権利の保障と労働者間の不合理な差別をなくすことへの努力、④コンセンサス作りの重要性を指摘している。[17]なかでも、「特にＩＬＯ一一一号条約（平等待遇条約）の批准」を課題として提起している。

このような指摘を受け止め、ディーセント・ワーク（適正な人間らしい労働）という視点から日本の労働政策の全てを洗い直し、足らざるところを補う努力が必要であろう。

ＩＬＯの機構

ＩＬＯは国連機関の中では独特の三者構成をとっている。労働に関する政策策定や計画の立案に際しては、社会的パートナーである労使の代表も、政府と同等に発言する権利をもっているという考え方に基づいているからである。

このような考え方は、一九一九年にスイスのベルンで開かれた前述の二つの国際会議で採択された「綱領」の中で述べられていた。この綱領は、「国際労働立法の適用のため常設委員会を組織すること、その委員会においては政府の代表と労働者の代表とを同数とすること、この委員会の決議は国際的に法律たる効力を有すること」を求めていたという(18)。

ＩＬＯ自身が、このような三者構成原則を採用しているだけではない。同時に、社会や経済などに関する国内政策の形成、適切な場合にはその実行においても、加盟国内でこの三者構成原則を採用するよう奨励している。これについては、すでに第1章で紹介した。

国際労働基準は各国の労働政策において守られるべき最低基準である。この国際労働基準とＩＬＯの政策は、毎年開かれる国際労働総会で設定される。総会には各加盟国から政府側二人、使用者側一人、労働者側一人の計四人の代表が参加し、代表はそれぞれ独立して発言し、投票する。また、加盟国が分担するＩＬＯの予算及び活動計画を二年毎に承認する。

ＩＬＯの総会から次の総会までの間の業務は、政府二八人、労使各一四人、計五六人で構成される理事会が指導する。事務部門、事業本部、調査研究センター及び出版部門の本拠は、ジュネーブにある国際労働事務局である。その下に、四〇以上の国にある地域総局と現地事務所が置かれている。

理事会には七つの付属委員会があり、理事会の全体会議に先立って会議を開く。これらの会議では、労働者側と使用者側はグループ会議で「意思統一をしたうえで、三者構成の委員会に臨むのが確立・定着」している(19)。この労働者グループの事務局は、これまでは「ＩＣＦＴＵジュネーブ事務所」であった。つまり、ＩＬＯでの労働者グループの活動は国際自由労連と密接に連携していたのであり、二〇〇六年一一月の国際労働組合総連合（ＩＴＵＣ）の結成以降、このような機能はＩＴＵＣに受け継がれた。

＊コラム④　ＩＬＯ本部と旧国際連盟本部

ＩＬＯの本部はスイスのジュネーブにある。二〇〇一年の秋、世界の労働資料館と労働組合を訪ねる旅の途中、私はここに立ち寄った。レマン湖を臨む高台に立つ、多少湾曲した優雅な曲線を描く大きなビルがＩＬＯの本部である。しかし、総会が開かれるのはこのビルではない。その近くにある国連ヨーロッパ本部新館の会議場を借りて、毎年のＩＬＯ総会が開かれる。

この国連ヨーロッパ本部新館の隣にあるのが旧館で、これがかつての国際連盟の本部である。その一角に、国際連盟の総会が開かれた会議場が今も残されている。一九三三年三月二四日、「満州国は地元住民の自発的な独立ではない」と結論づけたリットン調査団の報告に基づいて、国際連盟は満州国を否認した決議をあげた。この時の全権代表松岡洋右は、「日本は、国際連盟総会の勧告を断じて受け入れることはできない」と演説し、そのままこの会議場から退席する。

「かつて、戦争と平和の問題をめぐって各国代表が火花を散らした会場だが、全体に暗い感じがする。国際政治をめぐって火花を散らしたのは、会議場の中だけではなかっただろう。外の廊下でも、様々な交渉がなされたはずだ。この廊下は南側に面していて、外を見れば緑の芝生の向こうにレマン湖が光っている。戦争をめぐる暗闘とは似つかわしくない、平和な風景が広がっていた」（拙著『この目で見てきた世界のレイバー・アーカイブズ――世界一周：労働組合と労働資料館を訪ねる旅』法律文化社、二〇〇四年、二一三～二一四頁）。

ＩＬＯの条約と勧告

ＩＬＯの最も重要な機能の一つは、国際労働基準を設定する条約と勧告を総会で採択することである。条約は、加盟国の批准によって実施を義務づける拘束力が生じ、勧告は批准をともなうものではなく、国内措置のための指針、ガイドラインとなる。

創立大会以来、ＩＬＯは労働に関わる事項を網羅する条約と勧告を採択してきた。これには、特定の基本的人権（とりわけ、結社の自由、団結権や団体交渉権、強制労働や児童労働の廃止、雇用における差別の撤廃）、労働行政、労使関係、雇用政策、労働条件、社会保障、労働安全衛生、女性の雇用、移民や船員のような特殊な分野での雇用などが含まれている。

これらの条約や勧告が採択された場合、加盟国には「権限ある機関」への条約・勧告の提出という義務が生ずる。日本の場合は、国会に提出して審議の対象としなければならない。条約の批准や勧告の実施が可能であるなしにかかわらず、提出は義務づけられている。

また、条約が批准された場合、それを「実施するために必要な措置」をとらなければならない。「日本などの場合には立法措置ということ」であり、「条約の規定に抵触するような国内法や国内慣行を廃止し、条約の各規定と国内法を一致させる。これが義務づけられる」ことになる[20]。

ＩＬＯは、各国の法律や慣行への国際労働基準を適用させるため、監視の手続きを設けているが、これはこの種の国際手続きのなかで最も進んだものである。この手続きは、独立した専門家による義務履行状況の客観的評価（条約勧告適用専門家委員会）と、ＩＬＯの三者構成機関による個別案件審査（基準適用総会委員会）を基礎としている。

基本的なＩＬＯの条約は、表６‐１に示されるとおりである。そのなかでも、「結社の自由及び団結権保護条約」である第八七号条約は特別に大きな意味を持っている。結社の自由侵害の申立てについては、特別の審査手続きがある。ＩＬＯが定める労働基準は、国際的に認められた最低限の水準であり、政府、労働組合、経営者団体はともに、このようなＩＬＯ条約の批准と勧告に基づく国内労働政策の整備に努めなければならない。

このような条約を批准していないということは、労働政策がここに定められた国際水準に到達していないか、それに抵触する内容を含んでいるということになる。労働政策や労働条件がそのような低水準にあるということは、先進国として恥ずかしいことである。

表6－1　基本的なILO条約

条約名（制定年）		内　容
第29号	強制労働条約（1930年）	あらゆる形態の強制労働の廃止を求めるものだが、兵役、適正な監督のもとにある囚人労働、戦争、火災、地震といった緊急時など、いくつかの適用除外が認められている。
第87号	結社の自由及び団結権保護条約（1948年）	すべての労働者及び使用者に対し、事前の許可を受けることなしに、自ら選択する団体を設立し、加入する権利を定めるとともに団体が公の機関の干渉を受けずに自由に機能するための一連の保障を規定する。
第98号	団結権及び団体交渉権条約（1949年）	反組合的な差別待遇からの保護、労使団体の相互干渉行為からの保護、団体交渉奨励措置を規定する。
第100号	同一報酬条約（1951年）	同一価値の労働についての男女労働者に対する同一の給与及び給付を求めるもの。
第105号	強制労働廃止条約（1957年）	政治的な圧政もしくは教育の手段、政治的もしくは思想的見解の発表に対する制裁、労働力の動員、労働規律、ストライキ参加に対する制裁または差別待遇の手段として何らかの形態の強制労働を用いることを禁止するもの。
第111号	差別待遇（雇用及び職業）条約（1958年）	人種、肌の色、性、宗教、政治的見解、国民的出身または社会的出身に基づく、雇用、訓練、労働条件における差別待遇を除去し、機会及び待遇の均等を促進する国内政策を求めるもの。
第138号	最低年齢条約（1973年）	児童労働の廃止をめざし、就業の最低年齢を義務教育終了年齢以上とするよう規定するもの。
第182号	最悪の形態の児童労働条約（1999年）	奴隷労働および類似の慣行、武力紛争で使用するための強制的な徴集、並びに売春やポルノ、あらゆる不正な活動、児童の健康・安全・道徳を害するおそれのある労働における使用を含む、最悪の形態の児童労働の禁止と撤廃を確保する即時の効果的な措置を求めるもの。

出典）ILO駐日事務所「国際労働基準」http://www.ilo.org/public/japanese/region/asro/tokyo/about/ilo.htm#ils より著者作成。

産業の発展段階に応じて、それぞれの国の事情があり、労働政策や労働条件においても各国の特殊性が存在する。しかし、日本のような先進国には、もはやそのような言い訳は許されない。経済活動において世界第二位となっている先進的な国が、労働政策や労働条件においても先進的でなければならないというのは当然のことではないだろうか。

先進国としての日本は、第一に、ＩＬＯ条約・勧告の全てを批准し、国内労働政策への適応という点で模範を示すことによって国際社会に貢献しなければならない。そして第二に、ＩＬＯが対応しなければならない新たな問題を提起し、条約・勧告の水準を高めていく点でも、世界の労働政策をリードするべきであろう。

このような活動を通じて、貧困を撲滅し、永続する平和を実現することは、日本政府と国民に対する日本国憲法の要請である。憲法前文は、「平和を維持し、専制と隷従、圧迫と偏狭を地上から永遠に除去しようと努めてゐる国際社会において、名誉ある地位を占めたいと思ふ」と謳っている。ＩＬＯの活動の先頭に立ってディーセント・ワークを実現することこそ、「国際社会において、名誉ある地位を占め」る最善の道ではないだろうか。

2 ＩＬＯと日本

ＩＬＯの発足と日本の役割

まず、最初にはっきりさせておくべきことは、日本はＩＬＯに加盟したのではなく、ＩＬＯを創ったのだということである。ＩＬＯ設立の母体となったのは国際労働立法委員会であり、前述のように、これには九カ国一五人が参加した。このうち、「五大国（日英米仏伊）から二人ずつ一〇人と、小国（ベルギー、キューバ、ポーランド、チェコスロバキア）から一人ずつ出す」はずだったが、ベルギーだけ二人が認められ、一五人となった。[21]つまり、日本は「五大国」の一つとして遇され、中心的役割を果たすべき国の一つだったのである。

このとき、日本から参加したのは、落合謙太郎駐オランダ公使と岡実前農商務省商工局長の二人だった。随員は、吉阪俊蔵農商務省工場監督官と鈴木文治友愛会会長の二人である。[22]このうち、「吉阪は、委員会書記局の一員としても活躍した」[23]が、「鈴木は、この会議において日本の政府が極力現状維持を主張して、改革案に積極的な貢献をすることができなかった頑迷さと準備不足に立腹せざるを得なかった」[24]という。

鈴木が「立腹せざるを得なかった」ように、この委員会に対する日本側の対応は、極めて不十分なものであった。「委員会の召集状の到着が遅れたため」に、第一回委員会の「会合にも記念撮影にも入らなかった」[25]だけではない。「ヨーロッパの動静にうとかった日本は何の用意もなく会議に臨」[26]み、ベルサイユ平和条約第一三編についても、「第一部の常設機関に関する英国案の審議に際しとった日本委員の態度が消極的にすぎ棄権ばかりしていた」[27]という。

審議の一部始終を目撃していた鈴木文治は、「国際労働法制委員会における日本の委員も、終始孤立無援の立場に陥り、頗る窘窮せざるを得なかったのである。……日本人共通の欠陥として外国語を以て発言する事ははなはだ不得手であるが故に、委員会に於ける日本の委員も終始沈黙を守らざるを得なかつ《ママ》のである。しかも偶々発言するときは進歩的法制に対して反対の意思を表明するか若くは可否の決定瞭かならずと云ふが如き態度であったるが故に、列国共に日本政府の真意を疑ふを得ざりし如き有様に陥った」と述べている[28]。

このように、日本政府はＩＬＯの設立に積極的ではなかった。このときの日本政府の態度を詳細に検討した吉岡吉典は、「第一次世界大戦後の世界に臨む日本政府の基本的立場は、大きく変わる世界の流れに巻き込まれないよう新しい動きの埒外にいたいということ」であり、「それは労働条件向上で恒久平和の基礎確立をめざした世界への抵抗者だったというべきものでした」[29]と述べている。しかし、ベルサイユ会議の日本全権であった牧野伸顕は、吉阪からの説明を聞いて「結局我が労働界も国際並みに到達する運命にあるものとの信念を得て、規約に加わることの已むを得ざるを自覚した」[30]のである。

このようにして、日本もまたＩＬＯ誕生の産婆役を務めることになった。それは「歯をくいしばっても世界の推運に追いついて五大国の一という政治的地位を守ろうという熱望」のゆえであり、「委員会で積極的な世界改造の意見を述べるだけの背景をもち合わさぬことを遺憾としながら、世界的文化水準をかち得るために懸命の努力をした(31)」結果でもあった。ワシントンで開かれた第一回総会には、日本から六〇人近い大代表団が出席して注目されたが、それは難産の末に生み出された「子ども」の姿を確認するためだったのかもしれない。

歴史的教訓とエピソード

戦前のＩＬＯとの関連で、ここでいくつかの歴史的教訓とエピソードについて触れておきたい。それは第一に、ＩＬＯの発足当初から日本は大きな歴史的汚点と「原罪」を負うことになったということである。「ＩＬＯの最初の仕事は第一号（工業一日八時間、週四八時間労働）条約（一九一九年）の採択(32)」であり、これは、第一回総会で採択された六条約・六勧告の一つであった。これに対して日本は特殊国扱いを要求し、第一号条約の第九条は五項目にわたる日本についての修正規定を定めた(33)。しかし、これは全く無駄になった。日本は、戦前においてのみならず、今日に至るまで、この第一号条約を批准していないからである。

この事実は、日本にとって極めて不名誉な歴史的汚点だと言わなければならない。同時に、労働時間に関わるこの条約を批准できなかったという点に、今日に至る日本の最大の問題点が示されている。過労死や過労自殺、メンタルヘルス不全、少子化、サービス残業など、長時間労働を原因とする問題の発生は、ＩＬＯ誕生の時点で負うことになった「原罪」が今日の日本にもたらした結果にほかならない。

第二に、ＩＬＯと戦前における内務省社会局発足との関係である。第1章で述べたように、社会局は一九二二年に内務省の外局として発足するが、これは農商務省との主管争いに内務省が勝ったためである。これには、実はＩＬＯの存在が深く関わっていた。

というのは、「当時の農商務省は第一回国際労働総会の採択した国際労働条約案は全然これを国内法に採り入れないという方針を採った」ため、国際会議で攻撃され、国内でも保守的すぎるとの印象を持たれたからである。同時に、ＩＬＯ総会に派遣する労働代表問題でも、「条約上は代表的な労働組合と協議の上選出する事になっているが、農商務省は労働組合といえば悪党か謀反人位に考えて、こんな者の代表を国際会議に送るのは以ての外として」、勝手に労働代表を選定して労働組合の反発を招いた。ＩＬＯ総会の資格審査でも「手ひどい非難」を受け、「初め本問題を所管した農商務省は国際労働問題を嫌ってこれを放っぽり出したと解釈され」、ＩＬＯ条約の立法化を拒否したこととあわせて、「農商務省は労働問題に熱意がないという印象を与えた」のであった。

こうして、「労働組合の問題は両省の主管争いの恰好」となったものの、「農商務省の次官、局長も農商務省が労働問題を嫌ったり、忌避した実績を如何ともする事ができず、社会局創立の閣議決定は容易に成立した」という。これは、社会局発足時に労働部監督課事務官として農商務省から転勤し、社会局消滅まで労働部に勤めた北岡寿逸の証言である(34)。

第三に、ＩＬＯ第一回総会に向けての官選労働代表問題に触れないわけにはいかない。これは、私の勤務先である大原社会問題研究所の歴史とも深く関わっているからである。

ＩＬＯ憲章第三条は、総会に出席する代表は、使用者または労働者を最も良く代表する団体がある場合には、それらの団体と合意のうえで選出するとしている。しかし、日本政府はこのような方法をとらず、友愛会などの労働団体が不在のまま、三人の候補者を選出した。そのうちの一人が、高野岩三郎東京帝大教授である。

当然、労働組合からは猛反対が起こった。組合に協力的だった高野は苦慮した。「労働団体の後援もなく、いやその反対にあって、組合を代表する顧問の一人もつれずに労働代表として国際会議にのぞむのはわたしの堪えがたいところだ。このことはわたしの良心にしたがって、わたし個人の責任で一切を処理するつもりだ[35]」と決意した高野は、いったんは受諾した労働代表を辞退し、東京帝大を辞職した。このようにして職を失った高野が、大原孫三郎に請われて大原社会問題研究所の初代所長に就任するのは、その後のことになる。

結局、労働組合の要求と運動に反して、政府は鳥羽造船所取締役の桝本卯平技師長を労働者代表として第一回ＩＬＯ総会に派遣した。このようなＩＬＯ憲章に反する官選労働代表の派遣は第五回総会まで続き、そのたびに資格騒動を引き起こすことになる。労使関係を「主従関係」と見る日本において、「官選思想」がいかに強かったかを示す事例だといえよう[36]。

＊コラム⑤　大原孫三郎と松本圭一

大原孫三郎に関わるもう一つのエピソードにも触れておく必要があろう。大原孫三郎は大原社会問題研究所や大原美術館など、後世に残る施設を設立したが、そのうちの一つに大原農業研究所がある。二〇〇六年一一月、私は倉敷にある岡山大学付属資源生物科学研究所（旧大原農業研究所）に立ち寄ったとき、付属図書館で中国の古代農学関係の書籍四八八四冊を目にした。これは、一九二三年に松本圭一と西門義一という二人の研究員を中国に派遣して集めたものである（飯塚恭子『祖国を追われて――ＩＬＯ労働代表松本圭一の生涯』キリスト新聞社、一九八九年、一二九頁）。

一九二一年一月に開かれたＩＬＯ第三回総会は農業労働問題をテーマとし、岡山孤児院の理事で宮崎県茶臼原分院の農場学校長だった松本圭一が労働代表に選ばれた。この総会で松本は、官選代表として送りまれた自身の代表資格について疑義を表明し、日本政府や資本家代表とは異なった対応を行って「非国民」「逆賊」扱いされ、農場学校長としての職を失う。途方に暮れた松本を助けたのが大原孫三郎で、松本を大原奨農会（大原農業研究所）に客員として招くのである。松本が書籍購入のために中国へ派遣された背景には、このような事情があった。

資源生物科学研究所付属図書館に所蔵されている中国の書籍は、戦前のあの時代にＩＬＯ総会で日本の労働者のために堂々と論陣を張った気骨ある人物がいたこと、「非国民」などという誹りをものともせず松本に手をさしのべたのが大原孫三郎であったことを、今日に伝えているのである。まさに、大原孫三郎は経営者の鏡というべきであろう。

ＩＬＯからの脱退と再加盟

一九三一年九月に満州事変を引き起こした日本は、一九三三年三月に国際連盟を脱退した。その後もＩＬＯとの関係は維持されたが、一九三七年七月の日中戦争勃発によってＩＬＯ加盟を維持することは困難となり、結局、一九四〇年一一月に日本はＩＬＯも脱退した[37]。

第二次世界大戦後、前述のように、ＩＬＯは国連の機関として再出発する。しかし、ＩＬＯへの日本の復帰は、一九五一年六月の第三四回総会まで待たなければならなかった。このように復帰が遅れたのには、「ＧＨＱは、日本が直接外につながることを好んでいなかった[38]」という事情があった。

一九四七年に、戦前のＩＬＯ本部に勤務していた荻島亨が帰国し、一九四八年三月、旧知の関係者らとともに日本のＩＬＯ加盟促進のための「ＩＬＯ委員会」を設立する。そして五月には、「ＩＬＯ復帰促進の決議」が採択された。注目されるのは、このとき、決議が「共産党を除く全員賛成により衆議院で採択された[39]」ことである。

このような動きを背景に、一九五一年五月、吉田茂外相は日本のＩＬＯ再加盟を申請し、この問題は六月の第三四回総会で審議された。意見を述べた一四人のうち、賛成は一〇人、反対は四人だった。

しかし、その賛成論も、「放蕩息子の帰宅ほど慰めになるものはない」（ベトナムのブーキン政府代表）、「この放蕩息子の帰宅を迎えよう」（フランスのラマディエ前首相）というものであった[40]。投票の結果は賛成一七七、反対一二で、圧倒的多数によって再加盟が認められはしたが、しかし、過去に問題を起こした「放蕩息子」として、日本はＩＬＯへの復帰を許されたのである。

日本における条約の批准状況

ＩＬＯは一八八の条約と一九九の勧告を採択している（二〇〇七年六月末現在）。このうち、日本の批准条約総数は、表6－2に示されている四八にすぎない。約四分の一である。

日本がＩＬＯ条約を四分の一しか批准していない事実は、労働者の権利にかかわるルールの確立で、国際的に見て日本がいかに遅れているかを示している。ヨーロッパ諸国では、フランスが一二四、イタリアが一一一、イギリスが八六、ドイツが八三の条約を批准している。(41) これらの国々と比べても、日本の条約批准の少なさは際だっている。(42)

とりわけ、日本の場合で特徴的なのは、一号条約（一日八時間・週四八時間制）をはじめ、四七号（週四〇時間制）、一三二号（年次有給休暇）、一四〇号（有給教育休暇）など、一八本ある労働時間・休暇関係の条約を一本も批准していないことである。一方では、日本国内の労働時間規制が十分でないために条約を批准することができず、他方では、労働時間関連の条約を批准していないために、労働時間規制の施策が十分に整備されないという悪循環に陥っている。その結果、「過労死大国」などという不名誉な状況を生み出しているのが日本の現状なのである。

また、日本は、一九九八年の新宣言「労働における基本的原則及び権利に関するＩＬＯ宣言」で「最優先条約」とされた八条約のうち、一〇五号（強制労働の廃止）、一一一号（雇用及び職業における差別待遇）、一八二号（最悪の形態の児童労働禁止）の三条約も批准していない。つまり日本は、二一世紀におけるＩＬＯの新戦略の具体化を阻害する役割を果たしていることになる。

このほか、未批准の主な条約には、九四号（公契約における労働条項）、一四四号（国際労働基準の

1971年4月29日	最終条項改正条約（1961年・第116号）
1971年4月29日	最低賃金決定条約（1970年・第131号）
1973年7月31日	放射線保護条約（1960年・第115号）
1973年7月31日	機械防護条約（1963年・第119号）
1974年6月7日	業務災害給付条約（1964年・第121号）
1975年7月29日	船舶料理士資格証明条約（1946年・第69号）
1976年2月2日	社会保障（最低基準）条約（1952年・第102号）
1977年7月26日	職業がん条約（1974年・第139号）
1978年7月3日	災害防止（船員）条約（1970年・第134号）
1983年5月31日	商船（最低基準）条約（1976年・第147号）
1986年6月10日	雇用政策条約（1964年・第122号）
1986年6月10日	人的資源開発条約（1975年・第142号）
1992年6月12日	職業リハビリテーション及び雇用（障害者）条約（1983年・第159号）
1993年6月21日	衛生（商業及び事務所）条約（1964年・第120号）
1995年6月9日	家族的責任を有する労働者条約（1981年・第156号）
1999年7月28日	民間職業仲介事業所条約（1997年・第181号）
2000年6月5日	最低年齢条約（1973年・第138号）
2001年6月18日	最悪の形態の児童労働条約（1999年・第182号）
2002年6月14日	三者の間の協議（国際労働基準）条約（1976年・第144号）
2005年8月11日	石綿条約（1986年・第162号）
2007年7月24日	職業上の安全及び健康促進枠組条約（2006年・第187号）

出典）ILO 駐日事務所ホームページ http:/www.ilo.org/public/japanese/region/tokyo/standars/ratcon.html

表６－２　日本が批准したILO条約一覧

（批准日順、2007年７月24日現在計48）

日本の批准日	条約名（採択年、条約番号）
1922年11月23日	失業条約（1919年・第２号）
1922年11月23日	海員紹介条約（1920年・第９号）
1923年12月19日	（第138号条約批准により廃棄）最低年齢（農業）条約（1921年・第10号）
1924年６月７日	（第138号条約批准により廃棄）最低年齢（海上）条約（1920年・第７号）
1924年６月７日	年少者体格検査（海上）条約（1921年・第16号）
1926年８月７日	（第138号条約批准により廃棄）最低年齢（工業）条約（1919年・第５号）
1928年10月８日	労働者補償（職業病）条約（1925年・第18号）
1928年10月８日	均等待遇（災害補償）条約（1925年・第19号）
1928年10月８日	移民監督条約（1926年・第21号）
1930年12月４日	（第138号条約批准により廃棄）最低年齢（石炭夫及び火夫）条約（1921年・第15号）
1931年３月16日	重量標示（船舶運送の包装貨物）条約（1929年・第27号）
1932年11月21日	強制労働条約（1930年・第29号）
1936年６月６日	（第121号条約批准により廃棄）労働者補償（職業病）改正条約（1934年・第42号）
1938年９月８日	土民労働者募集条約（1936年・第50号）
1953年10月20日	労働監督条約（1947年・第81号）
1953年10月20日	職業安定組織条約（1948年・第88号）
1953年10月20日	団結権及び団体交渉権条約（1949年・第98号）
1954年５月27日	最終条項改正条約（1946年・第80号）
1955年８月22日	失業補償（海難）条約（1920年・第8号）
1955年８月22日	海員の雇入契約条約（1926年・第22号）
1955年８月22日	健康検査（船員）条約（1946年・第73号）
1955年８月22日	（第138号条約批准により廃棄）最低年齢（海上）改正条約（1936年・第58号）
1956年６月11日	坑内作業（女子）条約（1935年・第45号）
1956年６月11日	（第181号条約批准により廃棄）有料職業紹介所改正条約（1949年・第96号）
1965年６月14日	結社の自由及び団結権保護条約（1948年・第87号）
1967年８月24日	同一報酬条約（1951年・第100号）
1971年４月29日	最低賃金決定制度条約（1928年・第26号）

ための三者協議)、一四八号(作業環境)、一五一号(公務労働者)、一五五号(労働安全衛生)、一五八号(使用者の発意による雇用の終了)、一七一号(夜業)、一七三号(労働者債権の保護)、一七五号(パートタイム労働)、一七七号(在宅形態の労働)、一八三号(母性保護)などがある。いずれも、今日の日本が直面している労働政策の課題であり、早急に条件を整えて条約を批准するべきであろう。

これらの条約の批准が労働条件の水準を引き上げ、労働者の利益になることはいうまでもない。ILO憲章をはじめ、条約などに示された歴史的な到達点は、生活と権利を守るうえでの「重要なよりどころ」となり、労働運動の「武器」にすることができる。(43) また、労働運動の力によって支えられなければ、これらの憲章や条約は、その実効性を確保することができない。労働運動の団結の力は、条約の批准を実現するためにも、批准された条約の実効性を確保するためにも必要なのである。

と同時に、ILO条約の批准を各国政府に求めることは、日本の経営者(使用者)の大きな利益にもなるということを指摘しておきたい。国際労働基準による労働条件の向上は、途上国との競争条件における格差の是正と平準化を進めるように作用するからである。

途上国の低コストは、しばしば低賃金や低労働条件によってもたらされている。ILO条約の批准を通じてこれらの国々の賃金や労働条件の引き上げを実現することは、途上国企業における低コストという「武器」を取り上げることを意味する。高い労働条件の下での公正で平等な競争こそ、先進国企業の利益になるということを忘れてはならない。

ILO闘争の意義

ILOは、労働基本権の確立を求める人々にとっては、強力な援軍である。しかし、戦後の日本では、ILOは左派系労働運動にとって「敷居が高い」ものだったかもしれない。というのは、ILOへの労働代表が総評や同盟の組合役員によって占められ、前述のように、ILO総会での労働者側グループの事務局を担当したのが、国際自由労連（ICFTU）のジュネーブ事務所だったからである。

しかし、それでも、ILO八七号条約批准闘争のように、総評や官公労が取り組んで重要な成果を上げた経験もある。戦後、GHQによって労働基本権を奪われた公務労働者は、ILOへの提訴を行い、「結社の自由及び団結権の保護に関する条約」（ILO八七号条約）の批准闘争を展開した。とりわけ、一九五〇年代後半の公務労働者に対する処分や勤評反対闘争への処分などを契機に、日本の公務労働者に関する労働法制の不当性が明らかになり、国際的な批判が高まった。

このようななかで、一九六三年の理事会においてILOは日本に対して「結社の自由に関する実情調査調停委員会」（ドライヤー委員会）を設置する。ドライヤー調査団は一九六五年一月に来日して実情調査を行い、全建労、全国税、全税関、総理府労連、全労働、全司法が団結権侵害の実情を説明した。ドライヤー調査団は報告書（「ドライヤー報告」）をまとめて日本政府に批准を求め、ようやく八七号条約は批准された。

ILOを活用した公務員の労働基本権回復のための闘争は今も続いている。最近では、連合・全

2006年の進展	2002年6月の委員会で今後も情報提供を求める結論が出され、2005年11月に最後のフォローアップ審議が行われた後、2006年は審議されていない。	
第2176号	郵産労	不当労働行為および反組合的差別待遇を禁止する現行法がその実施状況も含めて不適切であるとして2002年に行われた申立て。
2006年の進展	2002年11月の委員会で今後も情報提供を求める結論が出された本件については、11月の委員会でフォローアップ審議が行われ、2002年2月に行われたこの申し立てが古くは1998年6月の案件に関するものであることに留意した上で、遅れてきた正義は正義の否定であるとの言葉を繰り返し、組合から寄せられた中央労働委員会が取消訴訟における緊急命令発令のしかるべき手続きを開始しないとの追加情報に対する政府の見解を求めている。	
第2304号	JR総連	2003年に出された警察による労働組合員の勾留や家宅捜索、組合財産の押収が組合の活動を妨げ、イメージを損ねたとする申立て。
2006年の進展	2004年11月の委員会で継続的な情報提供を求める結論が出された本件については、新たな横領嫌疑に基づく家宅捜索・物件押収の発生報告を含む申立人および政府からの追加情報提供を受けて6月の委員会でフォローアップ審議が行われ、寄せられた情報に留意し、今後も裁判進展状況等に関する継続的な情報提供が求められた。	

出典）法政大学大原社会問題研究所『日本労働年鑑』第77集（旬報社、2007年）399頁。

表6－3　結社の自由委員会に付託されている日本関連案件

<table>
<tr><th>案件番号</th><th>申立人</th><th>申立内容</th></tr>
<tr><td colspan="3">〈継続中〉</td></tr>
<tr><td>第2177号</td><td>連合等</td><td rowspan="2">現在提案されている公務員制度改革が労働者団体と十分な協議がないまま進められ、公務員の労働基本権が依然制約されたままであるなどとして、2002年に出された申立て（別々に出されたが一括して審議）。</td></tr>
<tr><td>第2183号</td><td>全労連等</td></tr>
<tr><td>2006年の進展</td><td colspan="2">3月の委員会で審議され、2002年11月、2003年6月に続く3度目の中間報告が出された。委員会は、当事者間の対話の場の設置に関心をもって留意するとした上で、公務員制度改革並びに条約に含まれる結社の自由原則に沿った法改正に関し、早急に合意に達することをめざし、現在見られる努力の追求を強く奨励すると共に、協議の内容に公務員の労働基本権付与や消防職員・刑務所職員の団結権付与の問題などを盛り込むことを求め、今後も継続的な情報提供を要請した。</td></tr>
<tr><td colspan="3">〈フォローアップ中〉</td></tr>
<tr><td>第1991号</td><td>国労と全動労（現建交労鉄道本部）</td><td>1998年に出されたJR不採用事件に関する申立て。</td></tr>
<tr><td>2006年の進展</td><td colspan="2">2000年11月の委員会で今後も情報提供を求める結論が出された本件については、新たに寄せられた情報をもとに、11月の委員会でフォローアップ審議が行われ、政治解決に向けてILOの支援と助言を求める国労の要望に留意し、この長引く労働争議において全当事者が満足できる結論に達するため、ILOからそのような支援を受けることを真剣に検討するよう政府に要請した。</td></tr>
<tr><td>第2114号</td><td>岡山県高等学校教職員組合</td><td>2001年に教員の団体交渉権に対する制約等について行われた申立て。</td></tr>
<tr><td>2006年の進展</td><td colspan="2">2002年6月の委員会で今後も情報提供を求める結論が出された本件については、3月の委員会でフォローアップ審議が行われ、政府の情報提供がないことを遺憾とした上で、再度情報提供が求められた。</td></tr>
<tr><td>第2139号</td><td>全労連</td><td>2001年に出された中央労働委員会、地方労働委員会労働側委員の連合独占に関する申立て。</td></tr>
</table>

労連などが政府の進めている公務員制度改革についてＩＬＯに提訴し、ＩＬＯ理事会は二〇〇二年一一月に、日本政府に対して「公務労働者に労働基本権を付与すべき」だとの勧告を採択した。このようなＩＬＯ結社の自由委員会に付託されている日本関連の案件は、表6－2のようになっている。

今日、労働基本権の確立と高い水準の労働基準の実現に向けて、ＩＬＯとの提携はますます重要になっている。また、「国連へ出かけての要請行動」など、「日本の労働をめぐる実情を世界に発信し、国際世論をバックにした国際規模での権利闘争を積極的に展開すること」も必要である(44)。このようなＩＬＯや国連などと提携した運動の経験に学びながら、「横からの入力」を活用して日本におけるディーセント・ワークの実現をめざすことも、今後の課題であろう。

他方で、国際労働基準の実効性を確保するうえで、各国の労働組合が果たすべき役割も大きい。ＩＬＯの前駐日事務所代表だった堀内光子は、「国際労働基準の現在の最大の課題は、実効性の確保の問題だと、私は思っています」と述べている(45)。ＩＬＯには監視機構があり、労使が申し立てたり情報提供することが定められているが、それだけでは実効性を確保することは難しいからである。

ＩＬＯ勧告について「これはご意見としては承る、貴重なご意見ではあるけれども（笑い）、しかし将来の参考資料というふうにとどまっているというのが現状ではないかと思います」と、岡部晃三元労働次官は説明している(46)。ＩＬＯからの意見や勧告は、「将来の参考資料」程度にすぎないというのである。それを実効性を伴うものに変えるのが、労働運動の力であろう。国内の労働運動と国際世論のバックアップとによって、内外呼応して国際労働基準の実現を図っていくことが必要なのである。ここに、労働組合によるＩＬＯ闘争の意義がある。

注

（1）ＩＬＯのホームページ http://www.ilo.org/global/lang-en/index.htm を参照。
（2）五島茂『ロバアト・オウエン』（家の光協会、一九七三年）一九七頁。
（3）日本ＩＬＯ協会『講座ＩＬＯ（国際労働機関）・上』（日本ＩＬＯ協会、一九九九年）四二頁。
（4）これについては、イ・ア・バーフ、エリ・イ・ゴリマン、ウェ・エ・クニナ編（刀江書院編集部訳）『第一インタナショナル史 第一部 第一巻――一八六四～七〇年』（刀江書院、一九六七年）四九頁以降、W・Z・フォスター〔インタナショナル研究会訳〕『三つのインタナショナルの歴史』（大月書店、一九五七年）四〇頁以降、を参照。
（5）このとき、「八時間は労働に、八時間はねむりに、そしてあとの八時間はわれわれの自由に」との歌詞を含む「八時間労働日の歌」が作られ、この日を記念してメーデーが始まるのである（法政大学大原社会問題研究所編『写真でみるメーデーの歴史――メーデー五〇回記念』労働旬報社、一九七九年、六～一〇頁）。
（6）前掲『講座ＩＬＯ（国際労働機関）・上』四六頁。
（7）労働立法委員会に日本代表の随員として参加し、書記局の一員であった吉阪俊蔵は、「この委員会は第一次大戦直前における国際労働保護立法協会の仕事をうけつぐと同時に、大戦中に表明された労働者の熱烈な希望にこたえて、一方では四年にわたる大戦中における労働者の功労に酬い、他方では不正や貧乏に悩むもののない新時代を作りあげることを目的としたもの」だと述べている（工藤誠爾『史録ＩＬＯ誕生記――日本はどう対応したか』日本労働協会、一九八三年、一二七頁）。

(8) 鈴木文治『労働運動二十年』(一元社、一九三一年)二〇三頁。
(9) 同前、五二頁。
(10) ILO憲章。http://www.ilo.org/public/japanese/region/asro/tokyo/standards/constitution.htm を参照。
(11) 前掲『講座ILO(国際労働機関)・上』六三頁。
(12) フィラデルフィア宣言。http://www.ilo.org/public/japanese/region/asro/tokyo/standards/constitution.htm を参照。
(13) 労働における基本的原則及び権利に関するILO宣言。http://www.ilo.org/public/japanese/region/asro/tokyo/standards/declaration.htm#declaration を参照。
(14) 堀内光子「ディーセント・ワーク――今日的課題」『生活協同組合研究』(第三〇九号、二〇〇一年一〇月号)七頁。
(15) ファン・ソマビア「二一世紀のILOの課題――人間の顔をしたグローバル経済の推進」『世界の労働』第五〇巻第一号(二〇〇〇年一月号)一二頁。
(16) 内橋克人は、「二一世紀経済社会をどのようにイメージすればよいのでしょうか」と問い、「私は、理念を掲げて経済を成長させるという意味で『理念型経済』と呼んでいますが、その内容は、浪費なく適正な成長を維持できる経済社会を構築することです」と答えている(内橋克人『誰のための改革か』岩波書店、二〇〇二年、四三頁)。環境と人権という「理念を掲げて経済を成長させる」「理念型経済」が、私の主張する「モラル・エコノミー」である。
(17) 堀内光子、前掲稿、一一頁。
(18) ILO条約の批准を求める会編『国際労働基準で日本を変える』(大月書店、一九九八年)四三頁。
(19) 中島滋「ILO理事会の活動実態と国内政策形成への影響」(法政大学大原社会問題研究所ワーキング・ペーパー No. 27『国際労働基準と日本の労働政策』二〇〇七年)三五頁。

(20) 柳川和夫『解説　ＩＬＯの条約と勧告』（日本ＩＬＯ協会、一九七二年）一二頁。
(21) 工藤誠爾、前掲書、二六頁。
(22) パリでの会議の模様について、詳しくは、鈴木文治『国際労働問題』（文学社、一九二〇年）、鈴木文治『労働運動二十年』（総同盟五十年史刊行委員会、一九六六年）などを参照。
(23) 『講座ＩＬＯ（国際労働機関）・（下）――社会正義の実現をめざして』（日本ＩＬＯ協会、一九九九年）三九五頁。
(24) 吉田千代『評伝鈴木文治――民主的労使関係をめざして』（日本経済評論社、一九八八年）一七三〜一七四頁。
(25) 工藤誠爾、前掲書、三〇頁。
(26) 同前、三五頁。
(27) 同前、一二一頁。
(28) 鈴木文治、前掲『国際労働問題』二一四頁。
(29) 吉岡吉典「ＩＬＯ創設と日本政府の対応――ＩＬＯ原則を二一世紀のたたかいの力に」（『経済』二〇〇七年一一月号）一二一頁。
(30) 工藤誠爾、前掲書、一二九頁。
(31) 前掲『講座ＩＬＯ（国際労働機関）・（下）』、三九八〜三九九頁。
(32) 中山和久『ＩＬＯ条約と日本』（岩波新書、一九八三年）五四頁。
(33) 同前、五八頁。
(34) 北岡寿逸「旧社会局の思い出」『労働行政史　第一巻』付録『労働行政史　余録』、参照。
(35) 大島清『高野岩三郎伝』（岩波書店、一九六八年）一五八頁。
(36) 吉岡吉典、前掲稿、一三六頁、一四一頁。
(37) 前掲『講座ＩＬＯ（国際労働機関）・（下）』四〇九〜四一〇頁。

(38) いち早く国際労働機関委員会を発足させた荻島亨の言葉。工藤幸男『日本とＩＬＯ――黒子としての半世紀』(第一書林、一九九九年) 四一頁。
(39) 同前、四三頁。
(40) 前掲、『講座ＩＬＯ(国際労働機関)・(下)』四一四〜四一五頁。
(41) 「加盟国(一八〇カ国、ＡＢＣ順)別にみた条約批准数」(『国際労働基準――ＩＬＯ条約の手引き二〇〇七年版』ＩＬＯ駐日事務所、二〇〇七年) 九六〜九九頁。ヨーロッパ諸国の数字は二〇〇七年三月三一日現在である。
(42) ただし、アメリカの批准数は一四で、さらに日本の三分の一ほどにすぎない。
(43) 吉岡吉典、前掲稿、一一二頁。
(44) 脇田滋は、このような例として、関西電力の思想差別事件や、住友重金属、住友電工、住友化学、住友生命などの住友関連企業の女性労働者の取り組みを上げている(脇田滋『労働法を考える――この国で人間を取り戻すために』新日本出版社、二〇〇七年、一八七頁)。
(45) 堀内光子「国際労働基準から見た日本の労働政策」(法政大学大原社会問題研究所ワーキングペーパー No. 27『国際労働基準と日本の労働政策』二〇〇七年) 一一頁。
(46) 岡部晃三「労働省時代の思い出――労働政策形成の仕組みとプロセスを中心に」(法政大学大原社会問題研究所ワーキングペーパー No. 17『労働政策の形成と厚生労働省』二〇〇四年) 九七頁。

むすび

「労働者はモノではない。人間だ。だから、人間らしく扱え」

これが、「人間らしく働き、生きるため」の鉄則である。先進国としてのあるべき「労働モデル」を生み出すための基本でもある。労働政策はそのためにこそある。この鉄則をふまえて、最後に、以下の三点を再度強調しておきたい。

第一に、資本主義経済の下にあっても、市場が正しく機能するためには一定のルールが必要だということである。公正で自由な競争を保障するためには、それを歪めたり阻害したりする要因を取り除き、平等な競争条件を維持しなければならない。スタート地点がバラバラで、コースが多様であっては、レースにならない。ルールなき市場は経済に混乱をもたらし、貧困化、格差拡大、少子化、家庭と社会の崩壊をもたらすことになろう。

第二に、労働力という特殊な商品を扱う労働市場においては、なおさらこのようなルールが必要だということである。他を出し抜いての労働力の「つまみ食い」や「使い捨て」は許されない。食べたいときに美味しいところだけを「つまみ食い」すること、必要なときだけ使っていらなくなったら「使い捨て」ることとは、使用者側からすれば便利なことかもしれない。しかし、働く側からすれば、それは大いに困る。捨てられても生きてゆかなければならず、そのためには働いて賃金を得なければならない。労働力はモノではなく、人間に宿るのだから……。

第三に、このようなルールの確立は、労使双方にとって利益になるということである。労使の利害関係は対立しているが、相互に依存してもいる。資本主義という経済・社会制度の下にあって、雇われて働く労働者は使用者を必要としているが、自営業ではない使用者も雇うべき労働者を必要とする。使用者にとって、生産者としての労働者が不可欠であるだけでなく、消費者としての労働者もまた不可欠である。財とサービスを消費するのは、最終的には人口の大多数を占める労働者なのだから……。労使双方は、「対立物の闘争と統一」ともいうべき関係にあり、資本主義経済の下では、どちらが欠けても経済と社会の持続は不可能になる。

このように、資本主義が正常に機能し、持続する社会となるためには、一定のルールが不可欠なのである。このようなルールの下で、企業は外に向けては環境を保全し、内に対しては人権を保障することが求められる。このような「モラル」に基づいて展開される経済活動こそ、「モラル・エコノミー」にほかならない。

人間が人間として正当に扱われ、遇されるような社会になって欲しい。そのためには、労働者の自覚とともに、使用者の志が欠かせない。本書において、使用者についても多く言及したのは、そのためである。労働者の自覚を強めるだけでなく使用者の志をも高めることによって、本書が「モラル・エコノミー」の実現に少しでも役立つことができることを願っている。

あとがき

二〇〇二年の早春、世界を一周する半年間の調査旅行の帰途、最後の訪問地であったフィジーに滞在して旅の疲れを癒していたときであった。突然、一本の電話がかかってきた。日本の留守宅から番号を聞いたのだろう。本書執筆のきっかけとなった電話である。

電話の主は、進藤栄一先生だった。「国際公共政策」をテーマにしたシリーズを考えているので、その叢書の一冊として「労働政策」を担当してもらえないかと仰る。そのとき、帰国してから取り組むべきテーマについて考えていた私は、この問題に新たにチャレンジしようと思い、その執筆を引き受けることにした。

それから、六年が経過したことになる。これだけの時間が必要だったのは、この問題についての蓄積が、私にはほとんどなかったからである。

もちろん、「労働」については研究しており、「政策」形成についても一通りの知識は持っていた。

しかし、「労働政策」について本格的に取り組んだことはない。集中的に研究すれば何とかなると思って引き受けたが、その見通しが甘かったことはすぐに判明する。

それでも、大原社研で新たに立ち上げられたプロジェクト「労働政策研究会」に参加し、「労働政策」についての研究をはじめることにした。その成果がどれほどのものであったかは、本書の内容によって示されている。

執筆時期が遅れたのには、もう一つの理由があった。それは、労働政策の規制緩和や見直しが、まだ本格化していなかったからである。それが、いつかはじまるだろうという予感が、私にはあった。執筆を引き受けるとき、「改革メニューが出そろってから執筆したいので遅くなると思いますが、それでも良いでしょうか」とうかがった覚えがある。

そして、そのときは二〇〇六年の秋にやってきた。「労働ビッグバン」という言葉が報じられたからである。この言葉を聞き、労働政策の広範な見直しメニューを知ったとき、いよいよこの本を書くべきときが訪れたことを悟った。

しかし、このときは研究所の大プロジェクト『日本労働運動資料集成』の作業が大詰めを迎えており、私が責任者となっていた研究所叢書『「戦後革新勢力」の源流』の執筆や編集作業もあった。すぐに着手する余裕はなく、おまけに研究所で担当している『日本労働年鑑』についての恒例の作業もある。

このような「繁忙期」は、一応、昨年の五月に幕を閉じた。この本の執筆に向けて本格的な準備をはじめたのは、六月頃からだったと思う。夏休み中の準備を経て九月から執筆を開始し、ほぼ全文書き下ろしで草稿がまとまったのが、暮れも押し詰まった一二月末のことであった。

以上のような事情と経過によって、本書は完成された。まずもって、本書執筆のきっかけを与えてくださった進藤栄一先生にお礼を申し上げたい。先生からのあの電話がなければ、本書が世に出ることはなかっただろう。引き受けたことを後悔したこともあったけれど、今となっては良かったと思っている。

また、いつものことながら、大原社会問題研究所のバックアップに大いに助けられた。その膨大な蔵書と「文献データベース」なしには、本書を完成させることはできなかっただろう。このような「武器庫」の整備に尽力されている同僚やスタッフにもお礼を申し上げたい。ご迷惑をわびるとともに、ご協力への謝意を表する次第である。

とりわけ、「労働政策研究会」の会長もお願いした相田利雄前所長はじめ研究会への参加者の皆さん、報告していただいた報告者の皆さんには、深甚の謝意を表したい。研究所の同僚の皆さんにも大いに助けていただいた。草稿を読み、貴重な指摘や助言を寄せていただいた方もおられる。いちいちお名前はあげないが、記して謝意を表したい。

本書での労働問題や労働運動に関する知見の多くは、『日本労働年鑑』の編集作業で得ることができた。『日本労働年鑑』の編集については、研究所の業務として一九八九年から担当し、まもなく二〇年になろうとしている。この間、原稿や初校ゲラの読みを繰り返しているうちに、多くの知識を蓄積し、労働問題についての「土地勘」を養うことができた。いわゆる「門前の小僧、習わぬ経読み」である。どれほどの「お経」が読めたかはわからないが、この間、「お経」を聞かせていただいた『日本労働年鑑』の筆者の方々にも、厚くお礼申し上げたい。

なお、東京都立大学時代の恩師で労働問題研究の大先輩でもある塩田庄兵衛先生に本書を捧げることをお許し願いたい。政治研究に傾きがちな不肖の弟子が、それでも精一杯頑張って書き上げた「レポート」として本書に目を通していただければ、と思っている。どれほどの「点数」がいただけるか、いささか心配ではあるけれど……。

本書の編集を担当された日本経済評論社の安井梨恵子さんと栗原哲也社長にも大変お世話になった。最後で恐縮だが、原稿の提出が遅れたことへのお詫びとともに、満腔の謝意を表する次第である。

二〇〇八年春

五十嵐　仁

引用・参照文献

第1章

阿部斉・内田満・高柳先男編『新版 現代政治学小辞典』(有斐閣、一九九九年)
天野鉄夫『労働省』(教育社、一九七四年)
荒又重雄・小越洋之助・中原弘二・美馬孝人『社会政策(一) 理論と歴史』(有斐閣、一九七九年)
五十嵐仁『政党政治と労働組合運動――戦後日本の到達点と二十一世紀への課題』(御茶の水書房、一九九八年)
石原良太郎・牧野富夫編『社会政策』(ミネルヴァ書房、一九九五年)
――『社会政策 新版』(ミネルヴァ書房、二〇〇三年)
石畑良太郎・佐野稔編『現代の社会政策』第三版(有斐閣、一九九六年)
稲上毅『転換期の労働世界』(有信堂、一九八九年)
稲上毅ほか『ネオ・コーポラティズムの国際比較』(日本労働研究機構、一九九四年)
犬丸義一校訂『職工事情』上・下巻(岩波文庫、一九九八~九九年)
埋橋孝文編著『ワークフェア――排除から包摂へ?』(法律文化社、二〇〇七年)
江波戸哲夫『官僚大研究』(筑摩書房、一九九〇年)
大霞会編『内務省史』第一巻(地方財務協会、一九七一年)
大河内一男『社会政策』各論 三訂版(有斐閣全書、一九八一年)
上坂修子『厚生労働省』インターメディア出版、二〇〇二年)

小西豊治『憲法「押しつけ」論の幻』(講談社現代新書、二〇〇六年)
小林端五『現代社会政策講義』(青木書店、一九九二年)
小松隆二『現代社会政策論』(論創社、一九九三年)
岸本英太郎『社会政策論』(有斐閣、一九五二年)
岸本英太郎編『社会政策入門』(有斐閣双書、一九六七年)
久米郁男『日本型労使関係の成功――戦後和解の政治経済学』(有斐閣、一九九八年)
厚生省五十年史編集委員会『厚生省五十年史』記述編(財団法人厚生問題研究会、一九八八年)
ゴールドソープ、J・H・編(稲上毅ほか訳)『収斂の終焉――現代西欧社会のコーポラティズムとデュアリズム』(有信堂、一九八七年)
坂脇昭吉・阿部誠編『現代日本の社会政策』(ミネルヴァ書房、二〇〇七年)
社会政策学会誌第一一号『新しい社会政策の構想――二〇世紀的前提を問う』(法律文化社、二〇〇四年)
シュミッター・レームブルッフ編(山口定監訳)『現代コーポラティズム(1)――団体統合主義の政治とその理論』(木鐸社、一九八四年)
スウェーデン社会研究所編『スウェーデンの社会政策』(成文堂、一九八一年)
高木郁朗・木村武司・ダグフィン・ガト『概説　日本の社会政策』(第一書林、一九八六年)
高橋彦博『日本国憲法体制の形成』(青木書店、一九九七年)
武川正吾『社会政策のなかの現代――福祉国家と福祉社会』(東京大学出版会、一九九九年)
田中一昭・岡田彰編『中央省庁改革――橋本行革が目指した「この国のかたち」』(日本評論社、二〇〇〇年)
玉井金五・大森真紀編『社会政策を学ぶ人のために』(世界思想社、一九九七年)

玉井金五・久本憲夫編『高度成長のなかの社会政策』（ミネルヴァ書房、二〇〇四年）
田原総一朗『日本の官僚 一九八〇』（文藝春秋、一九七九年）
中野実編著『日本型政策決定の変容』（東洋経済新報社、一九八六年）
中原弘二『現代社会政策論』（九州大学出版会、一九八七年）
長久保由次郎『社会政策講義 改訂版』（早稲田経営出版、一九八五年）
仲衛『労働省研究』（行研出版局、一九九一年）
成瀬龍夫『総説 現代社会政策』（桜井書店、二〇〇二年）
西村豁通『現代のなかの社会政策』（ミネルヴァ書房、一九八五年）
――『現代社会政策の基本問題』（ミネルヴァ書房、一九八九年）
西村豁通・荒又重雄編『新社会政策を学ぶ』第二版（有斐閣選書、一九九九年）
日経連労働問題研究委員会『労働問題研究委員会報告――生産性基準原理を軸に活力と安定の確保を』（日本経営者連盟弘報部、一九八六年）
平田富太郎・佐口卓編『社会政策講義 三訂』（青林書院、一九九一年）
法政大学大原社会問題研究所ワーキングペーパーNO. 24『労働政策と経営者団体』（二〇〇五年）
丸谷肇『日本の雇用政策――その展開と特質』（いなほ書房、二〇〇四年）
毛利健三編著『現代イギリス社会政策史――一九四五～一九九〇』（ミネルヴァ書房、一九九九年）
吉村朔夫・戸木田嘉久編『現代社会政策』（有斐閣叢書、一九七七年）
労働省編『労働行政史』第一巻（労働法令協会、一九六一年）
――『労働行政史』戦後の労働行政（労働法令協会、一九六九年）

『労働省二十五年史』（労働行政調査研究会、一九七三年）
労働省労政局編『労政局の軌跡』（日本労働研究機構、二〇〇〇年）
渡辺貞雄編『二一世紀への社会政策』（法律文化社、一九九六年）

第2章

朝日新聞特別報道チーム『偽装請負――格差社会の労働現場』（朝日新書、二〇〇七年）
阿部真大『搾取される若者たち――バイク便ライダーは見た！』（集英社新書、二〇〇六年）
天笠崇『成果主義とメンタルヘルス』（新日本出版社、二〇〇七年）
雨宮処凛『プレカリアート――デジタル日雇い世代の不安な生き方』（洋泉社新書、二〇〇七年）
荒井千暁『職場はなぜ壊れるのか――産業医が見た人間関係の病理』（ちくま新書、二〇〇七年）
荒金雅子・小崎恭弘・西村智『ワークライフバランス入門』（ミネルヴァ書房、二〇〇七年）
五十嵐仁『活憲――「特上の国」づくりをめざして』（山吹書店&績文堂、二〇〇五年）
井口泰『外国人労働者新時代』（ちくま新書、二〇〇一年）
石畑良太郎・牧野富夫編著『新版　社会政策』（ミネルヴァ書房、二〇〇三年）
岩田正美『現代の貧困――ワーキングプア／ホームレス／生活保護』（ちくま新書、二〇〇七年）
埋橋孝文編著『ワークフェア――排除から包摂へ？』（法律文化社、二〇〇七年）
NHKスペシャル『ワーキングプア』取材班・編『ワーキングプア――日本を蝕む病』（ポプラ社、二〇〇七年）
大沢真知子『ワークライフバランス社会へ――個人が主役の働き方』（岩波書店、二〇〇六年）
大谷拓朗・斎藤貴男『偽装雇用――立ち上がるガテン系連帯』（旬報社、二〇〇七年）

小倉一哉『エンドレス・ワーカーズ――働きすぎ日本人の実像』（日本経済新聞出版社、二〇〇七年）
風間直樹『雇用融解――これが新しい「日本型雇用」なのか』（東洋経済新報社、二〇〇七年）
門倉貴司『ワーキングプア――いくら働いても報われない時代が来る』（宝島社新書、二〇〇六年）
過労死弁護団全国連絡会議・ストレス疾患労災研究所編著『激増する過労自殺――彼らはなぜ死んだか』（皓星社、二〇〇〇年）
川崎昌平『ネットカフェ難民――ドキュメント「最底辺生活」』（幻冬舎新書、二〇〇七年）
川人博『過労自殺』（岩波新書、一九九八年）
熊沢誠『リストラとワークシェアリング』（岩波新書、二〇〇三年）
玄田有史・曲沼美恵『ニートでもフリーターでも失業者でもなく』（幻冬舎、二〇〇四年）
日本経団連『経営労働政策委員会報告概要――日本型雇用システムの新展開と課題』（二〇〇七年）
昇幹夫『「過労死」が頭をよぎったら読む本』（河出書房新社、二〇〇〇年）
城繁幸『若者はなぜ三年で辞めるか？――年功序列が奪う日本の未来』（光文社新書、二〇〇六年）
鈴木安名『職場のメンタルヘルスがとことんわかる本――ワーキングパワーと「心の健康」』（連合通信社［発売：あけび書房］、二〇〇一年）
夏目誠『メンタルヘルスと企業責任――いま企業に求められている「健康リスクマネジメント」』（フィスメック、二〇〇三年）
丹羽宇一郎『汗出せ、知恵出せ、もっと働け！』（文藝春秋、二〇〇七年）
派遣ユニオン・斉藤貴男『日雇い派遣――グッドウィル、フルキャストで働く』（旬報社、二〇〇七年）
久本憲夫『正社員ルネサンス』（中公新書、二〇〇三年）

福原宏幸『社会的排除/包摂と社会政策』(法律文化社、二〇〇七年)
藤本修『メンタルヘルス――学校で、家庭で、職場で』(中公新書、二〇〇六年)
法政大学大原社会問題研究所ワーキングペーパー No. 17『労働政策の形成と厚生労働省』(二〇〇四年)
保坂隆『産業メンタルヘルスの実際』(診断と治療社、二〇〇六年)
堀田力『「人間力」の育て方』(集英社新書、二〇〇七年)
本田由紀・内藤朝雄・後藤和智『「ニート」って言うな!』(光文社新書、二〇〇六年)
牧野富夫編著『労働ビッグバン――これ以上、使い捨てにされていいのか』(新日本出版社、二〇〇七年)
松崎一葉『会社で心を病むということ』(東洋経済新報社、二〇〇七年)
宮本みち子『若者が《社会的弱者》に転落する』(洋泉社新書、二〇〇二年)
森岡孝二『働き過ぎの時代』(岩波新書、二〇〇五年)
森永卓郎『年収崩壊――格差時代に生き残るための「お金サバイバル術」』(角川SSC新書、二〇〇七年)
――『年収三〇〇万円時代を生き抜く経済学』(光文社、二〇〇三年)
安田浩一・斎藤貴男『肩書きだけの管理職――マクドナルド化する労働』(旬報社、二〇〇七年)
脇坂明『日本型ワークシェアリング』(PHP新書、二〇〇二年)

第3章

青木孝監修『セクシュアルハラスメントをしない、させないための防止マニュアル』(小学館、二〇〇七年)
天池清次『友愛会・総同盟運動史――源流をたずねて』(民社党教宣局、一九九〇年)
井伊弥四郎『回想の二・一スト』(新日本出版社、一九七七年)

五十嵐仁『政党政治と労働組合運動――戦後日本の到達点と二十一世紀への課題』（御茶の水書房、一九九八年）
石畑良太郎・牧野富夫編著『新版　社会政策――構造改革の新展開とセーフティネット』（ミネルヴァ書房、二〇〇三年）
伊藤晃『日本労働組合評議会の研究――一九二〇年代労働運動の光芒』（社会評論社、二〇〇一年）
犬丸義一・中村新太郎『物語日本労働運動史』上・下巻（新日本出版社、一九七四・一九七七年）
大河内一男・松尾洋『日本労働組合物語　明治・大正・昭和』（筑摩書房、一九六五年）
――『日本労働組合物語　戦後一・二』（筑摩書房、一九七三年）
小笠原信之『塀のなかの民主主義』（潮出版社、一九九一年）
岡田康子『上司殿！それは、パワハラです』（日本経済新聞社、二〇〇五年）
奥山明良『職場のセクシュアル・ハラスメント』（有斐閣叢書、一九九九年）
鐘ヶ江晴彦・広瀬裕子編著『セクシュアル・ハラスメントはなぜ問題か――現状分析と理論的アプローチ』（明石書店、一九九四年）
金子雅臣『パワーハラスメントなんでも相談――職場のいじめ・いやがらせで困っていませんか』（日本評論社、二〇〇五年）
金子雅臣『職場いじめ――あなたの上司はなぜキレる』（平凡社新書、二〇〇七年）
鴨田哲郎・君和田伸仁・棗一郎『労働審判制度――その仕組みと活用の実際』（日本法令、二〇〇五年）
刊行委員会編『総同盟五十年史』第一巻～第三巻（一九六四・六六・六八年）
――『ものがたり戦後労働運動史』一～一〇（教育文化協会、一九九七～二〇〇〇年）
関西電力人権裁判争議団・松井繁明『思想の自由は奪えない関電人権裁判闘争の記録』（新日本出版社、一九九

六年）
関西電力争議全関西連絡会議『良心の灯燃やしつづけて 職場に憲法の風を 関西電力人権・賃金差別争議報告集』（関西電力争議団支援東京連絡会議、二〇〇〇年）
木下武男『各差社会にいどむユニオン――二一世紀労働運動原論』（花伝社、二〇〇七年）
清田冨士夫『労働分野の紛争解決制度早わかり――労働審判制度の解説』（労働調査会、二〇〇七年）
熊沢誠『民主主義は工場の門前で立ちすくむ』（田畑書店、一九八三年）
久米郁男『労働政治――戦後政治のなかの労働組合』（中公新書、二〇〇五年）
厚生労働省大臣官房地方課労働紛争処理業務室編『個別労働紛争解決促進法』（労務行政研究所、二〇〇一年）
――『個別労働紛争解決促進法ハンドブック』（労働調査会、二〇〇一年）
小林康二編著『活かそう労働組合法――すぐに役立つ組合活動の手引き』（連合通信社、二〇〇〇年）
斉藤一郎『二・一スト前後』（青木文庫、一九五六年）
坂本修『暴走するリストラと労働のルール』（新日本出版社、二〇〇二年）
佐藤浩一編『戦後日本労働運動史』上巻（社会評論社、一九七六年）
猿橋真『全労連とはどういう労働組合か――その結成の意義と展望』（学習の友社、一九九〇年）
塩田庄兵衛『レッドパージ』（新日本新書、一九八四年）
塩田庄兵衛・中林賢二郎・田沼肇『戦後労働組合運動の歴史』（新日本新書、一九八二年）
清水慎三編著『戦後労働組合運動史論――企業社会超克の視座』（日本評論社、一九八二年）
週刊金曜日編『この国のゆくえ――殺される側からの現代史』（週刊金曜日、二〇〇六年）
新産別二十年史編纂委員会編『新産別の二十年』一〜二（一九六九〜七〇年）

菅野和夫ほか『労働審判制度――基本趣旨と法令解説』（弘文堂、二〇〇五年）
全国産業別労働組合連合編著『新産別の二十年 続』（続・新産別の二十年刊行会、一九八八年）
全国労働組合総連合『全労連の政策と要求』（一九九〇年）
――『全労連資料史――誕生から二一世紀へ』（二〇〇〇年）
全日本金属産業労働組合協議会（ＩＭＦ・ＪＣ）『ＥＮＥＲＧＹ――全日本金属産業労働組合協議会（ＩＭＦ・ＪＣ）結成四〇周年記念誌』（二〇〇四年）
全日本労働組合会議編『全労会議一〇年のあゆみ』（一九六四年）
高梨昌・鷲尾悦也・加藤敏幸編『「連合」のすべて』（エイデル研究所、一九九〇年）
田端博邦『グローバリゼーションと労働世界の変容――労使関係の国際比較』（旬報社、二〇〇七年）
鈴木市蔵『証言 二・一ゼネスト』（亜紀書房――一九七九年）
全電通労働組合全電通史編纂委員会・全逓信労働組合全逓史編纂委員会編『全逓・全電通労働運動史資料 第九集 第五回臨時全国大会（金沢）迄の経過(一) 三月闘争』（一九六四年）
都留康『労使関係のノンユニオン化――ミクロ的・制度的分析』（東洋経済新報社、二〇〇二年）
東京電力差別撤廃闘争支援共闘会議中央連絡会議『きりひらこうあしたを 東京電力と一九年二カ月 東京電力思想差別撤廃闘争総括集 一九七六・一〇・一三～一九九五・一二・二五』（一九九六年）
東京電力人権裁判統一弁護団『闘ってこそ自由勝利して本当の自由――東京電力人権裁判闘争の総括』（一九九六年）
同盟史刊行委員会『同盟二十三年史』上・下巻（同盟史刊行委員会、一九九三年）
中電人権侵害・思想差別撤廃の闘いを支援する会『黄色いゼッケン――中電人権裁判闘争の九年』（一九八四年）

中部電力人権争議支援共闘会議『光は束となって――中部電力人権裁判闘争の二一年』（一九九九年）
中野麻美『労働ダンピング――雇用の多様化の果てに』（岩波新書、二〇〇六年）
中村圭介・佐藤博樹・神谷拓平『労働組合は本当に役に立っているのか』（総合労働研究所、一九八八年）
西谷敏『労働組合法』第二版（有斐閣、二〇〇六年）
日経連広報部編『セクシュアル・ハラスメント』（日経連広報部、一九九九年）
日経連三十年史刊行会編『日経連三十年史』（日本経営者団体連盟、一九八一年）
日本共産党中央委員会『日本共産党の八十年』（日本共産党中央委員会出版局、二〇〇三年）
能勢岩吉編著『二・一ゼネスト』（労務行政研究所、一九五三年）
浜崎豊子『花、風にひらく――人権裁判と家族たち』（中部電力人権裁判争議団家族会、一九九七年）
日立争議支援中央連絡会・日立共同要求提出争議団『日立争議総括集』（二〇〇一年）
樋口篤三『日本労働運動――歴史と教訓』（第三書館、一九九〇年）
平田哲男『レッド・パージの史的究明』（新日本出版社、二〇〇二年）
福島瑞穂ほか『セクシュアル・ハラスメント 新版』（有斐閣選書、一九九八年）
編集委員会『総評四十年』（総評資料頒布会、一九八九年）
編纂委員会編『総評四十年史』第一～三巻（第一書林、一九九三年）
法政大学大原社会問題研究所編『証言 産別会議の誕生』（総合労働研究所、一九九六年）
――『日本の労働組合一〇〇年』（旬報社、一九九九年）
――『〈連合時代〉の労働運動――再編の道程と新展開』（総合労働研究所、一九九二年）
法政大学大原社会問題研究所ワーキングペーパー No. 27『国際労働基準と日本の労働政策』（二〇〇七年）

堀田芳朗編著『新版 世界の労働組合――歴史と組織』(日本労働研究機構、二〇〇二年)
本多淳亮『労働組合法講話』(青林書院、一九八八年)
増田弘『公職追放論』(岩波書店、一九九八年)
御園生等・篠藤光行編『日本労働者運動史 五』(河出書房新社、一九七五年)
三宅明正『レッドパージとは何か――日本占領の影』(大月書店、一九九四年)
宮本和雄『レッド・パージ――忘れてならぬ歴史の教訓』(レッド・パージ国家賠償要求同盟、一九九二年)
安川電機争議支援共闘会議ほか『職場に自由と民主主義の旗をかかげて――安川差別争議報告』(二〇〇一年)
山口浩一郎『労働組合法』第2版(有斐閣法学叢書、一九九六年)
吉村宗夫『会社がなくなるとき――雪印食品の企業破壊を許さず』(シーアンドシー出版、二〇〇二年)
連合『「力と政策」から「力と行動」へ――連合政策・制度一〇年の歩み』(日本労働組合総連合会、一九九九年)
連合運動史刊行委員会『連合運動史』第一~三巻(教育文化協会、一九九七・二〇〇〇・二〇〇五年)
労働運動史編纂委員会編『総評労働運動の歩み』(総評資料頒布会、一九七五年)
藁科満治『連合築城――労働戦線統一はなぜ成功したか』(日本評論社、一九九二年)

第4章

五十嵐仁『戦後政治の転換――「八六年体制」とは何か』(ゆぴてる社、一九八七年)
――『一目でわかる小選挙区比例代表並立制』(労働旬報社、一九九三年)
――『徹底検証 政治改革神話』(労働旬報社、一九九七年)
ヴォーゲル、エズラ(広中和歌子訳)『ジャパン・アズ・ナンバーワン』(TBSブリタニカ、一九七九年)

上杉隆『官邸崩壊――安倍政権迷走の一年』（新潮社、二〇〇七年）
大田弘子『経済財政諮問会議の戦い』（東洋経済新報社、二〇〇六年）
大橋範雄『派遣労働と人間の尊厳――使用者責任と均等待遇原則を中心に』（法律文化社、二〇〇七年）
金森和行『村山富市が語る「天命」の五六一日』（KKベストセラーズ、一九九六年）
伍賀一道『雇用の弾力化と労働者派遣・職業紹介事業』（大月書店、一九九九年）
後藤道夫『反「構造改革」』（青木書店、二〇〇二年）
塩田潮『民主党の研究』（平凡社新書、二〇〇七年）
清水真人『官邸主導――小泉純一郎の革命』（日本経済新聞社、二〇〇五年）
スティグリッツ、ジョセフ・E〔楡井浩一訳〕『世界に格差をバラ撒いたグローバリズムを正す』（徳間書店、二〇〇六年）
――〔鈴木主税訳〕『世界を不幸にしたグローバリズムの正体』（徳間書店、二〇〇二年）
関岡英之『奪われる日本』（講談社現代新書、二〇〇六年）
――『拒否できない日本――アメリカの日本改造が進んでいる』（文春新書、二〇〇四年）
高杉良『亡国から再生へ――経済成長か幸福追求か』（光文社、二〇〇七年）
竹中治堅『首相支配――日本政治の変貌』（中公新書、二〇〇六年）
竹中平蔵『構造改革の真実――竹中平蔵大臣日誌』（日本経済新聞出版社、二〇〇六年）
ドーア、ロナルド『誰のための会社にするのか』（岩波新書、二〇〇六年）
中野実編著『日本型政策決定の変容』（東洋経済新報社、一九八六年）
橋本龍太郎『政権奪回論』（講談社、一九九四年）

ハーヴェイ、デヴィット〔渡辺治監訳〕『新自由主義――その歴史的展開と現在』（作品社、二〇〇七年）
福岡道生『人を活かす！――現場からの経営労務史』（日本経団連出版、二〇〇二年）
法政大学大原社会問題研究所ワーキングペーパー No. 24『労働政策と経営者団体』（二〇〇五年）
牧野富夫編著『労働ビッグバン――これ以上、使い捨てにされていいのか』（新日本出版社、二〇〇七年）

第5章

秋元秀雄『経団連』（雪華社、一九六八年）
有森隆『日本企業 モラルハザード史』（文春新書、二〇〇三年）
五十嵐仁『概説・現代政治――その動態と理論』第三版（法律文化社、一九九九年）
稲上毅・連合総合生活開発研究所編『労働CSR――労使コミュニケーションの現状と課題』（NTT出版、二〇〇七年）
菊池信輝『財界とは何か』（平凡社、二〇〇五年）
熊沢誠『格差社会ニッポンで働くということ――雇用と労働のゆくえをみつめて』（岩波書店、二〇〇七年）
クランプ、ジョン〔渡辺雅男・洪哉信訳〕『日経連――もう一つの戦後史』（桜井書店、二〇〇六年）
経済団体連合会編『経団連の十年』（経済団体連合会、一九五六年）
――『経済団体連合会三十年史』（経済団体連合会、一九七八年）
経済同友会『経済同友会十年史』（一九五六年）
――『経済同友会三十年史』（一九七六年）
佐々木憲昭編著『変貌する財界――日本経団連の分析』（新日本出版社、二〇〇七年）

品川正治・牛尾治朗編『日本企業のコーポレート・ガバナンスを問う』（商事法務研究会、二〇〇〇年）
ドーア、ロナルド『誰のための会社にするか』（岩波新書、二〇〇六年）
東京商工会議所『東京商工会議所百年史』（一九七九年）
日経連三十年史刊行会編『日経連三十年史』（日本経営者団体連盟、一九八一年）
日本経営者団体連盟『日経連五十年史――本編』（一九九八年）
丹羽宇一郎『汗出せ、知恵出せ、もっと働け！』（文藝春秋、二〇〇七年）
パーキンス、ジョン〔古草秀子訳〕『エコノミック・ヒットマン』（東洋経済新報社、二〇〇七年）
本所次郎『経団連――財界総本山の素顔』（東洋経済新報社、一九八五年）
――『ドキュメント経団連――財界首脳陣のホンネ』（講談社文庫、一九九三年）
御手洗冨士夫〔構成・街風隆雄〕『御手洗冨士夫「強いニッポン」』（朝日新書、二〇〇六年）

第6章

ＩＬＯ条約の批准を求める会編『国際労働基準で日本を変える』（大月書店、一九九八年）
飯塚恭子『祖国を追われて――ＩＬＯ労働代表松本圭一の生涯』（キリスト新聞社、一九八九年）
五十嵐仁『この目で見てきた世界のレイバー・アーカイブズ――世界一周：労働組合と労働資料館を訪ねる旅』（法律文化社、二〇〇四年）
内橋克人『誰のための改革か』（岩波書店、二〇〇二年）
大島清『高野岩三郎伝』（岩波書店、一九六八年）
工藤誠爾『史録ＩＬＯ誕生記――日本はどう対応したか』（日本労働協会、一九八三年）

工藤幸男『日本とＩＬＯ――黒子としての半世紀』（第一書林、一九九九年）
『講座ＩＬＯ（国際労働機関）・（下）――社会正義の実現をめざして』（日本ＩＬＯ協会、一九九九年）
五島茂『ロバアト・オウエン』（家の光協会、一九七三年）
鈴木文治『国際労働問題』（文学社、一九二〇年）
――『労働運動二十年』（一元社、一九三一年）
――『労働運動二十年』（総同盟五十年史刊行委員会、一九六六年）
中山和久『ＩＬＯ条約と日本』（岩波新書、一九八三年）
日本ＩＬＯ協会『講座ＩＬＯ（国際労働機関）』上巻（日本ＩＬＯ協会、一九九九年）
バーフ、イ・ア、エリ・イ・ゴリマン、ウェ・エ・クニナ編（刀江書院編集部訳）『第一インタナショナル史　第1部　第1巻――一八六四～七〇年』刀江書院、一九六七年
フォスター、Ｗ・Ｚ（インタナショナル研究会訳）『三つのインタナショナルの歴史』（大月書店、一九五七年）
法政大学大原社会問題研究所編『写真でみるメーデーの歴史――メーデー五〇回記念』（労働旬報社、一九七九年）
法政大学大原社会問題研究所ワーキングペーパー No. 27『国際労働基準と日本の労働政策』（二〇〇七年）
――No. 17『労働政策の形成と厚生労働省』（二〇〇四年）
柳川和夫『解説　ＩＬＯの条約と勧告』（日本ＩＬＯ協会、一九七二年）
吉田千代『評伝鈴木文治――民主的労使関係をめざして』（日本経済評論社、一九八八年）
『労働行政史　余録』（『労働行政史　第一巻』付録）
脇田滋『労働法を考える――この国で人間を取り戻すために』（新日本出版社、二〇〇七年）

なお、以上のほか『日本労働年鑑』『日本労働運動資料集成』『社会・労働運動大年表』『資料労働運動史』『労働経済白書』『厚生労働白書』、各種新聞・雑誌などを参照させていただいた。

る労働政策予算（2002年）

（%）

障害者対策 Measures for disabled persons	失業保険 Unemployment insurance	早期退職 Early retirement	計 Total	積極的政策[1)] Active measures	受動的政策[2)] Passive measures
0.01	0.47	0.00	0.76	0.28	0.48
0.03	0.57	0.00	0.71	0.11	0.57
0.02	0.80	0.00	1.23	0.42	0.80
0.02	0.37	0.00	0.75	0.37	0.37
0.30	2.10	0.03	3.31	1.18	2.13
0.09	1.63	0.17	3.06	1.25	1.81
—	0.54	0.10	1.20	0.58	0.63
0.59	4.72	0.00	3.56	1.85	1.72
0.13	1.94	0.45	3.65	1.25	2.10
0.34	1.37	1.67	4.63	1.58	3.04
0.50	1.04	0.01	2.45	1.40	1.05
0.08	1.53	0.53	3.07	4.01	2.06
0.67	0.54	0.00	1.41	0.87	0.54
0.05	1.00	0.00	1.46	0.45	1.00

付表⑯　GDP に占め

国 Country		公共職業サービス Public service for employment	職業訓練 Job training	若年対策 Measures for young people	雇用助成 Employment support
日本[3)]	JPN	0.18	0.04	0.01	0.06
アメリカ	USA	0.01	0.03	0.02	0.01
カナダ[4)]	CAN	0.20	0.15	0.02	0.03
イギリス[5)]	GBR	0.17	0.02	0.13	0.03
ドイツ	DEU	0.23	0.32	0.10	0.22
フランス	FRA	0.18	0.23	0.40	0.35
イタリア	ITA	—	0.05	0.20	0.32
オランダ	NLD	0.28	0.60	0.04	0.33
ベルギー	BEL	0.21	0.30	0.01	0.60
デンマーク[6)]	DNK	0.12	0.86	0.10	0.17
スウェーデン	SWE	0.37	0.29	0.02	0.21
フィンランド	FIN	0.12	0.30	0.17	0.33
ノルウェー	NOR	0.13	0.05	0.01	0.01
オーストラリア	AUS	0.20	0.03	0.08	0.10

出典）OECD “Employment Outlook” (2004).
注）1）公共職業サービス、職業訓練、若年対策、雇用助成、障害者対策の計。
2）失業保険、早期退職の計
3）2002年度。
4）2001年度。
5）北アイルランドを除く。
6）2000年。
出所）厚生労働省編『世界の厚生労働2007』（TKC 出版、2007年）。

差別禁止法

ドイツ	フランス	EU
一般雇用機会均等法（Allgemeines Gleichbehandlungsgesetz：AGG）通称、反差別法 2006年８月18日施行	労働法典 L. 122-45条（差別防止に関する一般規定）など（2001年11月施行「差別防止に関する法律」（Loi relative â la lutte contre les discriminations）により改正）	一般雇用機会均等指令（COUNCIL DIRECTIVE 2000/78/EC） 2000年12月施行 2006年末までに EU 加盟国に本指令に対応する国内法の施行を求める
雇用職業関連に関しては雇用者、養成訓練生、在宅就業者が対象となる。	官公庁、自由業、民間会社、職業団体、各種社団。	公務および民間両部門の全ての者（自営業を含む）
①人種または民族、性別、宗教もしくは信条、障害、年齢または性的志向に基づく雇用・職業に関する（選抜基準、採用、訓練、解雇、賃金、組合への加入等）差別は禁止。 また、賃貸住宅への入居などに関する差別なども禁止。 ②直接差別のみならず間接差別についても禁止 ③嫌がらせについても禁止	①差別禁止事項（募集、採用、賃金、昇進、訓練、解雇等） ②直接差別のみならず間接差別についても禁止	①宗教若しくは信条、障害、年齢または性的志向に基づく、雇用・職業に関する（選抜基準、採用、訓練、解雇、賃金、組合への加入等）差別は原則禁止 ②直接差別のみならず間接差別についても禁止 ③不利益取扱い、嫌がらせについても禁止
①合法的な目的に基づく客観的・合理的な場合。 例〕介護を行う者、高齢者および若年者の就労促進のため、雇用および職業訓練への参加、雇用および職業条件につき特別の条件設定をすること ②定年制 ③差別要因が職業上必須である場合 ④積極的差別是正措置（ポジティブ・アクション） ⑤公的な社会保障給付金	使用者の雇用方針上客観的かつ合理的であると正当化され、その手段が適切な場合 ①若年者あるいは高齢者の保護を目的として当該人の採用を拒否したり、特別な労働条件を設定すること ②一定の訓練の必要性や、退職までに通常予想できる就労時間を確保することを理由として、採用の上限年齢を設けること ③健康状態や障害を理由に産業医が就労不能と判断した場合の処遇	①合法的な目的に基づく客観的・合理的な場合。 例）介護を行う者、高齢者および若年者の就労促進のため、雇用および職業訓練への参加、雇用および職業条件につき特別の条件設定をすること 定年制 ②差別要因か職業上必須である場合 ③積極的差別是正措置（ポジティブ・アクション） ④公的な社会保障給付金
差別されたと考える者は、家族・高齢者・女性・青少年省の反差別問題事務所に相談できる。また、反差別問題事務所は当事者間の調停を行うこともできる。なお、職業・雇用に関し差別されたと考える者は、労働裁判所へ訴え、損害賠償請求することができる。 なお、紛争処理機関としては、労働審判所、刑事裁判所等がある。	損害賠償、列挙された差別事由のほとんどを対象とした刑法典規定により拘束刑および罰金刑が科される。 なお、紛争処理機関としては、労働審判所、刑事裁判所がある。	・差別されたと考える者が司法または行政に救済申立てをできるようにしなければならない ・国内規定を担保するため違反時の罰則を設けなければならない。
解雇に関する差別については、既存の法律である解雇保護法の適用が優先される。	2005年６月、差別対策・平等促進高等機関（HALDE）が発足し、従来の司法手続きによる救済と比べて、短時間で制裁措置の実施が可能となった。	

付録⑮　年齢

	アメリカ	イギリス
根拠法令	雇用における年齢差別禁止法（The Age Discriminatin in Employment Act of 1967：ADEA）　1967年施行	2006年雇用均等（年齢）規則（Employment Equality (Age) Regulations 2006）　2006年10月1日施行
適用範囲	企業規模20人以上の使用者、労働組合および職業紹介機関における40歳以上の労働者。なお、大半の州は20人未満の中小企業を対象に含める法を定めている。	①自営業者、警察、労働組合、使用者団体等の構成員を含むすべての労働者や使用者 ②求職者、または離職者 ③職業訓練に関連した雇用契約を締結し、または応募している者
禁止される差別事項	①年齢を理由とした雇い入れ、解雇、賃金、労働条件等に関する差別 ②職業紹介機関における年齢を理由とした職業紹介の拒否、その他の差別 ③労働組合における年齢を理由とする組合加入の拒否、除名その他の差別 ④この法律に基づく訴訟、調査等に参加したことを理由とする差別 ⑤この法律で禁止する差別を記載した広告の記事、印刷および出版	①採用、労働条件、昇進、解雇および職業訓練等の取扱いにおける年齢差別を禁止 ②直接差別のみならず間接差別についても禁止 ③見せしめ的行為、嫌がらせについても禁止 ④従来は、65歳以上の者について、不公正解雇制度および余剰人員整理解雇手当の請求権の適用除外とされていたが、この年齢制限が撤廃される。
差別禁止例外事項	①真正な職業上の資格（特定の業務（パイロットなど）の正常な遂行のため合理的に必要とされるもの） ②年齢以外の合理的理由がある場合 ③真正な（合理的な理由に基づく）先任権制度（後述） ④真正な（合理的な理由に基づく）労働者福利制度 ⑤真正な（合理的な理由に基づく）高級管理職等の定年制	①正当な職業上の必要性が認められる場合または客観的に正当化される場合 ②定年制 ③勤続年数に基づく取扱いの差異 ④年齢別の最低賃金
違反時の救済措置	（差別されたと考える）労働者は、連邦の独立行政委員会である雇用機会均等委員会（EEOC）に救済を申立てることができる。ただし、州独自の救済機関である公正雇用慣行機関（FEPA）がある地域では先にFEPAに申立てを行う必要がある。	差別されたと考える労働者は、雇用審判所、郡裁判所（イングランドおよびウェールズ）または執行官裁判所（スコットランド）に救済を申立てることができる。
備考	年齢に関するEEOCへの申立て件数16,585件（2005年度）	

出所）厚生労働省編『世界の厚生労働2007』（TKC出版、2007年）。

な就業促進政策

ドイツ	フランス
[高齢者向けの職業継続訓練の促進] (Fbw) ・開始年月：2002年１月 ・適用範囲：従業員100人未満の企業の50歳以上の労働者で職業継続訓練に参加する者 ・具体的内容 訓練受講料、交通費、子の養育費、泊まり込みの場合の宿泊・食事費用が訓練期間中支給される。 ※政府は、適用範囲を拡大する方向で検討中。 [高齢労働者の賃金保障（EGS)] ・開始年月：2003年１月 ・適用範囲：50歳以上の失業者で失業給付の受給残日数が180日以上ある者 ・具体的内容：再就職した対象者に対し、失業前の手取り賃金と新たな職の手取り賃金の差額の50％が失業給付の受給残日数と同期間受給できる。 ・利用実績等：約4,000人（2005年）	[『被用者の職業人生にわたる訓練機会』に関する全国業種横断的協約] ・開始年月：2004年５月 ・適用範囲：全ての企業の全被用者が対象 ・具体的内容：フランスの企業は、社員への訓練機会の付与が法律で義務づけられており、労使が高齢労働者・熟練労働者のためのさまざまな訓練参加権を労働協約で規定し、参加促進を図っている。 例）20年以上の職務経験がある45歳以上の被用者で勤続１年以上の者は、優先的に技能検定を受講できる他、時間外の職業訓練を受講する場合は、給与の50％相当の教育訓練手当が企業から支給される。
[統合助成金（EGZ)] ・具体的内容：就職困難な失業者を雇い入れる事業主に対し対象労働者の賃金の50％を12カ月間支給する。失業者が50歳以上の場合は特例として支給期間は36カ月までとなる。ただし、12カ月経過するごとに助成は10％ずつ減額される（特例措置は2009年12月末日まで有効)。 ・利用実績等（2005年）約６万１千人 （うち50歳以上の者　約２万４千人) [失業保険斜の免除] 開始年月：2003年１月 ・具体的内容：55歳以上の失業者を新たに雇用した事業主に対し、事業主負担分の失業保険料（賃金の2.1％）を免除する（2007年末まで有効)。	[雇用主導契約（CIE)] ・開始年月：1995年　(2005年１月改正) ・具体的内容：公共職業安定所（ANPE）とCIE 協定を結び、高齢者や障害者等就職に困難を抱える者をCIEに基づいて雇用した事業主に対し、最低賃金（SM-IC）の47％を上限に、最長２年間の賃金補助を実施する。 ・利用実績等：2005年のCIE 利用者に占める50歳以上の割合は17.5％で同年５～12月の契約数は約15,000件。 [50歳以上の求職者を採用する使用者に対する逓減支援（ADE+50ans)] ・開始年月：2003年１月 ・具体的内容：50歳以上で失業期間３カ月以上の失業保険給付受給者を、期間の定めのない雇用契約（CDI）または12～18カ月の有期雇用契約（CDD）により雇用した企業に対し、対象者の賃金助成を実施。

付録⑭　積極的

	アメリカ	イギリス
供給側求職者および労働者に対する施策相談援助等	[高齢者地域社会サービス雇用事業] ・開始年月：1965年 ・適用範囲：55歳以上で低所得の者 ・具体的内容：州・地方政府や指定を受けた非営利団体が（事業の全経費は連邦政府の負担）事業を実施する。 ・対象者は、最低賃金相当の賃金を得ながら週20時間程度、福祉サービス業に従事する。 ・利用実績等：定員は約６万人であり、年間延べ約10万人程度の参加見込	[ニューディール50プラス (New Deal 50+)] ・開始年月：2000年４月 ・適用範囲：50歳以上で、本人または配偶者が求職者給付（拠出制および所得調査制）、就労不能給付などを６カ月以上受給している者。なお、プログラムへの参加は任意である。 ・具体的内容：公共職業安定所（ジョブセンタープラス）でプログラムを通して同一のパーソナル・アドバイザーが対象者に対し、就職促進のため、職業相談に応じ、履歴書の書き方の指導、訓練機会の提供、ボランティアの仕事の提供などを行う。このプログラムの対象者を採用した事業主は対象者の在職訓練のための訓練補助金が受給できる。 ・実績：就職者約15万人 (2000年４月～2005年８月末まで)
需要側事業主に対する施策助成措置等	なし	[エイジ・ポジティブ (Age Positive)] ・開始年月：1999年12月 ・具体的内容：年齢差別是正のキャンペーンであり、ウェブサイト上で政府の年齢差別是正政策や好事例についての情報提供等を実施している。事務局は雇用年金省に置かれている。

出所）厚生労働省編『世界の厚生労働2007』（TKC 出版、2007年）。

付録⑬　段階的な引退を支援するための制度

	ドイツ	フランス
制度名	高齢者パート就労促進制度	段階的引退制度（RP）
制度概要	55歳以上の労働者の労働時間を半分まで短縮して（パート就労への移行）、空いたポストに失業者等を受け入れ、当該高齢労働者の従前手取り賃金の70%および従前賃金ベースの年金保険料の90%を支払い、年金受給開始年齢まで雇用を確保した事業主に対し、連邦雇用庁が資金援助する制度である。	年金の満額受給に必要な被保険者期間（原則40年）を満たし、老齢年金の支給開始年齢（原則60歳）に達した者が、従前の使用者のもとでパート就労しながら、満額年金の一部（「部分年金」と呼ばれる）を受給できる制度である。フルタイムと比較した就労時間が60～80%の場合は30%の部分年金、40～60%の場合は50%の部分年金、40%未満の場合は70%の部分年金が支給される。
利用実績等	高齢パート就労制度活用者数（連邦雇用庁の助成数）（2005年：約9万人）	1988年の制度発足から2002年1月1日までの利用者総数は723件（2001年新規利用者は183人）
備　考	当該制度において、雇用を継続する期間の前半はフルタイム就業し、後半は有給休暇活用により事実上引退扱いとする通称「ブロックモデル」での活用が認められており、実際、過半数がブロックモデルで利用していることから、本来の趣旨と異なり、早期引退制度として活用されているといわれている。政府は2009年末に同制度の廃止を打ち出している。	利用者の拡大を図るため、要件緩和などさまざまな改正が行われており、2008年には高齢者雇用における効果という観点から評価が行われる予定。

注）高齢者の就労能力や就労意欲にあわせ、就労時間を減らすことにより就労年数を長くするための制度。

出所）厚生労働省編『世界の厚生労働2007』（TKC出版、2007年）。

付録⑫　失業扶助制度

	アメリカ	イギリス	ドイツ	フランス
制度の有・無	無	有	有	有
制度名		所得調査制求職者給付（Income-based JSA）	失業給付Ⅱ（Arbeitslosengeld Ⅱ）	連帯失業手当（ASS：l'allocation de solidarite spécifique）
主な受給要件		一定水準以下の資力（資産および収入）であり、失業保険の受給資格がないこと。		
求職活動義務		有		
		60歳以上の者は免除措置あり	58歳以上の者は免除措置あり	55歳以上の者は免除措置あり
給付水準		生活保護と同程度の水準。		
給付期間		受給要件を満たせば、受給期間を更新することにより年金支給開始年齢まで受給可		

注）主に失業保険受給終了後の求職者の生活を支える制度。要件を満たせば年金支給開始年齢まで受給できるため、高齢者の就労意欲を削ぐ恐れがある。

出所）厚生労働省編『世界の厚生労働2007』（TKC 出版、2007年）。

付録⑪　失業保険制度

		アメリカ	イギリス	ドイツ	フランス
制度名		連邦州失業保険（UC）	拠出制求職者給付（JSA）	失業給付（Arbeitslosengeld）	雇用復帰支援手当（ARE）
主な受給要件	最低雇用（保険料納付）期間	州ごとに異なるが、離職前に一定の雇用期間が必要	離職前過去２年間のうち１年以上の保険料納付	離職前過去２年間のうち１年以上の保険料納付	離職前過去22カ月間のうち６カ月以上の雇用期間
	自発的離職者	受給不可	受給可	受給可	受給不可
	求職活動義務	有			
		免除措置はない	免除措置はない	58歳以上の者の免除措置あり※2007年末廃止予定	57.5歳以上の者の免除措置あり
給付水準		州ごとに異なるが、おおむね課税前所得の50％	週57.45ポンド（約１万２千円）（25歳以上の者の場合）	離職前の手取り賃金の67％（扶養する子がない者は60％）	離職前の課税前賃金（日額）の57.4％（離職前の課税前賃金月額が1,846ユーロ（約25万円）以上のフルタイム労働者の場合）
給付期間		州ごとに異なるが、おおむね最長26週（失業情勢が悪化した場合、最長39週）	最長182日（26週）	55歳未満の者は最長12カ月。55歳以上の者は最長42カ月。※2006年２月改正前の給付期間は、57歳以上の場合で最長32カ月	50歳以上の者は最長36カ月。57.5歳以上の者は最長42カ月。※2006年１月改正により57.5歳以上で満額年金が受給可能な者の失業給付の期間が最長42カ月から36カ月に短縮

注）仕事を探している失業者（求職者）の生活を支える制度。容易に受給でき給付内容が充実している場合、早期引退を促進する恐れがある。

出所）厚生労働省編『世界の厚生労働2007』（TKC 出版、2007年）。

付録⑩b　障害者雇用対策

国 Country	雇用差別禁止法制度 System for prohibition of employment discrimination
アメリカ	「障害を持つアメリカ国民法」（1990年制定）により、雇用、公共交通、公共的サービス、電気通信の分野において、一般企業や事業者に対し、障害者の雇用やバリアフリー化を義務付け、義務が果たされなければ、障害者は差別として事業主を訴えることができることとし、障害者の機会均等を保障している。 ［対象となる障害者］個人の主たる生活活動の一つ以上を著しく制限する身体的・精神的機能障害がある者（機能障害の経歴がある者、機能障害を持つとみなされる者も含む）。 ［雇用における差別禁止］15人以上を雇用する事業主は「有資格の障害者」を障害ゆえに差別してはならない。事業主は「不当な難儀」をもたらす場合を除き、応募するまたは雇用される障害者のために「妥当な環境整備」を行わなければならない。 ［申立ての仕組み］雇用差別がある場合は、障害者等は申立てを180日以内に雇用機会均等委員会（EEOC）に行う。EEOC は調査を行い申立てが正当であれば雇用主にその行為を止めるように命令、非公式に和解を行うこともするが、成功しなければ訴訟に持ち込むことが可能。近年 EEOC では、代替的な制度として、仲裁の仕組みを設置。
イギリス	「障害者差別禁止法」（1995年制定）により、雇用、商品およびサービスの提供、ならびに住宅供給の分野において障害者の権利を保障するとともに、教育、公共輸送機関における障害者の利便性にも配慮し、総合的に障害者に対する差別を禁止することを定めている。 ［対象となる障害者］通常の日常生活活動を行う能力に対して相当程度の、かつ長期的悪影響を及ぼす身体的または精神的機能障害のある状態の者。 ［雇用における差別禁止］15人以上を雇用する事業主は、障害者の持つ障害に関連した理由に基づいて、その理由が適用されない他の者の処遇と比べ、その障害者を不利に処遇してはならない。事業主は、障害従業員、もしくは将来の障害従業員のために、建物の物理的な特徴や雇用協定について「合理的な調整措置」をとらなければならない。 ［申立ての仕組み］雇用差別がある場合には、障害者等は申立てを障害者権利委員会（DRC）に行う。DRC は障害者からの相談を受け、斡旋、調停または仲裁を行う。成功しなければ、労働裁判所に提訴することが可能。DRC は調査を実施し、申立てが正当であれば、訴訟に持ち込む。

出典）日本障害者雇用促進協会障害者職業総合センター『諸外国における障害者雇用対策』（2001年８月）等をもとに労働政策研究・研修機構情報解析部作成。

出所）労働政策研究・研修機構編『データブック国際労働比較（2007年版）』。

フランス	[対象となる障害者] 不足または減少した身体的および精神的能力のため、通常の雇用において職を獲得し、保持することが相当難しい者(労働法典)。雇用義務制度の受益者の範囲は、COTOREP（職業指導・職業再配置専門委員会）によって障害を持つ者として認定された労働者、労働災害あるいは職業病の犠牲者、障害年金の有資格者、旧軍人およびそれと同様の者。 [雇用率] 現行6％。障害者のうちあるカテゴリーの人々は1人当たり1.5、2.0または2.5として数えられる。雇用率を満たさなくても3つの代替的手段（納付金制度における拠出金、保護的労働セクターとの下請契約、労使協定による雇用プログラム）をとれば満たしたものと認める。「20人以上」を計算する際に除外できる職種（33種類）を設定。 [負担金の徴収方法] 使用者は、毎年雇うべき障害者1人につき決められた拠出金を障害者職業編入基金（AGEFIPH）に納付する。 [助成方法] AGEFEIPH が拠出金を使用者から徴収し、一般雇用されている障害者の賃金保障、就業している障害者やその使用者に対する一括払いの統合助成金、雇用継続のための資金、職場改善のための資金として助成している。

出所）労働政策研究・研修機構編『データブック国際労働比較（2007年版）』。

付録⑩ａ　障害者雇用対策

国 Country	雇用率制 Legislation of employment rate
日　本	［障害者の雇用の促進等に関する法律］ ［対象となる障害者］身体障害、知的障害または精神障害があるため、長期にわたり、職業生活に相当の制限を受け、または職業生活を営むことが著しく困難な者。 ［雇用率］1998年の法改正により1.6％を1.8％に引上げ。重度身体障害者および重度精神薄弱者については、フルタイムで１人雇用すれば２人、短時間雇用している場合は１人と換算。 2005年の法改正により算定対象に精神障害者を含めた。 ［負担金の徴収方法］法定雇用率未達成事業主は、１人につき50,000円の障害者雇用納付金を納付する。 （当分の間、常用雇用労働者数が300人以下の事業主からは、納付金を徴収しない。） ［助成方法］政府は、障害者を雇用するために職場環境を整備したり、適切な雇用管理を行ったりする事業主に費用を助成している。常時雇用労働者数が300人を超える事業主で雇用率を超えて障害者を雇用している場合に、超えて雇用している障害者の人数に応じて障害者雇用調整金を支給する。常用雇用労働者数が300人以下の事業主で一定数を超えて障害者を雇用している場合に、一定数を超えて雇用している障害者の人数に応じて報奨金を支給する。
ドイツ	［対象となる障害者］「障害者」とは、身体的・知的・心理的影響により社会参加が制約された者で、この参加能力の制約が一時的でない場合をいう。雇用率制度の対象となる障害者は、重度障害者および重度障害者とみなす者。 ［雇用率］2000年10月より新法律（重度障害者失業対策法）に基づき20人以上の従業員の事業主を対象に、雇用率を６％から５％に引き下げ、2002年10月までに５万人の失業者を減らせないときは、2003年１月から自動的に６％に復帰する。算定方法は、労働環境への統合が特に困難な重度障害者については、雇用事務所は１人以上最高３人分までカウント、企業で職業教育を受けている若者は１人を２人にカウントし、特別に認められる場合は３人と計算する。 ［負担金の徴収方法］州の中央扶助事務所が、雇用率の達成状況により、雇用調整金を事業主から徴収する。障害者の作業所に委託した事業主は、委託した仕事の請求金額の50％を調整負担金から控除できる。 ［助成方法］州の中央扶助事務所は調整負担金の45％を連邦の調整負担金基金に納付。州の中央扶助事務所においては、調整負担金の55％を、職場を障害者の必要に応じて改築したり設備を整備する費用や障害者を雇用するために企業が特別に大きい支出を必要とする場合の費用等に援助する。連邦に納付された調整負担金は連邦雇用庁に必要な財源に充当。連邦雇用庁においては、重度障害者を雇用した事業主に賃金助成等を実施。

解雇・不利益取扱い	規定なし	休業請求または取得を理由とする解雇予告や解雇の禁止および不利益取扱いの禁止。
復職	以前と同じまたは同程度の職に復帰できる。	以前と同程度の職に復帰できる。だたし、休暇予定期間が1カ月以上の場合は、復職通知を受け取った後、事業主は最高1カ月間は労働者の職場復帰を延期できる。
担保方法	罰金。使用者による損害賠償、解雇手当金等の支払い。	使用者による損害賠償。
有給・無給	無給	無給。ただし、妊娠手当、両親手当等の手当を受けることが可能。
休業期間中の社会保険の取扱い	年金について算定基礎となる。	年金について算定基礎となる。
中小企業の取扱い	すべての事業所について休暇制度を完全に実施（1995年1月より）	なし
その他	休業中またはパートタイム労働期間中は職業活動を行ってはならない。	復職者は、必要のある限り、特に労働の技術または方法が変化した場合には、職業上の再訓練を受けるものとする。

出典）厚生労働省雇用均等・児童家庭局資料等をもとに、労働政策研究・研修機構情報解析部作成。

厚生労働省大臣官房国際課『2003～2004年海外情勢報告』（2004年）および『2002～2003年海外情勢報告』（2003年）。

各国資料をもとに、労働政策研究・研修機構国際研究部作成。

注）表中の日本についての記述は、社会保険関係各種法令の改正、育児・介護休業法の改正を踏まえ更新したものである。

出所）労働政策研究・研修機構編『データブック国際労働比較（2007年版）』。

	復帰できる。	
担保方法	雇用審判所への争訴提起	規定なし
有給・無給	無給	無給
休業期間中の社会保険の取扱い		休業1カ月ごとに年休の12分の1を減することができる年金について算定基礎となる。
中小企業の取扱い	なし	労働時間の短縮の請求については、職業訓練中の者を除き常時15人を超えて雇用する場合のみ請求できる。
その他	2002年1月改正	2001年1月施行

	フランス	スウエーデン
制定法	労働法典	両親休暇法、国民保険法
対象者	男女労働者。実親、養親、継親子の扶養権を引き受けた者。	男女労働者。実親、養親、事実婚の親、監護者。
請求権行使の要件	子の出生または3歳未満の養子の引取りの日に最低1年の勤続を証明すること	直前6カ月または2年間に少なくとも12カ月間雇用されていたこと。
期間	第1、2子については、3年間休業し、月512ユーロを上限とする手当を受け取る。第3子については、第1、2子と同じタイプか、1年間休業して月750ユーロを上限とする手当を受け取るかを選択することができる（2006年7月より実施）。	全日休暇型は子供が生後18カ月まで。労働時間短縮型は8歳未満または義務教育第1学年終了まで。
形態	子供が3歳になるまで、①1～3年求職する、②パートタイム労働（週16～32時間）に移行する、③職業教育を受ける——のいずれかの方法またはその組み合わせ	全日休暇または労働時間短縮型
請求予告期間	産休に連続する場合、休業開始1カ月前。その他の場合、休業開始2カ月前。	休業開始2カ月前

その他	育児休業をする労働者に対し、雇用保険から休業取得前の賃金額の40％が支給される育児休業給付制度がある。国は、事業主等に対して育児休業制度の環境を整備するため雇用管理等についての相談および助言、給付金の支給その他必要な援助を行っている。	介護、労働者本人のための休暇も取得できる。

	イギリス	ドイツ
制定法	雇用関係法	連邦育児手当・育児休暇の給付に関する法律
対象者	男女労働者（実親・養親を問わない）	子を自ら監護または養育する労働者
請求権行使の要件	１年以上勤務している男女労働者	両親の一方でも双方共同しても可
期間	子が５歳（障害のある場合は18歳）に達するまで13週間	子が３歳になるまで最長３年間。使用者の同意を得れば、最長３年間のうち12カ月分を、子が３歳を超えて８歳になるまでの間に取得可。分割する場合は４回まで。
形態	１週間を単位（障害を有する子の場合は１日単位でも可）。ただし、労働協約または労働契約でこれと別の定めも可。	全日休暇。ただし、パートタイム労働については週30時間以内の就業が可。労働時間の短縮も可。
請求予告期間	21日前	子の生まれた日、または産前産後休業期間が終了した日から育児休業を希望するものは６週間前、それ以外は８週間前。
解雇・不利益取扱い	解雇等の不利益取扱を行ってはならない。	休業請求以降終了まで解雇禁止。ただし、雇用に関する管轄最上級官庁等が特別の場合、例外的に解雇を許容する宣言を発した場合、解雇できる。
復職	以前と同じ職または同等以上の職務、期間および条件の類似の職に	以前と同じまたは同程度の職に復帰できる。

付録⑨　育児休業制度

	日　本[1]	アメリカ
制定法	育児休業、介護休業等育児または家族介護を行う労働者の福祉に関する法律。	家族・医療休暇法
対象者	1歳に満たない子を養育する男女労働者（日々雇い入れられる者を除く一定の範囲の期間労働者は対象）。	男女労働者実親、養親、監護者
請求権行使の要件	労使協定で育児休業をすることができないものとして定められた労働者に該当しないこと。	当該事業主に12カ月以上雇用されていたこと。過去12カ月の労働時間が1,250時間以上であること。
期間	最長で子が出生した日から1歳に達する日（誕生日の前日）までの間。一定の場合には子が1歳6カ月に達するまで。	生後、養子縁組後または監護斡旋後12カ月の間に12週間。ただし、夫婦が同一事業所に雇用されている場合は、夫婦で合わせて12週間。
形態	全日休暇	全日休暇
請求予告期間	原則として育児休業開始予定日の1カ月前。	休暇開始日の30日前まで
解雇・不利益取扱い	育児休業の申し出をし、または育児休業をしたことを理由とする解雇その他不利益な取扱の禁止。	育児休業の権利行使に対する干渉、抑圧、拒否、不利益取扱の禁止。
復職	法律においては事業主に対して休業後の原職復帰を義務づけてはいないが、休業後の就業が円滑に行われるようにするための雇用管理上の必要な措置を行う努力が課せられている。	休暇前と同じ仕事または同等の仕事への復職の権利を有する。
担保方法	規定なし	使用者による損害賠償
有給・無給	規定なし	無給
休業期間中の社会保険の取扱い	休業中、被保険者としての資格は継続するが、保険料は、被保険者分、事業主負担分とも免除される	医療給付は休暇中も継続
中小企業の取扱い		従業員50人未満の事業主は適用除外

年金制度

アメリカ	イギリス	フランス		ドイツ	スウェーデン
		AGIRC	ARRCO		ITP
企業の任意［エリサ法に企業年金が満たすべき最低条件を規定］	企業の任意［社会保障年金法に付加年金からの適用除外の条件を規定］	幹部職員退職年金制度連合会 全国的労使協約の適用を受ける企業は設立が義務づけられる。	補足年金制度連合会	企業の任意［老齢企業年金改革法に企業年金が満たすべき最低条件を規定］	俸職職員退職年金制度 全国的労使協約の適用を受ける企業は設立が義務づけられる。
21歳から1年以上の勤務を法定。	条件無しが多くなりつつある。	幹部職員（強制加入）	一般被用者（強制加入）	通常5年から10年の勤務期間	28歳以上
65歳［繰上げ・繰下げ（法定）あり］	大部分が65歳（女子60歳）	60歳		65歳（女子60歳）	65歳
定額・定率等給付設計は企業によって異なるが、公的年金とあわせ、従前賃金の60～70％を保障。	一般的には［最終給与または再評価後全期間平均給与］×乗率［1／80～1／60］×加入年数［40年加入で最終給与の50％以上］	個人の年金ポイント×ポイント単価 ［30年加入で最終給与の約30％］	［30年加入で最終給与の約20％］	一般的なものとしては、最終給与×乗率×勤続期間により、公的年金と合わせて最終給与の65～75％となる。	最終給与のうち基礎額（37,200クローネ）の7.5倍まで×10％ 7.5～20倍×65％、20～30倍×32.5％の和［30年加入に満たない場合は減額］
次の2つの方法がある。 ①控除方式＝全体の給付水準から公的年金給付相当額部分を差し引いた残りを支給。 ②超過方式＝公的年金と企業年金を合わせた給付水準が所得の一定水準になるよう、公的年金の上限以上の報酬に高い給付乗率を適用。	いくつかの条件を満たせば、公的年金の付加年金部分から適用除外される。同じ期間国の制度に加入した場合の付加年金の給付を下回らないこと。	公的年金に上乗せされる［公的年金と合わせて最終給与の60～70％になる］。		公的年金に上乗せされる［公的年金と合わせ最終給与の65～75％となる］。	公的年金に上乗せされる［公的年金と合わせ最終給与の65％程度になる］。

合会『企業年金に関する基礎資料 平成17年10月』（2005年）。
生労働省資料等をもとに、労働政策研究・研修機構情報解析部が作成。
確定給付年金制度が施行され、適格年金は一定期間後までに、他の年金制度に移行さ

付録⑧　企業

	日本			
	厚生年金基金 Employee's pension fund	適格退職年金 Approved retirement annuity	確定拠出年金 Defined-contribution pension scheme	確定給付企業年金 Defined-contribution pension scheme
設立 Establishment	①厚生労働大臣の認可が必要。 ②500人以上の加入人員がいること ③設立母体が健全であること。	事業主	年金の規約について厚生労働大臣の承認が必要。企業型と個人型がある。	規約型と基金型がある労使が合意した年金の規約について、厚生労働大臣の承認（基金の場合は基金の設立許可）が必要。
加入資格 Eligibility for participation	厚生年金の適用事業所に使用される被保険者。	企業または団体の被用者（事業主である個人、これと生計を一にする親族、事業主である法人の役員等の加入は不可）	厚生年金保険の被保険者、日本・私立学校振興・共済事業団加入者および農林漁業団体職員共済組合員	厚生年金保険の被保険者等。年金規約において加入者資格を定めることができる。
支給開始年齢 Pensionable age	厚生年金保険に同じ（代行部分）。加算型の加算部分は自由。	自由	最初の拠出からの経過年数に応じ60～65歳	原則として60～65歳の範囲で年金規約に定める年齢（老齢給付）。
給付水準 Pension benefits levels	代行部分の３割を上回る水準。	自由	拠出した掛金が個人ごとに区分され、加入者それぞれが自己責任のもとに運用商品を選び、掛金と運用収益の結果をもとに給付額が決まる。	基準に従い規約で定めるところにより算定した額。
公的年金制度との調整 Adjustment to public pension scheme	公的年金に上乗せされる。	公的年金に上乗せされる。	公的年金に上乗せされる。	公的年金に上乗せされる。

出典）日本：ライフデザイン研究所『平成14年版 企業年金白書』（2002年）。
　　　その他：社会保険研究所『平成15年版 目で見る年金』（2003年）、企業年金連
　　　日本の確定給付企業年金については、確定給付企業年金法の施行を踏まえて厚
注）日本の確定拠出年金は平成13年10月から施行。また、平成14年４月から新しい
　　れる。
出所）労働政策研究・研修機構編『データブック国際労働比較（2007年版）』。

	働時間制を導入することができる 〔サイクル労働〕 労働時間の配分がサイクル（数週単位の期間）ごとに同様の形で繰り返される労働について、①継続的に操業される企業において、②デクレで定められている場合、または拡張適用される産業部門別労働協約・労使協定もしくは異議申立権の対象とならない企業・事業場別協定の締結がなされた場合、サイクル労働を実施することができる。この場合、労働サイクル期間を平均して週35時間を超える労働時間のみが超過労働時間とされる。ただし、１日および１週単位の最長労働時間の規制（１日10時間以下、１週48時間以下、12週平均44時間以下）の適用は除外されない。		

	店、飲食店であって、かつ、規模30人未満のもの。	以下の時間が保障され（労働がなくとも時間分の賃金の支払いは保障される）、かつ、2,240時間が上限として規定されている場合に特定の週に法定労働時間を超えても割増賃金の支払いを要しない。 １日12時間、１週56時間を超える労働に対しては、1.5倍の割増賃金を支払わなければならない。 これを怠った場合または2,240時間を超えて労働させた場合は52週のおのおのについて１週40時間の規定が適用される。保障時間を超えて労働させた場合、超えた時間について1.5倍の割増賃金を支払わなければならない。	

出所）労働政策研究・研修機構編『データブック国際労働比較（2007年版）』。

にある者。			
・通常かつ著しい範囲で手待時間がある場合、労働協約または労働協約に基づく事業所協定により、平日に10時間を超えて労働時間を延長可能。 ※通常かつ著しい範囲で手待時間がある場合とは、10時間を超える労働時間延長を労働保護法上有害でないと認める程度、具体的には全労働の25%ないし30%程度以上の手待時間があることが必要であると一般的に解されている。	換算制度（特定の業種について35時間を超える労働時間を命令で定め、これを35時間とみなす制度） ・①河川運輸（船上従業員）59時間28分、②製パン・菓子製造業42時間54分、③食品小売商店（販売員）42時間54分、④守衛・監視企業52時間39分、建築現場および土木作業の守衛60時間27分、⑤私立の病院、診療所、救護所等（医師、歯科医師、助産婦を除く）41時間55分、⑥ホテル、カフェ、レストラン調理人44時間54分その他の従業員47時間46分、⑦小売薬局（従業員1人雇用）40時間57分、⑧理髪店、美容院、マッサージ、かつら製造41時間55分～48時間45分、⑨消防業務44時間51分、⑩道路運輸42、48時間等	・農業労働者および季節的労働者は１日10時間、１週60時間 ・他の業種・職種であっても関係当事者の協定により１日10時間、１週60時間まで延長可	・使用者はあらかじめ労働者の同意を得ている場合にのみ、４カ月平均週48時間を超えて労働させることができる。
［６カ月または24週間単位の変形制］ ６カ月または24週以内（労働協約または事業所協定でこれより長い期間の設定可）の期間を平均して週日の労働時間が１日８時間を超えない場合、１日10時間まで労働時間を延長できる（ただし、夜間労働者については、変形期間は１カ月または４週以内）。	［１年変形労働時間制］ 使用者は、①拡張適用される産業部門別労働協約・労使協定または異議申立て権の対象とならない企業・事業場別協定を締結して、一定事項を記載すること、②労働時間が労働週で平均して週35時間を超えず、かつ年間1,600時間を超えないこと、③１日および１週単位の最長労働時間を遵守すること （労働時間が1日10時間以下、１週48時間以下、12週平均44時間以下であること）を要件として、１年単位の変形労	［1週間単位の変形制］ 1週48時間以内であれば１日については自由 ［１年単位の変形制］ １週を超える（１年を上限）変形制は、農業および技術的または季節的要請に基づくものについて大統領令または関係当事者の協定により可。	週の最高労働時間については、４カ月を超えない算定基礎期間において、時間外労働を含め１週を平均して48時間を超えない範囲で可。

法定労働時間の特例 Exceptions to legal working hours	・商業、映画、演劇業、保健、衛生業、接客娯楽で10人未満の事業場（週44時間制）	特定の業種、企業に関して特例あり ・石油製品の卸または大量販売の地方的独立企業（年間売上100万ドル未満等） ・１日／12時間、１週56時間の特例 ・小売またはサービス業について、その労働者の通常賃金率が最低賃金の1.5倍以上かつ賃金に占める歩合給の割合が５割以上の場合、割増賃金の支払いを要しない ・タバコの葉の製造について、１日10時間、１週48時間（年間14週を限度）等	・労働者が職場から遠く離れて暮らしている場合、 ・警備産業の場合、 ・役務または生産の継続が必要な場合等には、基準期間を26週まで延長することができる。 ・労働の編成に関する客観的で技術的な理由に基づいて労働協約または労使協定が例外規定をおく場合には、基準期間を52週まで延長することができる。
弾力的労働時間制度 Flex time system	［１カ月単位の変形労働時間］ １カ月以内の一定の期間を平均し、１週の労働時間が40時間以内。 ［１年単位の変形労働時間制度］ １年以内の一定の期間を平均し、１週の労働時間が40時間以内。１週について52時間、１日について10時間まで労働させることが可能。日数は６日。 ［１週間単位の非定型的変形制］ １週を40時間以内として、１日10時間まで労働させることが可能。ただし、小売業、旅館、料理	［26週単位の変形制］ 労働協約により26週あたり1,040時間を上限として、特定の週に法定労働時間を超えても割増賃金の支払いを要しない。どの26週をとっても1,040時間以内であることが必要。 ただし、1日12時間、1週56時間を超える労働に対しては、1.5倍の割増賃金を払わなければならない。 これを怠った場合、または1,040時間を超えて労働させた場合は、26週のおのおのについて１週40時間の規定が適用される。 ［52週単位の変形制］ 労働協約により52週について1,840時間以上2,080時間	基準期間は17週未満の雇用ならその期間とされ、一定の労働者に関しては26週まで延長することが可能。延長できる場合とは、労働者が職場から遠く離れて暮らしている場合、警備産業の場合、役務または生産の継続が必要な場合（例えば、保険、報道、通信、公益施設）、予見可能な活動時間の波がある場合、活動が不測である例外的な事件、事故または緊急な事故の危険によって影響を受ける場合。週の最高労働時間については17時間で時間外労働を含め１週を平均して48時間を超えない範囲で可（52時間まで労使協定により延長可）。

時間制度

ドイツ	フランス	イタリア	EU指令
労働時間法の統一および弾力化のための法律 (1994年)	労働法典第2巻(1972年制定):労使交渉による労働時間短縮に関する法律 (2000年制定) 時短緩和法 (2005年3月成立)	工業的または修業的経営における行員および職員についての労働時間の制限に関する法律 (1923年制定) 雇用創出に関する法律	労働時間の設定に関する指令 (1993年)
1日8時間	1週35時間	1週40時間(1日8時間)	7日につき、時間外労働を含め、平均して48時間を超えないこと(算定期間は最長4カ月)
法定労働時間を超えて労働させた場合、3万ドイツマルク以下の過料。さらに、当該行為を①故意によって行い、それによって労働者の健康を損ねる危険にさらした場合、または②執拗に繰り返すことにより行った場合は1年以下の自由刑または罰金。	法定労働時間を超えて労働させた場合、第4種違警罪としての罰金が適用される(違警罪は、違法に雇用された労働者数と同じ数だけ罰金刑を生じさせる)。	法定労働時間を超えて労働させた場合、罰金。	
[適用除外] ・事業所組織法5条3項の幹部職員および主任医師 ・公務機関の長、その代理者、公務に従事する労働者で人事決定権限を有する者 ・世話をされる者と共同生活をし、教育、看護または世話をする労働者 ・聖職者(他の法律の適用) ・船員(船員法) ・製パン業(製菓業(販売を含む)(パン・ケーキ製造・販売業における労働時間に関する法律) ※事業所組織法5条3項の幹部職員とは、①労働者を自己の判断で採用し、解雇する権限を有している者、②包括的代理権あるいは使用者との関係において重要な業務代理権を有している者、③その他、特別の経験と知識が必要とされる職務を通常行っており本質的に自由に決定を下す立場	[適用除外] ・土地の耕作、畜産、林業等(農業法典) ・海洋漁業、商船等(海上労働法典) ・公立の病院・医療施設等(公衆衛生法典) ・国有企業(ガス、電気、国鉄等) ・商業代理人(判例、学説) ・家事使用人(判例、学説) ・住み込み不動産管理人 ・守衛(判例、学説) ・取締役 ・上級幹部職員(幹部職カードル) ・家内労働者 ・坑内労働者	[適用除外] ・家事労働者 ・管理者 ・外勤セールスマン ・監視・断続・待機労働(管理人、警備員、電話交換手等)(他の法律の適用) ・船員 ・公務員	[適用除外] ・空路、鉄道、道路、海上、内水および湖沼における輸送、漁業、そのほかの海上労働および訓練中の医師の業務 [加盟国による適用除外が可能なもの(年次休暇のみの適用)]。 ・役員または自ら方針を決定する権限を有する者 ・家族労働者 ・教会または教団の宗教的儀式を司る労働者[労働協約等による適用除外が可能なもの(法律等で代償休息を与えることが条件)(週労働時間、年次休暇は適用)]。 ・保安・監視の業務等

付録⑦　労働

	日　本	アメリカ	イギリス
根拠法 Implementing law	労働基準法 （昭和22年制定）	公正労働基準法 （1938年制定）	労働時間規制 （1998年制定）
法定労働時間 Legal working hours	1週40時間／1日8時間	1週40時間	1週48時間（残業時間を含む／1週平均）※17週平均
罰則 Penalty	法定労働時間を超えて労働させた場合、6カ月以下の懲役または30万円以下の罰金。	故意に違反した場合（40時間を超えて労働させた場合において1.5倍の割増賃金を払わなかった場合）、1万ドル以下の罰金または6カ月以下の禁固刑。	法定労働時間、深夜労働および代償休息についての違反は犯罪を構成する。 規則上の権利を侵害された労働者は、権利行使が許されるべきであった日から3カ月以内に、補償裁定を求めて雇用審判所に救済を申し立てることができる。
適用関係 Application	[適用除外] ・農業、水産業 ・管理監督または機密の事務を取り扱う者 ・監視または継続的労働に従事する者で、使用者が行政官庁の許可を受けた者（他の法律の適用） ・船員 ・公務員	[適用除外] ・管理的被用者、運営的被用者、専門的被用者、外勤セールスマン（ホワイトカラーエグゼンプション） ・農業 ・水産業 ・船員 ・コンピュータ解析者、プログラマー、SE ・自動車運送業、鉄道運送業、航空運輸業の被用者 ・アナウンサー、ニュース編集者等 ・タクシー運転手 ・8人以下の林業等の労働者 ・季節的な娯楽施設および教育施設の労働者	[適用除外] ・軍隊・警察その他市民保護サービスの特定の活動に従事する者。 ・幹部管理職、家族労働者、宗教的儀式の司祭労働者、家事使用人 ・労働者により署名された書面による個別的オプト・アウトの合意により、法定労働時間の規則の適用を排除することができる。

			が可能。
適用除外・減額措置	中央行政機関・地方行政機関、地方自治体、農業、国営企業等については適用除外。	企業規模10人未満、土地と建物を除外した純資産額2億ルピア未満等の企業については、25%を限度とする減額措置。経営不振で最低賃金額の支給が不可能な企業は適用除外申請が可能。	農地の小作人、メイド・個人用運転手等の家庭内使用人、内職者等は適用除外。常用労働者10人以下の企業は、適用除外の申請可能。

出典）厚生労働省国際課海外情報資料室。
出所）労働政策研究・研修機構編『データブック国際労働比較（2007年版）』。

	ギリシャ	中国	韓国
最低賃金額	591.18ユーロ／月 （2004年8月）	640元／月 （北京市・2006年）	3,100ウォン／時間 24,800ウォン／日 （2006年）
改定	通常2年に1度中央協定により改定（法的拘束力のある中央協定）。	全国統一のものはない。政府労働・社会補償部が定める「最低賃金工資規定」により、各地は2年に1回は最低賃金を改定する必要がある。	毎年政労使からなる最低賃金委員会の審議・議決を経て労働部長官が決定（毎年3月末までに労働部長官が審議会に諮問）。適用時期は毎年1月1日（2007年より）。
影響率等			全体の10.3％（150万人）　（2006年）
適用除外・減額措置			労働部長官の許可を受けた者。 ①精神または身体の障害により労働能力が著しく低い者 ②その他最低賃金を適用することが適当でないと認められる者
パートタイム労働者の取扱い	労働時間に応じた額	労働時間に応じた額	労働時間に応じた額
労働協約拡張適用制度	あり		

	タイ	インドネシア	フィリピン
改定	ほぼ毎年、政労使からなる最低賃金委員会が審議し、政府に諮問。	ほぼ毎年、各州ごとに設置された政労使からなる審議会が審議し、州知事に答申。	政労使からなる地方三者賃金生産委員会が改定。不服のある関係団体は、政労使からなる国家生産性委員会に不服申立て

	（290万人）（2005年末）	（130万人）（2005年末）	
適用除外・減額措置	17歳10%減 17歳未満20%減（ただし6カ月以上勤務で減額措置なし） 障害者10～20%減 職業訓練生、若年の各種雇用援助措置を受けている者22～75%減	15～22歳（15～70%減）	公的部門の被用者および養成訓練生は適用除外。 20歳は6%減、19歳は12%、18歳は18%、17歳は24%減、16歳以下は30%減
パートタイム労働者の取扱い		労働時間に応じた額	労働時間に応じた額
労働協約拡張適用制度	あり	あり	あり

	ルクセンブルク	スペイン	ポルトガル
最低賃金額	1,503.42ユーロ／月（2005年10月～）	540.90ユーロ／月 18.03ユーロ／日（2006年1月）	374.70ユーロ／月（2005年1月）
改定	経済成長および所得水準の変化に基づき、2年に1度政府が改定。その間も生計費の上昇により改定。	労使の意見を聴いた後、物価、生産性等に基づき年に1度または2度政府が布令により改定。	政労使による経済社会委員会の意見を聴いた後、物価、生産性等に基づき毎年政府が改定。
影響率等	フルタイム被用者の15.1%（2005年末）	全被用者の1～3%（2005年末）	フルタイム被用者の4.0%（2005年末）
適用除外・減額措置	15～18歳は20～25%減、障害者も減額可。	養成訓練生は10～30%減	障害者最大50%減、養成訓練生20%減
パートタイム労働者の取扱い	労働時間に応じた額	労働時間に応じた額	労働時間に応じた額
労働協約拡張適用制度	あり	あり	あり

適用除外・減額措置	以下について労働基準局長の許可を受けることにより適用除外 ①精神または身体の障害により著しく労働能力が低い者 ②試用期間中の者 ③職業能力開発促進法に基づく認定職業訓練を受ける者のうちの一定の者 ④所定労働時間の特に短いもの ⑤軽易な業務に従事するもの ⑥断続的労働に従事する者	20歳未満の者については最初の90日間は4.25ドル（時間）。チップ収入のある者については、使用者が支払うべき最低賃金は2.13ドル（ただしチップと合わせた収入が5.15ドルに満たない場合にはその差額を補償しなければならない）。	18～21歳までは時給4.45ポンド 16歳および17歳は時給3.30ポンド（訓練生等については適用除外）
労働協約拡張適用制度	あり	なし	

	フフンス	オランダ	ベルギー
最低賃金額	8.27ユーロ／時間（2006年7月1日～）	1,284.60ユーロ／月（2006年7月1日～）	1,234ユーロ／月（2005年8月～）
改定	〈定時改正方式〉 全国団体交渉委員会の賃金給与小委員会の意見を参考にして毎年7月1日付で金額を改定。 〈物価スライド方式〉 消費者物価指数が前回の金額改定の水準より2％以上上昇した場合、指数の上昇分だけ金額を改定。	年2回（1月1日および7月1日）の改定。	通常2年に1度の中央協定により改定（法的拘束力のある中央協定）。その間も消費者物価の上昇により改定。
影響率等	全被用者の13％	全被用者の2.1％	

付録⑥　最低賃金制度

	日　本	アメリカ	イギリス
最低賃金額	673円／時間 (2006年加重平均)	5.15ドル／時間 (1997年9月～)	5.35ポンド (一般)／時間 4.45ポンド (若年者)／時間 (2006年10月～)
改定	〈審議会方式〉 厚生労働大臣または都道府県労働局長が、一定の事業、職業または地域について必要があると認めるときに最低賃金審議会に調査審議を求めその意見を尊重して決定。 〈労働協約拡張方式〉 一定の地域内の同種の労働者および使用者の大部分に賃金の最低額に関する労働協約が適用されている場合で、労働協約の締結当事者である労働組合または使用者の全部の同意があったときに、厚生労働大臣または都道府県労働局長が最低賃金審議会に諮問の上、当該協約に基づき同種の労働者および使用者の全部に適用する最低賃金として決定。	連邦最低賃金は公正労働基準法で直接額を規定。一定期間ごとに見直す等の定めはない。州最低賃金は州法によるものと議会が決定するものがある。	最低賃金額は使用者団体、労働組合、独立機関の各代表で構成される最低賃金委員会の勧告を踏まえて決定され、最低賃金法施行規則に定められる。
影響率等	1.4%（2005年）	全被用者の1.6% (2005年末)	全被用者の5.0% (150万人) (2005年末)

	重大な理由をいう。 　個別的解雇には、①事前面談への召還、②事前面談、③解雇通知の送付、④解雇予告期間の遵守、⑤解雇手当ての支払いといった手続きが必要。	少なくとも2回以上の協議。企業委員会は企業の費用負担により会計鑑定人の補佐を受けることができる。 ・50人以上の労働者を雇用する企業が、30日以内に10人以上の労働者を解雇する場合には、使用者による再配置計画等を盛り込んだ「雇用保護計画」の作成が義務づけられる。行政官庁は、計画を審査し、補充・変更の提案等を行うことができる。 ・企業、国、商工業雇用協会の三者による職業転換協定（職業訓練の提供、手当ての支給を内容とするもの）を締結しなければならない。 ・このほか、1,000人以上の労働者を雇用する企業等は、解雇対象者に、最大9カ月間、労働契約を維持しながら職業訓練や求職活動をするための「再配置休暇」を付与しなければならない。この対象とならない企業は、解雇対象者に、職業能力評価票の作成と再就職支援の提案をしなければならない。

出典）厚生労働省海外情報室作成資料、厚生労働省『改正労働基準法の概要』、日本労働研究機構『労働政策レポート volume 2 解雇法制』、『諸外国における解雇のルールと紛争解決の実態』をもとに労働政策研究・研修機構情報解析部作成。

出所）労働政策研究・研修機構編『データブック国際労働比較（2007年版）』。

	員会の合意なしに労働者を解雇した場合、⑤労働者を同一の事業所または同一企業の別の事業所で雇用を継続することが可能な場合、等。 　また、個別の労働法令により次のような解雇制限がある。 　①事業所委員会委員および職員委員会委員の解雇（在職中および終了後１年間）（事業所組織法、職員代表法）、②６カ月以上雇用が継続されている重度障害者の解雇（中央福祉事務所の同意が必要）（重度障害者法）、③妊娠中および出産後４週間以内の女性労働者の解雇（母性保護法）、④法定の育児休暇を取得中の労働者（連邦育児手当法）、⑤兵役についている労働者の解雇およびその前後の兵役を理由としたその労働者の解雇（職場保護法）、⑥訓練期間中の労働者の解雇（職業訓練法）	
フランス	1973年法等により解雇が規制されている。次の事由による解雇は無効である。 ・妊娠中と産前産後の休業中の解雇 ・出身・性・家族状況 ・民族・人種・政治的意見 ・労働組合権の通常の行使 ・宗教的信条 　また、解雇には真実かつ重大な理由が必要であり、これが存在しないときは、労働裁判所によって不当解雇とされ、補償金の支払いが必要となる。真実かつ重大な理由とは、①労働契約の履行、労働者自身、その能力、企業組織に関連したものであり、②事実に基づいて証明でき、③契約の継続を不可能ならしめるほど	経済的理由による解雇については、「真実かつ重大な理由」が必要であり、次のような特別な手続きが必要。 〈個人（１人）解雇の場合〉（２人以上の解雇の場合も共通） ・解雇される予定の労働者に対する呼出と面談 ・労働者に対する書面による解雇予告（一定の待機期間がある） ・労働者に対する一定期間の再雇用優先権の付与 ・行政官庁への解雇実施計画の届出・通知 〈２人以上10人未満の解雇〉 ・企業委員会（ない場合には従業員代表委員）に対する情報提供と

	解雇事由の開示（勤務年数１年以上の労働者が要求した場合および妊娠中または育児休業中の女性を解雇する場合） また、以下の事由による解雇は不公正解雇とされる。 ①労働組合への加入の有無、②労働組合活動への参加、③妊娠および出産、④安全衛生面に関する権利を主張したこと、⑤法定の権利を主張したこと、⑥一定の条件下で日曜勤務を拒否したこと、⑦業務譲渡に関すること（経済的・技術的等の理由がある場合を除く）、⑧従業員代表としての行動、⑨企業年金の管財人としての任務の遂行または、提案。 不公正解雇について雇用審判所へ不服申立てを行うことができる。雇用審判所は不公正解雇と認められる場合には、①仕事場復帰、または再雇用の命令、②補償金といった救済を与える。	への通知といった一定の要件が課されている。 被用者に対しては、雇用期間の長さに応じた一定の解雇予告期間が必要。また、勤続２年以上の被用者は、予告期間終了前に求職または職業訓練の受講のための有給のオフタイムが与えられる。 被用者には使用者から年齢、勤続年数、週給額に応じた剰員整理手当てが支払われる。
ドイツ	民法典第134条は、法の一般原則による解雇無効の可能性ならびに性差別禁止および母性保護等の個別規定による解雇無効の可能性を認めているが、これ以外は、期間の定めのない契約について労働者および使用者側からの一方的な解約を認めている。 1969年に制定された解雇制限法（2003年改正）は、次の解雇は社会的に正当な理由がないとして、解雇無効としている。 ①労働者の一身に基づく理由がない場合、②労働者の行動に基づく理由がない場合、③緊急の経営上の必要性に基づかない場合、④事業所委	経済的理由による解雇について解雇制限法による規制がある。 ・一定以上の規模の事業所が一定以上の人数の解雇を行おうとする場合（労働者数が21〜59人の事業所で６人以上の解雇を行う場合等）、使用者は公共職業安定所に届け出なければならない。 労働者が経済的不利益を被る場合、それを緩和するために、従業員代表委員会と使用者との間で、被解雇者選出基準、退職金、解雇保障金等について定める社会計画を策定しなければならない。

	④その他法律上の権利行使や手続の理由に対する報復としての解雇。 州によっては、以下のような何らかの明確な法規範に示された公的政策に反する解雇に制限を加えている(「ハイブリック・ポリシー法理」)、①使用者からの違法行為の指示に反した労働者の解雇、②適法な内部告発を理由とする解雇など。 また、州によっては差別禁止事由として以下のような解雇が禁止されている。 ①ホモセクシュアルやレズビアンといった性的志向を理由とする解雇、②既婚・未婚といった婚姻上の地位を理由とする解雇、③過去の逮捕歴を理由とする解雇。 労働協約で、解雇に対して「正当事由を求める条項がある場合、この協約の適用を受ける労働者は、不当な解雇がなされた場合、労働協約上の苦情処理手続を通じて救済を求めることができる。契約に正当事由がなければ解雇しないと定めている場合の解雇に対しては、契約違反として逸失利益の賠償を求められる(「契約法理」)。契約当事者の間の「誠実・公正義務」として、相手方の期待を破壊するような行為はしてはならず、これに反するような解雇は契約違反として逸失利益の賠償を求められる(「誠実・公正義務法理」)。	り、大量解雇の実施について手続的規制が定められている。 ・大量レイオフおよび工場閉鎖を予定する一定の要件に該当する使用者(100人以上の労働者を使用する使用者)は、労働組合かそれがない場合には被用者、ならびに州および地方政府の関係機関に事前にその旨を通知しなければならない。事前の通知は、レイオフ等の実施日の60日以上前に行わなければならない。 使用者が予告義務に違反した場合、被用者は予告不足分の賃金および諸給付のバックペイを請求できる。
イギリス	1996年雇用権法により、次のような解雇規制が定められている。 雇用期間の長さに応じた一定の解雇予告期間。	1992年労働組合・労働関係法および1996年雇用権法により一定規模以上の経済的解雇については、労働組合との協議、貿易産業大臣

付録⑤　解雇法制

国 Country	個別的解雇 Individual layoff	集団的解雇 Mass layoff
日本	・制定法上、期間の定めのない契約について、解雇は原則として自由。 ・使用者は労働者を解雇しようとする場合、少なくとも30日前にその予告をしなければならない。業務上の負傷・疾病による休業期間とその後の30日間、ならびに女性が妊娠・出産期において休業する期間とその後の30日間における解雇は禁じられている。 ・国籍、信条、社会的身分を理由とした解雇、女性であることを理由とした解雇、労働組合員であることや組合活動に従事したことなどを理由とする解雇は禁じられている。 ・「解雇権濫用法理」として、「解雇は客観的に合理的な理由を欠き、社会通念上相当であると認められていない場合は、その権利を濫用したものとして無効とする」と法定（2003年改正、2004年４月施行）。ここにいう合理的理由は、①労務提供不可能、②能力・適格性の欠如、③義務違反・規律違反（懲戒解雇）、④やむをえない経営上の理由（整理解雇）、⑤ユニオン・ショップ協定に基づく解雇である。	・整理解雇については、判例法上、次の基準を満たさなければ「解雇権の濫用」として違法・無効とされる。 ・人員削減の必要があったこと。 ・解雇回避努力・義務を尽くしたこと。 ・被解雇者選定基準に合理性があったこと。 ・労働者または労働組合との協議を尽くしたこと。
アメリカ	原則自由だが、制定法により以下の解雇は制限されている。 ①人種・皮膚の色、宗教、性、障害および出身国を理由とする解雇（公民権法第７条)、②年齢を理由とする解雇（年齢差別禁止法)、③組合活動や組合加入を理由とする解雇、	・解雇は原則自由であるが、大量解雇が行われる場合、使用者は、セニョリティ・ルール（先任権制度）を定めている場合には、そのルールに従って被解雇者を選出する。 労働者調整。再訓練予告法によ

	業主から徴収し、通年雇用対策にあてる。	労使の保険料であり、国庫負担はない（以前に国庫補助を求めたことはある）。 連帯手当の主な財源は、国庫収入（租税）である。 65歳以上の労働者については、保険料負担は不要。	はない。政府が失業保険給付全体に要する軽費の9割以上を負担。
管理運営機構 Organization in charge	監督…連邦労働社会省 運営…連邦雇用エージェンシー（本部） 徴収…疾病金庫等の疾病保険の徴収機構	中央…全国商工業雇用協会（UNEDIC） 地方…商工業雇用協会 （ASSEDIC）全国53カ所	監督…労働市場庁 管理運営…全国に37ある失業保険基金
備考 Remarks	失業保険の給付終了後なお失業している生活困窮者等に対して、連邦政府が受給費を負担する失業給付制度がある。この額は、基本手当として、345ユーロ（ほか扶養手当あり）。 公的機関による職業紹介を拒否した場合、給付が減額されるなど、強い就業努力義務が課せられる。		

出典）イギリス、スウェーデン：厚生労働省『2002〜2003年海外情勢報告』（2003年）。

その他：厚生労働省職業安定局雇用保険課資料、労働政策研究・研修機構『労働政策研究報告書：No. 15 フランス・ドイツにおける雇用政策の改革』（2004年）『労働政策研究報告書 No. 69 ドイツにおける労働市場改革——その評価と展望』（2006年）、各国資料。

出所）労働政策研究・研修機構編『データブック国際労働比較（2007年版）』。

	前職賃金の67%（扶養する子がない者は60%）（失業給付１）	イム、パートタイム等）に基づいて算定。たとえば、フルタイムの場合、賃金月額が990.40ユーロ以下の場合の賃金月額75%から、賃金月額が1,791.18～9,904ユーロの場合の賃金日額の57.4%まで幅がある。	580クローネ）。
給付（扶養加算）Benefit（dependent allowance）	配偶者および子についてあり	最高額：基準賃金日額の75%。	
給付（給付期間）Benefit（period of benefit）	被保険者期間の長短、年齢に応じ６～８カ月	年齢および離職前雇用期間に応じて７～42カ月（年齢と失業時期によっては、旧協定の給付期間が適用される）。	原則一律300日。この期間内に就職ができない場合、直前の受給期間内に合計６カ月間の就労または就労プログラム等への参加を行っていればさらに300日支給。
給付（その他の給付）Benefit（other benefits）	・職業訓練受講者の生計手当 ・雇用促進のための求職活動費	・失業保険の給付を受給できない者または受給期間が切れた者に対する連帯手当	
	・操短手当 ・悪天候手当 ・パート失業保険手当 ・その他	・年金開始時までの所得補償手当 ・その他	
財源 Financial resources	処出金…賃金支払額の4.2%を労使折半。 連邦政府…支出が収入および予備金で賄えないときに限り、不足分を全額負担。 特別負担金…建設事	・保険料率：賃金上限（月額）10,356ユーロまでにつき、被用者2.44%使用者4.04%。 失業保険制度における財源の９割以上は	労働著負担の保険料と国からの補助金。 被保険者は、基金によって異なる保険料（月69クローネ～238クローネ）を支払う。 使用者の保険料拠出

	ドイツ	フランス	スウェーデン
根拠法 Law	社会法典第３編「雇用促進」	根拠法令はなく、労使協約に基づき実施	失業保険法および失業保険基金法 （1998年）
適用範囲 Range of application	原則として、すべての被用者。官吏、満65歳に達した者、職業軍人、昼間学生、短時間就業者（週15時間未満等）は適用除外。	原則として、すべての被用者。国、地方自治体および公共事業体に雇用される公務員は適用外。	65歳未満の労働者、または自営業者。失業保険基金への加入に先立つ５週間に最低４週間就労しており、同様の条件で就労している者。
受給要件 Qualificatlon as a recipient	・失業者であって、職業紹介に応じ得ること。 ・離職前２年間に通算12カ月以上の被保険者期間があること。 ・公共職業安定所に失業申告をしていること。満65歳未満であること。	・職業安定機関に登録し、労働の労力を有し仕事に応じられること。 ・離職前22カ月のうち適用事業所における雇用期間が６カ月以上であること。 ・季節労働者も条件を満たせば受給できる。 ・季節的労働者でないこと。 ・正当な理由がなく自己退職した者でないこと。	①公共職業安定所に対して求職者登録を行っていること。 ②適職がある場合は就職することを希望していること。 ③一日最低３時間、各週を平均して週17時間の就労が可能なこと。 ④自発的退職または自らに責任がある離職でないこと。就労要件は、失業に先立つ12カ月間で、６カ月間に少なくとも１月70時間以上の労働を行っていたこと、または連続する６カ月間に少なくとも450時間被用者であったこと。 ⑤失業保険基金において12カ月以上被保険者であったこと。
給付（基本額） Basic benefit	失業手当は法律上の控除額を差し引いた	離職前賃金（税込）と勤務形態（フルタ	従前所得の80％に相当する（月額上限は

	の賃金総額の1000分の19.5であり、失業給付分として1000分の16.0を労使が折半し、残り1000分の3.5を雇用保険３事業分として使用者が負担することになっている。	税を負担する。 ・連邦失業保険税では、各被用者に支払われる年間賃金のうち7,000ドルが課税対象額。税率は6.2%、うち5.4%は州失業保険税で相殺されるため、実質税率は0.8%。 ・州失業保険税は、各州ごとに7,000ドル以上の課税対象額を設定。基準税率は5.4%、事業主の安定雇用実績に応じて税率は変動。2005年平均課税対象額は11,068ドル、平均税率は2.8%。 〈政府〉次のものを負担 ・制度運営の管理費 ・延長給付の費用の50% ・予備財源を使い切った州への融資	
管理運営機構 Organization in charge	中央…厚生労働省 地方…都道府県労働局公共職業安定所	連邦政府の補助を受け、各州政府が管理運営する。 ・連邦政府…労働省 ・州政府…州政府の職業安定機関	中央…雇用年金省 地方…ジョブセンタープラス庁および各ジョブセンタープラス(ジョブセンター)
備考 Remarks	３種類の延長給付がある（最長延長期間２年間)。	失業率の高い州等のほか失業保険受給率や失業率が一定水準以上の場合、給付期間は最長39週間まで延長される。	

			いること。所得に基づく給付の場合は、保険料拠出に基づく給付の受給資格のないこと、貯蓄額が一定水準以下であること、配偶者が働いている場合、就労時間が週24時間未満であること。
給付（基本額） Basic benefit	離職前賃金の50～80%（低賃金ほど率が高い。60歳以上65歳未満の者については45～80%）	州、従前所得、就労期間により異なる。2005年週平均給付額266.69ドル。	週57.45ポンド（25歳以上）
給付（扶養加算） Benefit（dependent allowance）		全州、コロンビア特別区、プエルトリコ、バージン諸島で実施。	扶養家族を有する定額基本給付の受給者に対し行われる。
給付（給付期間） Benefit（period of benefit）	年齢、被保険者期間、離職の理由等により90～360日	申請者の基準年における賃金額、就労日数に応じて週ごとに異なる（支給期間：1～30週）。	保険料拠出に基づく給付は最大182日（26週）。所得に基づく給付は、所得援助制度として、低所得かつ求職者要件を満たしていれば、無期限で支給される。
給付（その他の給付） Benefit（other benefits）		・連邦公務員失業補償 ・退役軍人失業補償 ・延長失業給付 ・災害失業援助 ・貿易再調整手当 ・自営業手当	職場復帰ボーナス
財源 Financial resources	給付総額の4分の1を国庫負担、残りが保険料。 保険料は当該労働者	〈労働者〉3州を除き負担なし 〈使用者〉連邦失業保険税と州失業保険	労使の保険料および国庫負担

付録④　失業保険制度

	日　本	アメリカ	イギリス
根拠法 Law	雇用保険法	社会保障法 (1935年) 連邦失業税法 (1939年) 各州失業保険法	求職者給付法 (1996年)
適用範囲 Range of application	全雇用者。65歳以上の者、公務員、船員は適用除外。	原則として一暦年中に少なくとも20週は1日1人以上の労働者を雇用する事業主(ただし、非営利団体は4人以上)。または一暦年のうち各四半期において1,500ドル以上の賃金支払のあった事業主。各州少なくとも連邦失業税法の課税対象事業主は適用対象とする。	原則として、義務教育終了年齢（通常15歳）以上であって年金受給年齢（男性63歳、女性60歳）未満であるすべての被用者。
受給要件 Qualificatlon as a recipient	（基本手当） ・離職前1年間に6カ月以上被保険者期間があること。 ・公共職業安定所に求職の申込みをすること。 ・自己都合による離職の場合には3カ月間の給付制限がかかる。	主要な要件（州によって異なる） ・基準年（通常、失業時からさかのぼり最後の四半期を除いた4四半期分）における所得と雇用期間。州ごとに計算式が異なる。 ・失業に至る原因が本人の過失ではないこと。 ・再就職の意思と能力があること。 ・各州の資格要件を満たすこと。	・原則18歳以上で年金支給開始年齢未満である。 ・失業しているか、または就労時間が週16時間未満であること。 ・週40時間以上就労する意思と能力があり、積極的に求職を行っていること。ジョブセンターとの間で求職活動等に関する「求職者協定」を締結すること。 ・保険料拠出に基づく給付の場合は、過去2年間に一定以上の保険料を納付して

韓国	労働力調査。調査週において仕事がなく、すぐに就業が可能で、求職活動を行った15歳以上の者。過去1月以内に就職先が決まっており待機中の者を含む。	失業者数／全労働力人口（軍人を除く）
シンガポール	労働力調査。調査週において仕事がなく、就業が可能で、求職活動を行った15歳以上の者。すでに就職先が決まっており待機中の者を含む。	失業者数／全労働力人口
タイ	労働力調査。調査週において仕事への従事が週1時間未満であって、就業が可能であり、過去30日間以内に求職活動を行った15歳以上（2001年から。2000年までは13歳）の者。病気で求職活動ができない者や新しい仕事、または農繁期に向け待機中の者、レイオフ中の者を含む。	失業者数／全労働力人口
マレーシア	労働力調査。調査週において仕事がなく、就業が可能で、調査週に求職活動を行った15歳以上64歳以下の者。一時的な病気または悪天候で求職活動ができない者、過去の求職活動の結果を待っている者を含む。	失業者数／全労働力人口
フィリピン	労働力調査。調査週において仕事がなく、2週間以内に就業が可能で、求職活動を行った15歳以上の者。一時的な病気またはレイオフ中の者	失業者数／全労働力人口（軍人を除く）
中国	都市部労働力標本調査。調査週において仕事がなく、すぐに就業が可能で、求職活動を行った16歳以上の都市部在住者。	失業者数／全労働力人口（軍人を除く、都市部のみ）
オーストラリア	労働力調査。調査週において仕事がなく、すぐに就業が可能で、過去4週間以内に求職活動を行った15歳以上の者。過去4週間以内に仕事が決まり、新しい仕事を始めるために待機中の者を含む。	失業者数／全労働力人口（軍人を除く）

出典）ILO HP ‘LABORSTA Internet: Source and Methods Volume 3 and 4’ および各国資料。

注）1）全労働力人口には軍人（日本の場合は自衛隊員）を含む。

2）各国の失業者および失業率の定義はILO基準に準じているが、ドイツは、それとは別に登録失業者および登録失業率を公表している。

出所）厚生労働省編『世界の厚生労働2007』（TKC出版、2007年）。

付録③　失業者の定義

機関または国名	失業者の定義	失業率の定義
ILO	仕事への従事が週1時間未満であって、2週間以内に就業が可能で、過去4週間以内に求職活動を行った一定年齢以上の者。	失業者数／全労働力人口
日本	労働力調査。調査週において仕事がなく、すぐに就業が可能で、求職活動を行った15歳以上の者。過去の求職活動の結果を待っている者を含む。	失業者数／全労働力人口
アメリカ	入口動態調査（CPS）。調査週において仕事がなく、すぐに就業が可能（一時的な病気の場合は除く）で、過去4週間以内に求職活動を行った16歳以上の者。レイオフされた労働者で前職に復帰するために待機中の者を含む。	失業者数／全労働力人口（軍人を除く）
イギリス	労働力調査。調査週において仕事がなく、2週間以内に就業が可能で、過去4週間以内に求職活動を行った16歳以上の者。すでに就職先が決まっており待機中の者を含む。	失業者数／全労働力人口（軍人を除く）
ドイツ	小規模国政調査（Mikrozensus）。仕事への従事が週1時間未満であって、2週間以内に就業が可能で、過去4週間以内に求職活動を行った15歳以上74歳以下の者。	失業者数／全労働力人口（軍人を除く）
	（登録失業者）職業安定機関の業務統計。公共職業安定所に求職登録している者の数である。具体的には、仕事への従事が週15時間未満であって、公共職業安定所が紹介する仕事に応じることが可能で、求職活動を行った15歳以上65歳未満の者。	登録失業者数／全労働力人口（軍人を除く）
フランス	年次雇用統計（Enquete Annuelle Emploi）。調査週において仕事がなく、2週間以内に就業が可能で、過去1カ月以内に求職活動を行った15歳以上の者。	失業者数／全労働力入口（軍人を除く）
イタリア	労働力調査。調査週において仕事がなく、2週間以内に就業が可能で、過去4週間以内に求職活動を行った15歳以上の者。	失業者数／全労働力人口（軍人を除く）
カナダ	労働力調査。調査週において仕事がなく、すぐに就業が可能で、過去4週間以内に求職活動を行った15歳以上の者。調査週から4週間以内に新しい仕事を始めるために待機中の者、およびレイオフされた労働者で前職に復帰するために待機中の者を含む。	失業者数／全労働力入口（軍人を除く）

		その他(16.1%)、技術職(4.1%)、その他のサービス業(12.8%)、団体・行政・事務所(10.3%)、電気(6.3%)、その他の加工業(4.9%)。
フランス	・営業開始にあたって、その所在地の労働監督官に届出をすることが義務付けられている。また、財政的保証が必要。 ・利用事由としては恒常的業務であってはならず、①欠席社員等の代理要員、②一時的な追加業務、③本来的に一時的な業務(季節労働等)、④雇用政策上の措置としての派遣労働の利用のいずれかでなければならない。 ・危険業務、特定の化学物質が放出される現場における業務、発ガス性の作業現場における業務、核物質・放射性物質のある現場における業務は禁止。 ・派遣期間の上限は原則18カ月、更新は1回まで(他の雇用者の代替要員及び安全確保のための緊急作業)。	・Unedic(全国商工業雇用連合)発表のデータによると、2004年10月末現在、派遣労働者数は、63万4,922人で、増加傾向にある。 ・産業別には、建設業、加工業等第2次産業での利用が多い。 ・平均派遣期間は約2.15週間。

出典)厚生労働省『海外労働白書　1999年』、日本労働研究機構『欧米主要国における労働者派遣法の実態』、高梨昌編著『〔第2版〕詳解 労働者派遣法』等をもとに労働政策研究・研修機構情報解析部作成。

注)日本は2003年の法改定の内容を含む。なお、2006年より医療関連業務については、産休等の代替要員、医師については僻地に限り派遣が認められている。

出所)労働政策研究・研修機構編『データブック国際労働比較(2007年版)』。

付録②　労働者派遣事業

国 Country	労働者派遣事業についての法規制 System	労働者派遣事業の現状 Present status
日本	・特定労働者派遣事業（労働者派遣の対象となる派遣労働者が常用雇用労働者のみである労働者派遣事業）は届出制、一般労働者派遣事業（特定労働者派遣事業以外の労働者派遣事業）は許可制。 ・港湾運送業務、建設業務、警備業務、一部を除く医療関係の業務は禁止。 ・派遣期間は、３年に制限（施行から３年間は、特定製造業務については１年）。	・労働力調査による2006年１～３月の派遣労働者数は、121万人。 ・政令で定める26業務の中では、事務用機器操作、ファイリング、財務処理の順に多い。 ・平均派遣期間 全　体　3.8年 登録者　2.8年 常用型　5.0年 （「労働者派遣事業実態調査 2004年」）
アメリカ	・連邦法、州法ともに労働者派遣事業について特段の規制を行っていない。労務者の派遣については規制している州もある（ジョージア州、テキサス州）。	・労働統計局の調査による2001年２月の派遣労働者数は、約116万9,000人。 ・管理部門補助職（含事務員）、オペレーター、組立及び肉体労働職などの職種が多い。 ・平均派遣期間は約２週間。
イギリス	・民間職業紹介と同様、1994年法により許可制が廃止された。届出も不要。 ・取扱職種、派遣期間、事由の制限は設けられていない。ただし、派遣前６カ月以内に派遣先に雇用されていた派遣労働者の派遣の禁止、派遣労働者が派遣先企業に雇用されることを禁止してはならないこと等の規制がある。	・2002年の派遣労働者数は29万人で雇用者に占める割合は1.2%。 ・産業別派遣先は、金融・不動産業業（31%）、行政・教育・健康産業（22%）、製造業（20%）。
ドイツ	・労働者派遣業を行う場合、連邦雇用エージェンシーの許可が必要。 ・建設業についての労働者派遣業は禁止。	・派遣労働者数は2005年平均で44万4,000人。 ・職種別割合は、錠前工・機械工（13.2%）、補助工（32.3%）、

	・職業紹介バウチャー制度では、一定の水準を満たす求職者に官がバウチャーを渡し、民間の紹介所を活用する仕組み。求職者が就職すると成果報酬を民間に支払う。	
フランス	・職業紹介は国の機関が独占的に行っている。有料職業紹介については廃止されるべきものとして位置づけられており、1945年以前に許可した以下の２部門の紹介所のみが営業を認められている（演劇、劇場、演奏、演芸、映画等芸術関係従事者、家事労働者）	・芸術関係従事者の紹介所は全国で約400カ所。 ・公共部門、直接雇用、労働者派遣事業を含めた雇用活動全体に占める有料職業紹介の割合は小さい。

出典）労働省「雇用政策研究会」（1996年12月）Department of Trade and Industry Web site（http.//www.dti.gov.uk）等をもとに労働政策研究・研修機構作成。

注）１）1999年12月１日より改正職業安定法が施行され、有料職業紹介についての法規制は変更された。表中の日本についての法規制の記述は改正後の制度についてである。

出所）労働政策研究・研修機構編『データブック国際労働比較（2007年版）』。

付録①　有料職業紹介

国 Country	有料職業紹介についての法規制 Legislation	有料職業紹介の現状 Present status
日本[1)]	・許可制で有料職業紹介事業を行うことが認められている。ただし以下の職業については有料職業紹介における取扱いが禁止されている。 ・港湾運送業務の職業 ・建設業務の職業 ・労働者の保護に支障を及ぼすおそれがあると命令で定められた職業	・有料職業紹介事業所は2005年度、10,375事業所があり、約30万人が就職。 ・公共職業安定機関を通じて、1994年度紹介件数392万件、121万人が就職。安定所と学校が連携した形での職業紹介による就職34万人。その他公開情報による直接応募20万人（推計）。
アメリカ	・日本の職業安定法に該当するような、有料職業紹介所について規定している包括的な連邦法はないが、各州（一部都市）が独自に許可等の規制を行っている。 ・各州の規制の概要　全50州 ①許可制をとっている州　43州 ②料金規制　35州 ③一定期間内に理由なく解雇された場合は手数料返納あり（マサチューセッツ州・バージニア州・メリーランド州）。	・有料職業紹介事業所は約10,000事業所と推定される。求職者の利用率は9.3％。
イギリス	・有料職業紹介事業については、許可制の下で取扱職業を制限することなく認めていたが、1995年1月に許可制も撤廃された。しかしながら、新制度の下でも、求職者からの紹介料の徴収は、一部職種を除き禁止され、記録の作成、保存等の義務も課されている。	・1994年12月時点で約14,000事業所、利用率は16％。 ・民間事業者は専門・技術職、管理職中心。
ドイツ	・2002年4月、職業紹介業にかかる許可制を廃止し、職業紹介バウチャー制を導入。	

マ行

ラ行

ワ行

タ行

ナ行

ハ行

サ行

索　引

[著者略歴]

五十嵐　仁（いがらし・じん）

1951年生まれ。東京都立大学経済学部卒。法政大学大学院社会科学研究科修了。2000～2001年ハーバード大学ライシャワー日本研究所客員研究員。現在，法政大学大原社会問題研究所教授。同研究所副所長を経て2008年４月より所長。

主な著書：『「戦後革新勢力」の源流』（編著，大月書店，2007年），『日本労働運動資料集成』第11～13巻（編著，旬報社，2006～2007年），『活憲』（績文堂・山吹書店，2005年），『この目で見てきた世界のレイバー・アーカイヴス』（法律文化社，2004年），『現代日本政治』（八朔社，2004年），『戦後政治の実像』（小学館，2003年），『概説・現代政治〔第三版〕』（法律文化社，1999年），『日本の労働組合100年』（編著，旬報社，1999年），『政党政治と労働組合運動』（御茶の水書房，1998年）など。

国際公共政策叢書　第11巻

労働政策

2008年５月１日　第１刷発行

定価（本体2000円＋税）

著　者　五十嵐　仁

発行者　栗原哲也

発行所　株式会社日本経済評論社

〒101-0051　東京都千代田区神田神保町3-2

電話 03-3230-1661　FAX 03-3265-2993

振替00130-3-157198

装丁・渡辺美知子　　印刷：文昇堂　製本：美行製本

落丁本・乱丁本はお取替えいたします　Printed in Japan

IGARASHI Jin 2008

ISBN978-4-8188-2003-6

「国際公共政策叢書」刊行にあたって

9・11以後世界は混迷を増し、日本政治はなお戸惑い続けています。政局はあっても政策はなく、政策はあっても市民の顔が見えない。テクノクラートの官房政策学はあっても、世界とアジアに開かれた市民のそれはいまだ芽吹いていません。グローバル化の進展した世界で日本は、いまだ再生の契機をつかめず、バブル崩壊の瓦礫の中で衰退の途すら辿り続けているように見えます。いったい私たちは、グローバル化の波にどう対応し、日本再生の青写真を描くべきなのか。そしてあるべき公共政策はいかにつくられなくてはならないのか。この一連の問いに答えるため私たちは、個々の専門領域を越えて公共政策のあり方を議論し、それを日本再生の政策構想につなげたいと思います。

私たちの試みは、三つの意味で、新しい知の挑戦をねらいとしています。第一に、市民生活の各政策分野が抱える問題群に関して、あくまでグローバルな比較の視点に立ってとらえる、いわば国際的な視座を貫くこと。第二に、直面する諸問題群について、グローバルであれローカルであれ、持続可能な発展をどう実現し、内なる市民社会の強化につなげていくのか、いわば市民主義的な方途を明らかにしていくこと。第三に、各分野で濃淡の違いはあれ、それを二〇世紀型冷戦世界像の中ではなく、可能な限り脱覇権主義的な二一世紀型アジア共生の世界像の中に位置づけ直す、いわば脱近代の手法に依拠しようとしていることです。そしてそれら三つの視点のいずれをも、歴史の射程の中でとらえ直していきたいと思います。そうした意味を込めこの政策叢書の試みは、シビル・ソサエティとグローバル・ガバナンスをつくりながら、アジア共生の途を模索し、公共性復権への道筋を見出す試みだと約言できましょう。

本叢書は、政策関連学徒のスタンダード・テクストたることを企図し、広く実務家や官僚、NGO、ジャーナリストなどおよそ公共的なるものに関心を持つ市民各層の政策啓蒙書としての役割をも果たします。いま気鋭の第一線研究者とともに、グローバルな市民の目標に立って新しい政策知の地平を切り拓くべく、長肆の支援を得て叢書刊行に踏み切るゆえんです。

二〇〇三年三月

進藤榮一

国際公共政策叢書

［全20巻］

総編集：進藤榮一

❶	公共政策への招待	進藤榮一編
②	国際公共政策	進藤榮一著
③	政治改革政策	住沢博紀著
④	環境政策	植田和弘著
⑤	エネルギー政策	長谷川公一著
⑥	科学技術・情報政策	増田祐司著
❼	通商産業政策	萩原伸次郎著
⑧	金融政策	上川孝夫著
❾	中小企業政策	黒瀬直宏著
❿	農業政策	豊田　隆著
⓫	労働政策	五十嵐　仁著
⑫	地域政策	岡田知弘著
⓭	都市政策	竹内佐和子著
⑭	福祉政策	宮本太郎著
⑮	教育政策	苅谷剛彦著
⓰	自治体政策	佐々木信夫著
⑰	外交政策	小林　誠著
⑱	安全保障政策	山本武彦著
⑲	開発援助政策	平川　均著
⓴	国連政策	河辺一郎著

白抜き数字は既刊

四六判上製・各巻平均200頁，本体価格2000円

日本経済評論社